経済政策の
理論と現実

長谷川 啓之 編

馬場 正弘
辻　忠博　著
安藤　潤

学文社

はしがき

　近年，アメリカの低所得者向け住宅ローンが不良債権化したことから始まったサブプライム問題がアメリカを金融危機に陥れ，それが世界的な金融危機へと発展し，世界経済は恐慌寸前に陥った。アメリカ政府の必死の対応や国際協力などもあって，恐慌はひとまず回避された。このことは世界経済が突如，世界中を巻き込む経済危機を発生させる可能性を内包することを証明した。世界が1つの方向に向かって前進することを当然とするグローバル化や市場経済至上主義に基づく相互依存の深化が，危機の最大の原因と考えることもできる。グローバルな社会では，モノ，カネ，情報と同時に，ヒトも徐々に自由な移動を開始する。それはあたかも世界が1つの国のような様相を呈し，超長期的にみれば，資源が有効活用と同時に均等配分され，世界中でほぼ同じ経済状況が生み出されるとする国際経済学の命題を想起させる。

　だが，他方でグローバル化が進めば，世界同時不況が発生する可能性があり，もはや世界は協力なくして自国独自の経済運営が不可能ともいえる。グローバル化した社会では一国内と同様，究極的に世界が類似の価値で結ばれ，同質化が生じる。世界の多くは西欧科学技術文明の結果生まれた工業化や情報化を急速に進め，多くの国がそれらを自己の社会に取り込み，そのメカニズムの効果的な作用を通じて経済発展を目指すため，西欧的価値を容認する他はなくなる。それは長期的に西欧が生み出した資本主義経済メカニズム，個人主義と自己責任，民主主義などを受け入れ，世界的規模での市場経済的枠組を利用しながら，技術革新や人的資源開発を通じて競争力を発揮し，競争に勝ち抜くべきことを意味する。

　だが，歴史的に市場経済主義には不慣れな非西欧社会はグローバル化の中で大きな変動に見舞われている。日本や韓国では，グローバル化や市場経済化の波が企業や個人を激しい競争社会へと押しやり，それへの対応を迫りつつある。

競争に負ければ敗者となり，企業倒産を始め，多くの個人が低賃金どころか失業さえ覚悟しなければならない。また原因は複雑多様とはいえ，少子化，犯罪の激増，ワーキング・プア，福祉の後退，自殺の増加，家庭や学校，さらには社会の崩壊，若者の希望の喪失なども多かれ少なかれ，こうした流れと無関係ではないと思われる。

多くの非西欧社会ではグローバル化が進むほどに，伝統的社会を西欧型社会に転換させ，西欧社会との同質化を図る必要がある。それが可能か否かは不明であるが，それを強力に推進しようとすれば，政府の態度と能力は欠かせない。非西欧社会では伝統的社会・文化との関連性を無視して，西欧化を図っても機能しないからである。自らの伝統的な社会・文化を維持しながら，必要に応じて西欧社会との同質化を実現していくのか，あくまでも伝統的な価値に固執しながら，国際社会での競争に勝ち抜くのか，が厳しく問われている。それは政府ばかりか，国民の態度と能力にも大きく依存する。

こうした観点から，本書はこれらの問題への理解と対応を考察するためのテキストを目指している。このため，基本的には従来の標準的なスタイルをほぼ踏襲している。だが，新たな時代を迎えて，これまでの形式にはとらわれない考え方も採用したために，標準的なテキストとは若干異なった部分も含まれる。それは現実経済を知る上で，有益と判断したからであり，読者の期待に沿うものと確信する。

なお，本書の作成に当たっては，学文社・社長の田中千津子さんをはじめとする同社編集部の皆さんに大変お世話になった。執筆者に代わって，感謝申し上げたい。

2008年10月

長谷川　啓之

目　次

はしがき　i

序章：解題 …………………………………………………………… 1

第1章　経済政策論の基本問題 ……………………………………… 7
1-1　経済政策の基本問題　7
1-2　市場メカニズムとその限界　10
1-3　政府の役割の重要性　13
1-4　経済のグローバル化と政府の役割　16

第2章　日本経済の成長と安定 ……………………………………… 26
2-1　高度経済成長　26
2-2　バブル経済の発生と崩壊　34
2-3　平成不況と金融システムの危機　38
2-4　持続的成長に向けて〜構造改革の課題　41

第3章　経済成長と安定化政策 ……………………………………… 46
3-1　景気循環と経済成長の概念　46
3-2　国民所得決定の理論と政策　51
3-3　経済成長の理論と政策　61

第4章　失業と物価問題への政府の役割 …………………………… 71
4-1　失業とインフレの概念　71
4-2　総需要管理政策とその評価　73

4-3　非循環的失業と供給インフレ　83

第5章　格差問題と政府の役割　87
5-1　所得格差と所得再分配政策　87
5-2　男女間の経済格差　100
5-3　情報化時代の格差問題：デジタル・デバイド　106

第6章　産業政策　112
6-1　産業構造と産業組織　112
6-2　産業組織政策　116
6-3　直接規制と規制緩和　121
6-4　産業政策としての特許と技術革新　128

第7章　グローバル経済における家計経済　132
7-1　グローバル経済下における物価問題と家計経済　132
7-2　「食」のグローバル化と家計経済　139
7-3　経済のグローバル化と家庭外・家庭内労働　147

第8章　少子高齢化と政府の役割　155
8-1　日本社会の少子高齢化　155
8-2　日本の少子化現象と経済理論　156
8-3　日本の少子高齢化と社会保障制度　163
8-4　少子化時代における外国人労働者受入れ問題　171

第9章　経済発展と政府の役割　176
9-1　経済発展と工業化　176
9-2　工業化の方法　180
9-3　工業化の結果と展望　188

第10章　グローバル化時代の国際援助政策 …………………… 199
　10-1　経済発展と開発援助　199
　10-2　開発援助の方法　202
　10-3　開発援助の実績と課題　207

第11章　グローバル化時代の地域経済統合 …………………… 223
　11-1　経済発展と地域経済統合　223
　11-2　地域経済統合の方法　226
　11-3　地域経済統合の現状と課題　229

索　引 ………………………………………………………………… 243

序章：解題

　1）世界は予想した以上の速さでグローバル化や情報化が進み，相互依存関係は急速に深化し，地域協力や地域統合も，さまざまな形で生まれつつある。このような変化に対応して，ほとんどの国が開放政策や輸出志向政策を実行する結果，国内の経済や社会も大きな影響を受けることは避けがたい。いうまでもないが，自国経済を取り巻く国際環境は急速に変化しつつある。1950年代から80年代にかけて，日本経済は飛躍的に発展したが，その後はバブル経済の崩壊を経て，経済構造に大きな変化が起き，その様相は一変してしまった。単純化していえば，すべてが順調に推移した右肩上がりの時代から，すべてがうまくいかない右肩下がりの時代への大きな変化である。いかなる経済も永久に拡大を続けることはできない。しかし，そのような長期的要因を除いても，気がかりなのは，日本経済が欧米の先進国経済と比較して，際立って低迷を続けていることである。その主要な理由を一般にいわれる情報化，グローバル化，さらには地域統合などの国際環境の変化が急速に進んだこと，などに求めるだけでは説明しきれない。

　2）そうはいっても，日本経済はもはや国内問題だけを考えればすむ時代ではない。そのことは，近年の原油や穀物などの価格変動や，長く続いたアメリカ経済の好調もサブプライム問題でつまづくや，一挙に世界経済を混乱に陥れてしまったことをみればわかる。それらが企業ばかりか，国民の消費活動にも大きな影響を及ぼすことは明白である。一体そのメカニズムは，どうなっているのであろうか。

　また先進国の1つとして，発展途上国への経済援助など，国際貢献も求められる。それらを正しく認識するには，われわれが急速に進むグローバル化した国際社会との関連性の中に生きており，複雑な要因の影響を大きく受けながら，生活しているという事実を論理的に理解することが不可欠である。そういう意

味で，政府も国民も，いまや世界の状況を正しく知ることなくして自らの生活を守ることはできない。そこで，本書では主として日本経済とそれに影響を及ぼす内外の経済問題を基礎としながら，それらの現実を正しく知るための基礎理論，理解の仕方，そしてそれに政府はどう対応すべきかを考える。それには，まず国内経済の動向を理論的に把握し，それにどう対応すべきかを考えるための，基礎的な政策論を学ぶことにしよう。

3）日本経済の現状からみていこう。まず国内に目を向けると，日本経済はバブル崩壊後，長く低迷したため，さまざまな問題に直面している。第1に長く続く低成長の観点からみると，国際収支は高い技術力などを反映して，一応，順調に推移してきたが，企業の激しいリストラや技術革新の長期停滞による生産性の低下はいちじるしいことである。いまや日本の生産力は急速に低下し，国際競争力は2008年現在で，シンガポールの5位より低い9位となった。生産性の低下は日本経済の潜在的な成長力を引下げる。そのため，潜在的成長力を実現するために必要な需要の拡大だけでは，ある程度の景気回復は期待できても，長期・持続的に成長率を引き上げることはむずかしい。欧米の成長戦略が1990年代には生産性を上げるために，情報通信技術〈ICT〉を中心に，技術革新を原動力としたものとして開始したのに対し，日本は21世紀に入ってようやくIT国家戦略を本格化し始めたにすぎない。その遅れはいまなお大きい。

バブル崩壊以後の企業の設備投資はゼロ金利にもかかわらず低迷し続けているだけに，日本経済の本格的な景気回復と持続的な成長率の上昇はきわめて期待薄な状況にある。また将来への不安や低賃金を放置し，それに国際化の進展に対応するためとして消費者より企業の競争力を重視してきたため，庶民への課税や社会保障負担は年々拡大し続け，それが物価の下落を上回るため，実質可処分所得は減少し，個人消費は停滞したままである。その上，最近の食料品やガソリンなどの価格高騰がさらに個人消費を冷却させている。企業の設備投資と個人消費は需要の主要な構成要因であるだけに，それらは経済の安定化を図る上で決定的に重要である。

4）少子化や高齢化などの構造問題も，長期的に生産性の低下やコスト高の

経済・社会構造を生み出す原因になっている。少子化問題はアジアでは香港，台湾，韓国の方が日本より深刻ともいわれる。それでも日本の少子化問題が深刻であることにかわりはない。老齢化の問題も，少子化と一体となって生産性の低下を招くと同時に，年金問題の発生でますます老後の不安を拡大させ，自殺の増加などの社会問題や，経済にとってもさまざまな影響と問題を惹起しているが，政府の対応は常に遅れがちである。政府はバブル崩壊後の処理や構造改革，規制緩和を叫ぶだけで，長い間適切な政策を実行してきたとはいいがたい。国民に安心とやる気を起こさせない，いわば経済法則を無視した政府の政策態度は，経済を成長させるより停滞させる方向にすら進めてきた。結果としてみれば，このような明らかに間違った経済政策を反映して，欧米経済が３％前後の成長を実現する中で，日本経済は０～１％程度の低成長を長く続ける結果になったといえよう。

　５）経済は，基本的に需要と供給から成り立つことは常識である。しかし，これらの要因は需要と供給の両方に係っており，いずれの要因が主要な原因ともいえないほど，相互に関連し，日本経済は一種の「低成長のわな」に陥っているようにみえる。その結果，長く続いた高失業率，低賃金労働の原因となるフリーターや派遣社員，ニートの増加などの雇用問題を始め，ワーキング・プア，所得格差の拡大などの問題が発生し，それらが犯罪や自殺など，社会面にさえ深刻な影響を与えている。また停滞する経済の活性化を目指した財政支出も，長期にわたって財政収入を大幅に上回り，経済を浮揚させなることなく，800兆円を超える，大幅な財政赤字を累積させてきた。長く続く，異常ともいえるゼロ金利政策も，ほとんど目立ったプラスの影響を日本経済に与えていない。

　６）また日本経済を取り巻く国際環境をみると，グローバル化のため企業の国際環境は大きく変化した。中国の台頭を始め，欧米やアジア諸国との競争に曝され，多くの企業が海外に進出するほかはない状況へと追い込まれてきた。中国を中心に海外進出した日系企業は成功しているかといえば，その収益率は，欧米企業に比べて異常に低い。現在ではアメリカを追い抜き，世界のトップに

立つ自動車産業など，わずかな産業を除けば，けっして日系企業は成功していない。特に，技術力で勝る日本製品も，長期の停滞で徐々に技術力が落ち，いまなお技術力で勝る自動車産業など一部を除けば，かつてのような，優れた製品開発はできないままである。このままいけば，日本の技術力もかつてのエレクトロニクス産業の二の舞になる可能性すらある。このまま推移すれば，今後も続くと予想される中国の経済成長や，中長期的には，新たに台頭しつつあるインド，ロシア，ブラジルなどのいわゆるBRICs経済に押され，日本の輸出産業も徐々に衰退へと向かう可能性がある。

　国際的側面に関して，いま1つ注目すべきことは，日本と発展途上国との関係である。無資源国の日本は海外との取引を抜きにしては成立し得ない。また，世界の繁栄は日本のためにもなる。世界には多くの貧しい国があり，貧困ゆえに内乱や紛争が起きる可能性もある。そう考えれば，現在，豊かな社会に住むわれわれが少しでも貧しい国を援助し，経済発展を助けることで世界の繁栄と平和に寄与し，ひいては日本の平和と繁栄を享受する可能性が高まる。

　日本は国際社会の中でしか繁栄を享受することはできない。それには，身近なアジア諸国と自由貿易協定（FTA）ないし経済連携協定（EPA），さらには東アジア共同体の構築などを通じて，緊密な協力関係を築いていかねばならない。その意味で，特に東北アジアや東南アジア諸国（ほとんどがASEAN加盟国）との関係はきわめて重要である。

　7）このような状況の中で，日本政府は何をしようとしているのであろうか。また，何をすべきであろうか。まず前者をみると，次つぎと政権が交代し，安定した経済政策が実行されているとはいえず，景気対策など目先の必要に対処しているにすぎない。一方で「構造改革なくして成長なし」といいながら，その効果が現れているようにはみえない。ここ10〜15年の日本の経済政策はバブル崩壊後の処理に追われ，構造改革すれば経済は自然に活気を取り戻し，成長すると勘違いしているとすれば，問題である。改革が必要であることはいうまでもないが，問題は何を，どのように改革するのか，また改革すれば，何が起きるのかを事前に認識し，対応力を高めていく必要がある。いたずらに改革す

れば，日本がいい社会になり，経済が強くなるという保証はない。グローバル化が進む中で，国際競争に勝ち抜くためには，短期的にも長期的にも，経済全体の潜在成長力を改善するための改革こそが重要であり，国民や企業にやる気を起こさせる政策が必要である。確かに，企業はバブル期の過剰投資による不良債権に懲り，自信を喪失しているかにみえる。企業は国際競争に汲々とし，国民は将来への不安と生活防衛に追われている。

8) だが，高度成長期のように，もはや企業が外部から技術を導入し，それを改善することで新製品を次つぎと生み出せる時代ではない。そこで，自ら技術革新する必要があるが，それには長時間を要するだけに日本人の先見性と創造性が問われる。もはや，自らの技術開発力の育成に努力し，かつての活力を取り戻す以外に方法はない。日本経済の活性化にもっとも影響を及ぼすのは，企業の設備投資であるが，それが盛り上がらないのは，技術開発に基づく投資対象が見当たらないからである。いつまでもキャッチアップ型の企業活動では，創造的でベンチャラスな企業活動は望めない。すでに遅きに失した感はあるが，バブル崩壊直後にアメリカの専門家が「日本の技術は危ない」と診断し，日本の技術文化に問題ありと指摘したにもかかわらず，80年代までの日本の技術力や経済成長を過信し，新たな時代を展望した技術革新の創出を，長い間，怠ってきた日本の技術文化を見直すべきときである。幸い，日本の国際特許申請件数は世界一位であり，潜在的な技術革新力はけっして低くない。それが今後いかなる形で，日本経済の活性化に繋がるかは注目する必要がある。

9) 個人消費が拡大しない理由も，多様な要因が係っている。経済政策や官僚の失敗のつけを国民に回すやり方は経済を停滞させる元凶の1つといえる。雇用不安，実質所得の減少，経済格差の拡大，自給率が低いため外部に頼らざるを得ない食料品への不安，食料・原油価格の高騰，租税負担の増大，社会保障の減退，などが国民の生活不安を増幅させている。それにもかかわらず，平和への貢献を始めODA（政府開発援助）などの経済援助・経済協力など国際社会への貢献はますます拡大するばかりである。また，東アジア諸国との関係を強化しながら，緩やかな経済統合や協力関係を強化することも必要であろう。

発展途上国の経済発展や世界の平和は世界経済，ひいては日本経済にとってもプラス要因である。こうした観点からみれば，国内の諸問題を解決し，国民の不安や不信を除去しながら，国際社会との関係も強化していく必要がある。現在は，そうした多様な課題の解決を通じてしか，日本経済が存続し，成長する方法はないともいえよう。それには正しい理論に基づき，透明性が高く，説明責任を果たす，強い指導力をもった指導者と政府の役割が求められている。

10) このような観点から本書は執筆されている。本書は経済政策のテキストであるが，従来のテキストとは若干異なる。なぜなら上述のように，グローバル化や地域との相互依存が進んだため，現在の日本（むろん多くの国も同様であるが）が直面する課題は複雑多岐にわたり，これらを解決すれば，後はそれほど心配しないでいいという時代ではない。そこで，本書はできる限り現実に直面する課題を中心に取り上げ，それらへの理論的な説明と政府の役割を取り上げている。すなわち，まず第1章から第6章までは，上述のような国内問題の解決に必要な基礎的な理論と政策にかかわり，7章と8章は構造的な問題であると同時に家計に係る章である。9章から11章までは日本経済を中心に国際社会との関連を扱う。これらを通じて，現在われわれが直面する経済課題を確認し，それらへの政府の役割や解決策を理解するうえで，自ら考える力を身に付けてもらうことができれば，幸いである。むろん，これだけでは十分とはいえない。日本経済，世界経済が直面する課題はもっともっと多い。そのことを意識して，さらに自ら問題意識を拡大させ，積極的により多くの知識の獲得に挑戦するよう期待したい。

第1章　経済政策論の基本問題

> ① 本書を学ぶに当たって最低限必要と思われる経済政策の手段，主体そして目的という3つの基本問題と，市場メカニズムと市場の失敗を理解すること。
> ② それらをふまえたうえで，経済のグローバル化とは何を指すのかを学ぶこと。
> ③ 現在の世界経済にそれがもたらしているさまざまな対立関係と課題をみながら，政府の役割の重要性について考察すること。

1-1　経済政策の基本問題

経済政策は「なんらかの経済的目的を達成するために」「公権力を有する，またはそれを委譲された組織が」「一定の手段を用いて経済に働きかけること」である（丸谷冷史・永合位行・高倉博樹・朴勝俊『現代経済政策論』中央経済社，2005年，p.1.）。つまり，経済政策の基本問題は政策目的，政策主体，そして政策手段の3つであるといえる（以下，丸谷冷史ほか『現代経済政策論』による）。

a．政策目的

経済政策の目的は，「構成的基本目的」と「規制的基本目的」の2つに分かれる。「構成的基本目的」とは，①最良の経済社会生産性の実現，②最良の国民生活基盤の確保，そして③最良の所得分配の達成である。①は主に生産面に関する基本目的であり，経済効率がテーマである。その具体例としては経済成長，完全雇用，物価の安定，あるいは国際収支均衡の達成などがあげられる。②は主に国民の消費に関する基本目的であり，そこで扱われるテーマは経済福祉である。具体例としては安全な水や食料の供給体制確保といった物質的な生活条件の整備や，異文化共生社会の構築といった文化的な生活の質の向上があ

げられる。そして③は主に分配面に関する基本目的であり，分配の公正さというテーマがそこでは扱われる。たとえば，社会的に高く評価される財・サービスを供給した生産者に対しては等価交換を原則とする市場を通じて高い所得を与えつつ，一方でその社会で生活を営むのに必要な最低限度の所得を税制などを通じて再分配し，所得格差を是正することなどがあげられる。「規制的基本目的」とは，人格，自由，平等という経済政策が考慮すべき基本的な社会倫理的価値のことである。

構成的基本目的のうち①，②，③のいずれに重きを置くかはその国や地域の置かれた時々の状況によって異なり，たとえば先進諸国と発展途上国で各目的に同じようなウェイトが置かれることはない。先進諸国では①よりは②や③に比較的大きなウェイトが置かれるであろうが，発展途上国の場合には①に重点が置かれる傾向がある。貧困削減問題と闘っているような発展途上国では，状況によっては①だけでなく，同時に②や③も重視されるであろう。

b．政策主体

上で示した経済政策の定式化にあるように，経済政策の主体は公権力を有する，またはそれを委譲された組織である。具体的には政府，各省庁や中央銀行である。政府といっても国のような中央政府や県・市町村といった地方政府もあれば，アメリカのような連邦政府や州政府もある。

経済がグローバル化する現在において注目すべきは，政策主体としての国際機関の存在と，各国・地域政府による国際政策協調である。GATT（関税および貿易に関する協定）では合計8回にわたる交渉により関税率の引下げと非関税障壁の撤廃に取り組み，第二次世界大戦後の主に西側諸国の自由貿易拡大に貢献してきた。WTO（世界貿易機関）はGATTを受け継ぎ，サービス貿易や知的財産権保護といったグローバル経済時代の新たな問題にも取り組みながら，やはり財の自由貿易拡大を目指している。このような戦後の自由貿易拡大を目指してきた歴史は，実際に貿易総額の拡大をもたらしてきたのであるが，それは世界経済における各国経済の緊密度を増し，一国経済の景気後退がこれまで

にないスピードでさまざまな国や地域の経済に連鎖することを意味するようになった。またIMF（国際通貨基金）は資本のグローバル移動がかなり自由になった現在，主に発展途上国で発生した通貨危機とその後の経済危機に際し，世界銀行とともに構造調整政策の実施主体となった。2007年夏に発生したアメリカのサブプライム・ローン問題を発端とする世界的な金融不安は世界的な経済活動水準の低下へとつながったが，これに対して先進国をはじめ，新興国も含めた20カ国・地域首脳は2008年11月にアメリカのワシントンで緊急会合を開催した。このことからもわかるように，緊密さを増すグローバル経済における国際政策協調の重要性はますます高まっているといえる。

c．政策手段

ここまでに経済政策の目的と主体についてみてきたが，それら目的を達成するためにある経済主体が実際に講じる具体的な政策措置が経済政策の手段である。しかしそれら具体的な政策手段はすべてをここで紹介するには限界がある。そこでここでは，経済政策の対象領域とそれに対応する政策手段の分類と，それらに属する代表的な政策手段をいくつか紹介するにとどめておくこととする。

(1) 経済経過

経済経過は日々行われる経済のフローのことであり，個々の経済主体による経済活動および市場における取引といったミクロの側面と，景気，雇用，物価といったマクロの側面がある。この経済経過に対応する経過政策の手段を用いて政策主体は所与の経済秩序のもとで価格や数量に直接的あるいは間接的に介入する。具体的には，金融市場における利子率への介入である公定歩合操作，公開市場操作といった金融政策，異なる通貨と自国通貨との交換比率である為替相場を意図的に操作する外国為替市場への市場介入などが代表的な政策手段である。

(2) 経済秩序

　日々行われる経済活動のフローを支えるのがこの経済秩序という枠組みである。この経済秩序という領域は経済構造と経済体制に大別される。前者には家計や企業といった個別の経済主体の経済構造，農林水産業，鉱工業，サービス産業といった産業構造のほかに，独占や寡占などの産業組織，公的部門経済や民間部門経済というような総経済構造がある。後者は資本主義経済や社会主義経済といった経済体制に関するものであり，さらにこれは企業を民間部門が管理するのか，それとも国家が管理するのかといった調整管理方式と，私有制を認めるのか，それとも公有制とするのかといった生産手段の所有方式に分けられる。

　この経済秩序に対応する秩序政策的手段によって，経済秩序に関する既存のルールが改変されたり新ルールが創設されたりする。具体的には，独占禁止法の制定，公的企業の民営化，反対に破たん銀行の一時国有化などがある。

(3) 経済基盤

　経済経過と経済秩序を支えるのが経済基盤であり，自然的基盤，人的基盤，そして文化的基盤からなる。自然的基盤には地形や海洋といった自然産業資源と大気や水といった自然生活環境がある。また人的基盤には人口の数，その動態的変化といった人口の量と，体力や健康に代表される人口の質がある。さらに文化的基盤には伝統や慣習，倫理観，政治体制などがある。政策主体は基盤政策的手段を用いてこれら3つの基盤に影響を与える。その代表例として，環境保護政策，少子化対策，u-Japan構想などがあげられる。

1-2　市場メカニズムとその限界

a．市場メカニズムと均衡

　私たちの生産活動には，労働力，天然資源あるいは土地といったさまざまな

資源が生産要素として投入されている。その資源の中には空気のように無料でいくらでも手に入れることができる資源もある。これらは「自由財」とよばれる。しかし，私たちの欲する資源のほとんどには限りがある。これらは「希少財」とよばれる。多くの経済主体がこの希少財を手に入れたいと思ったとき，それをどのように配分するかは私たち人間にとって大きな課題である。それを解決する1つの方法として考えられるのは，それら希少財を各経済主体に平等に配分することである。この資源配分方法は平等ではあるが，その希少財を欲しない経済主体にまで配分されることになり，そこでは資源が使用されることなく無駄が発生する。

このような資源配分の問題を解決してくれるもう1つの方法として考えられているのが市場を通じた取引である。需要と供給それぞれに関する価格と需要量の関係を表したものが需要曲線と供給曲線である。縦軸に価格 P，横軸に数量 Q をとったとき，通常の財・サービスに対する需要曲線 D は右下がりのグラフとして，供給曲線 S は右上がりグラフとして描かれる。需要と供給が一致する両曲線の交点 E は均衡点とよばれ，資源の効率的配分が達成される。均衡価格を上回るような価格のとき，市場では超過供給が発生し，それが解消されるまで価格は低下する。反対に均衡価格を下回るような価格のとき，市場では超過需要が発生し，それが解消されるまで価格は上昇する。このような結

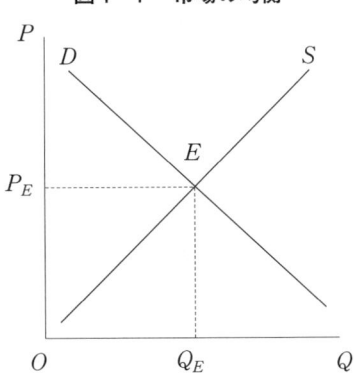

図1-1 市場の均衡

果，市場では需要と供給が等しくなる均衡点に到達することになる。市場で取引される財・サービスに対し，均衡価格を上回る評価を貨幣価値で示す経済主体は，この財・サービスをその均衡価格に等しい金額の貨幣を支払うことによって入手することができる。反対に，均衡価格を下回る評価しか貨幣価値で示すことができない経済主体は，この財・サービスを入手することができない。これは市場メカニズムとよばれ，限りある希少な財・サービスの効率的配分を実現するものとされている。

経済学では，効率的かどうかを判断する際にパレート効率性という概念が用いられる。「パレート効率性を満たしている」とは以下のような状態を指す。まず生産段階については，1つもしくは複数の消費財を生産しているとき，その生産を増加させるには，もはや他の消費財のうちの少なくとも1つの消費財の生産を減少させなければならないような状態にあるときである。また，消費財の配分については，1人もしくは複数人の効用を増加させるには，もはや他の個人のうちの少なくとも1人の効用を減少させなければならないような状態にあるときである。

b．完全競争市場

マクロ経済における主な3つの市場は財・サービス市場，貨幣市場，労働市場とされる。貨幣市場の場合，市場での価格は利子率，数量は貨幣取引量，需要者は借り手，供給者は貸し手となる。また労働市場の場合，価格は賃金率（単位時間当たりの賃金），数量は雇用量，需要者は企業など労働者を雇う雇用者，供給者は雇われる側の労働者となる。経済学ではこれら市場が完全競争市場であるとき，この市場メカニズムが十分に機能して効率的な資源配分が達成されるものと考えられている。では完全競争市場とはどのような市場をいうのであろうか。それには以下に示す条件が満たされなければならないとされている。それは，

① 市場参加者が多数で，個々の市場参加者の取引量は全体の取引量に比べてごくわずかなため，その意思決定は価格に影響を及ぼさないこと

② 生産者が供給する財・サービスが同質であること
③ 市場への参入と市場からの退出の自由で，それらを阻む障害がないこと
④ 市場参加者は取引される財・サービスの価格や特性について完全な情報をもっていること

の4つである。

完全競争市場に近い市場としては外国為替市場，株式市場，あるいは短期金融市場といった情報通信技術を用いた取引が行われている市場があげられる。しかし，市場は必ずしもこのような条件すべてを満たしているとは限らない。

1-3 政府の役割の重要性

a．市場の失敗

市場が完全競争市場となるこれら4つの条件が満たされなければ市場メカニズムは十分に機能せず，資源の効率的配分が達成されない。これ以外にも，市場の失敗とよばれる以下のようないくつかのケースがある。

(1) 公共財

たとえば今，AさんとBさんという二人がいて，店頭にリンゴが並んでおり，Aさんがその中から1つのリンゴを購入したとしよう。このときBさんは，もはやそのリンゴを購入して消費することはできない。このように，ある財がある経済主体に供給された時にそれ以外の経済主体がその財を利用できなくなる性質は，財の「競合性」とよばれる。また料金を支払わない人たちはどのリンゴであれ，リンゴを購入して消費できない。このようにある経済主体に供給された財を，対価を支払うことなしに利用できない性質は「排除可能性」とよばれる。これら競合性と排除可能性を備えている財は，「私的財」とよばれる。

これに対してこれら競合性と排除可能性のいずれかまたはその両方の程度が低い財，言い換えれば，非競合性と非排除性のいずれかまたはその両方を備え

る財もある。このような財は「公共財」とよばれる。インターネットは料金を負担しない経済主体をその利用から排除できるが，料金さえ負担すれば特定の経済主体がそれを利用することにより，その他の経済主体の利用が不可能になることはない。教室の窓から見える風景は，ある学生がそれを見ていても，他の学生もそれと同じ風景を見ることができる。なかでも強い非競合性と強い非排除性をもつ公共財は「純粋公共財」とよばれ，治安や国防などがその代表例としてあげられる。

　公共財のもつこの非排除性という性質から，経済主体はその料金負担を逃れながら供給された財の消費だけを行うことが可能となるという問題が発生する。これはフリー・ライダー（ただ乗り）とよばれる問題で，利用者から料金を徴収するのが困難となる。また，何らかの方法で料金を徴収しようとしても，各経済主体がその利用にどれだけの料金を支払ってもかまわないかを知ることが難しく，また各経済主体の自主的な支払いに任せるとしても，自分が支払ってもかまわないと思う料金を支払ってくれるとは限らない。このようなことから公共財は市場の成立が困難であるとされ，もし市場が成立したとしてもその供給量は最適供給量を満たさず過少となってしまうため，政府が補完的に資源配分を行う必要性が生じる。

(2) クラブ財と費用逓減産業

　競合性が低く，排除可能性が高い財は「クラブ財」とよばれ，その代表的なものとして電力，ガス，鉄道，情報通信といったネットワーク産業が供給する財・サービスがあげられる。これらの産業は分割困難な巨大設備をもち，財・サービスの生産量が増大するほどその平均費用が逓減する性質をもっており，費用逓減産業と呼ばれる。このような産業では市場は成立しても，複数の企業が財・サービスを供給するよりも1つの企業が供給したほうが低費用で供給できるために市場では独占となりやすい。これは「自然独占」とよばれる。供給側が独占となる場合，もし何ら規制が行われなければ，独占企業は市場で競争が行われる場合よりもかなり高い価格で財・サービスを供給するかもしれない。

電力，ガスあるいは鉄道のような交通機関は私たちの日常生活に欠かせないものであることから，このような独占企業が高い価格を設定すれば私たちは安定してその財・サービスを購入できるとは限らず，不便な生活を強いられるかもしれない。このような場合，政府は企業に独占を認める代わりに財・サービスの価格に上限規制を設けることが多い。このような料金規制は「価格上限制度（プライス・キャップ制度）」とよばれる。

(3) 外部性の発生

外部性とは，ある経済主体の経済活動が市場取引を経由せず，他の経済主体に対して利益または損害を発生させ，影響を及ぼすことである。そして利益を発生させる場合を「外部経済」，損害を発生させる場合を「外部不経済」という。政府の役割が必要とされるのは後者のケースである。具体例としては，自動車や工場の排気ガス，タバコの副流煙や深夜の道路工事の騒音による健康被害，そのほか，上流の工場から排出される汚水が下流で行われている漁業に対し，環境悪化を通じてその漁獲量を減らしたり，水質汚染から風評被害を発生させたりすることなどがあげられる。このような場合，政府は法律を制定して外部不経済を発生させている経済主体の行動を禁止したり制限したりすることが求められる。

b．マクロ経済の安定化と政府の役割

政府の役割がいかに重要であるかを認識させたのが1930年代前半の世界大恐慌であろう。そこでは市場メカニズムは十分に機能せず，財・サービス市場では遊休設備や企業の倒産が，また労働市場では失業者が大量に発生し，自由放任主義の限界を露呈することとなった。当時のアメリカ大統領F.D.ルーズベルトはいわゆる「ニューディール政策」を実施し，公共事業を行って失業者に雇用と購買力の基礎となる所得を与え，供給過剰となって価格が大暴落していた農産物を買い取るなど，政府による経済活動への介入を強めて大恐慌脱出のきっかけを作った。また1936年にはJ.M.ケインズが『雇用・利子および貨幣

の一般理論』を著し，民間部門の有効需要不足から発生した経済不況時における財政支出拡大の重要性を，経済理論面から明らかにした。最近では，住宅バブルの崩壊を機に，2007年夏にアメリカで発生し世界に伝播したいわゆる「サブプライム・ローン問題」を起点とする不良債権問題と金融システム不安に対して，アメリカ連邦政府が「世界大恐慌の再来」を未然に防ぐという目的のために講じた特定の金融機関に対する公的資金の注入などは，政府の役割の重要性を示しているといえるだろう。経済がグローバル化するなかでは，アメリカのような経済活動規模の大きな国のマクロ経済が不安定化すれば，それは未曽有の規模で世界に波及することを意味する。そのような意味で，アメリカ連邦政府だけでなく，日本やEU（欧州連合）といった先進国・地域政府，あるいは中国やロシアといった新興国政府が今後どのような政策措置を講じるかに注目が集まる。

1-4 経済のグローバル化と政府の役割

a．経済のグローバル化

　本書の中心的テーマである経済のグローバル化とはどのようなことを指すのかについて考えておこう。

　経済学において一国・地域内のマクロ経済の主な経済主体は家計，企業，政府の3つであり，これら経済主体がそれぞれの経済活動に投入する希少な資源を需要者または供給者となり市場において取引を行っている。マクロ経済の主な市場としては財・サービス市場，労働市場，そして貨幣市場があげられる。経済学では，一国のマクロ経済は国内でのそれぞれの経済主体による市場を通じた取引に限られる閉鎖経済と，それら経済主体と海外部門との取引によって行われる開放経済に分けられる。ある国の経済体制が自由主義・市場経済を基礎としているとして，閉鎖経済の場合にはその国の市場を通じた自由な経済取引の対象は，言うまでもなく，その国に存在する希少な資源に限られる。この

希少な資源は世界のさまざまな国や地域に均等に存在しているのではない。たとえば中国は豊富な労働力や土地を，中東の湾岸諸国は石油という天然資源を日本に比べて豊富にもっている。このような場合，資源の乏しい国は資源の豊富な国から市場取引を通じてその資源を輸入することで生産活動の規模を拡大することができたり，生産する商品を低価格で売ることができたりするなどメリットが発生する。また，輸出国にも所得水準の上昇などのメリットが発生する。これは市場が国内から海外の一部の国や地域へと拡大し，市場メカニズムを通じてより効率的な資源配分が達成されたことを意味する。そのようなことから，一方では市場の拡大は望ましいと考えられる。

しかし，海外部門との取引は，自国と相手国との間の経済発展の差から生じる両国政府の経済政策目標の違いなどから，法律などによりさまざまな制約が課せられることが多い。たとえば，特定の財に対する高関税率の適用や禁輸措置，就労ビザの発行による労働者受入れの制限，政府による外国為替管理などがある。また土地については貿易を通じて移動させることが不可能なため，それを必要とする経済主体が海外に移動することになる。その一例が直接投資による企業の海外進出である。直接投資とは，国内の経済主体が経営支配を目的として海外の企業が発行している株式全体の10％以上を取得することである。海外に新たに現地法人を設立する場合もこれに当てはまる。直接投資は受入国で新たな雇用を生み出すといったメリットを発生させる半面，その企業の進出により競争に直面した受入国側の企業が倒産するかもしれないというデメリットもある。このため，政府は海外企業による国内直接投資を制限して国内産業を保護することもある。このような自由な経済活動が制限された極端な例として，第二次世界大戦前の日本や欧米諸国によるブロック経済がある。ブロック経済が第二次世界大戦を導いた1つの要因であったとの反省もあり，戦後はGATT・IMF体制のもとで主に財の貿易についてはこのような制限が緩和されてきた。したがって経済のグローバル化とは，自由主義・市場経済の地球的規模での拡大であって，財・サービス，労働，資本といった経済活動に必要な希少な資源の市場を通じた国際間取引にとって障害となる規制を各国政府が撤

廃ないし緩和することにより，地球的規模で市場メカニズムを機能させることで希少な資源の効率的配分を実現しようとする動きのことである。そしてこれを可能にしたものが1990年代初に商用化されたインターネットに代表されるIT（情報技術）の発展とその世界的な普及である。ITは市場メカニズムを強化し，地球的規模で効率的な資源配分の達成に近づくものと期待されている。

b．経済のグローバル化進展の背景

もちろん，上で説明した政府によって設けられたさまざまな制限は現在でも各国で少なからず残っているが，戦後このような制限を緩和・撤廃されていったのであるが，その背景に何があるのかをみておこう。

(1) GATT及びWTO

東西冷戦期において経済のグローバル化を進めることとなった大きな要因は，第1に，1947年に発足したGATT体制である。合計8回にわたる交渉は時に難航することもあったが，関税率の引下げは主に西側諸国間を中心に世界の貿易量を増加させた。また，第7回と第8回の交渉では非関税障壁撤廃，農業保護問題，知的財産権保護，サービス取引など，新しい課題も取り上げられるようになり，WTOへと引き継がれていった。1995年に設立されたWTOがあげられる。冷戦崩壊後に設立されたWTOには旧社会主義国も加盟し，それら加盟国は国境を越えた経済取引や経済活動の自由を拡大する協定を成立させ，加盟国間で発生する紛争を処理する機関をもつことになった。

(2) 東西冷戦の終結

東西冷戦の終焉それ自体が第2の要因としてあげられる。戦後のGATTにおける世界貿易の拡大はあくまで自由主義・市場経済を基礎に置く西側諸国によるものであった。1980年代末に起こった米ソ冷戦体制の終結と，それに続く社会主義国の崩壊と経済体制の移行は東側諸国への自由主義・市場経済の拡大につながった。

(3) 為替の自由化と資本移動の自由化

　第3に，為替の自由化と資本移動の自由化が進んだことである。貿易を行う2つの国では異なる通貨が用いられている。よって貿易には異なる通貨の交換が必要になる。この交換を行うのが外国為替市場であるが，為替の自由化とは，政府により規制されていた異なる通貨の交換を外国為替市場に参加する経済主体が制限なく自由に行えるようになることであり，これにより貿易は拡大する。欧米主要国および日本は主に1960年代に為替の自由化を達成した。また，資本移動の自由化とは，政府により規制されていた資本に関する国際的な取引を金融市場に参加する経済主体が制限なく自由に行えるようになることである。資本移動の自由化によりこうした直接投資や，株式投資，債券投資といった間接投資は拡大する。欧米主要国や日本は1980年までに資本移動の自由化を達成した。また，移行経済国や部分的に市場経済を導入した中国，すでに1980年代において市場経済の導入により経済開発に成功した韓国，香港，シンガポールといったアジアNIES（新興工業経済群）やタイなどが1980年代末から1990年代にかけて資本移動の自由化を進めた。

(4) 地域経済統合の進展

　第4に世界のさまざまな地域で起こっている経済統合の動きがあげられる。地域経済統合とは，複数の国が協定を締結して加盟国の経済市場を1つの経済圏として統合し，域内で関税を撤廃したり対外経済政策を共有したり，あるいは労働力や資本の移動を認めるなどして経済取引や経済活動を活性化し，自由主義・市場経済のメリットである資源の効率的配分を享受しようとするものである。欧州ではすでに主に西欧諸国の間で第二次世界大戦後から経済統合の動きがあり，それはEC（欧州共同体）を経て，1994年のEU発足に至っている。また，このEUには旧社会主義の東欧諸国や北欧・中欧諸国も加盟し，単一通貨ユーロも導入されて一大経済圏となり，自由主義・市場経済を拡大させた。このほかアメリカ，カナダ，メキシコによる北米自由貿易協定（NAFTA）や，南米南部共同市場（MERCOSUR）が1991年に，東南アジア諸国連合自由貿易

地域（AFTA）が1992年にそれぞれ発足している。最近では二国間で FTA（自由貿易協定）や EPA（経済連携協定）を締結する動きが活発になっており，自由主義・市場経済のグローバル化はますます進展している。

(5) 世界銀行・IMF による構造調整政策

発展途上国の経済政策に大きな影響を与えたのが世界銀行と IMF（国際金融基金）主導で行われた経済改革である。第二次石油ショックにおける石油価格の大幅な上昇は多くの発展途上国に国際収支赤字をもたらし，短期的にはこの国際収支赤字を穴埋めするために，中長期的にはこれら途上国の経済構造を調整し，安定した経済基盤を確立するために，世界銀行は構造調整融資を開始することになった。この融資には IMF のコンディショナリティと呼ばれる構造調整政策の実行が求められたが，それは原則的には市場メカニズムの導入と規制緩和による自由化政策であった。その内容は為替レートの自由化（実際には為替レートの切下げ），金利の自由化，貿易の自由化，外資の自由化といった自由化政策と，民営化や規制緩和など10カ条から構成される。1990年代に旧社会主義国は市場経済を導入して経済改革を試みたがそこでも構造調整政策が実施され，また1997年に発生したタイ・バーツの暴落に始まるアジア通貨危機とそれ以降の経済危機においても各国は経済改革に迫られたが，ここでも世界銀行と IMF は経済政策において主導的な役割を果たし，自由主義・市場経済の拡大をもたらすこととなった。もっとも，この構造調整政策は必ずしもすべての実施国で成功したとはいえず，批判も多いことを付け加えておく。

c. 経済のグローバル化に伴う対立関係

経済のグローバル化は市場の拡大を通じて国境という概念を薄める。これは市場メカニズムとその効率的な資源配分機能が強化されることを意味するが，その理想とする完全競争市場に必要とされる条件がすべて満たされたわけでもなく，市場で取引される希少な資源の国境を越えた移動も完全に自由化されたわけでもない。このようなことから経済のグローバル化が進展する中でさまざ

まな対立関係が生まれており，グローバル経済時代の経済政策にとって非常に大きな意味をもつようになっている。以下ではその中から4つについて取り上げ，第2章以降の内容につなげておくこととする。

(1) グローバル経済推進派と反対派

　経済のグローバル化は短期的には，利益獲得に成功した企業と倒産する企業，雇用を得る労働者と失業する労働者，所得水準を上昇させる家計と低下させる家計，そして経済政策目標を達成できる政府と達成できない政府の存在を生む。たとえば所得水準の低い発展途上国から先進国への移民の増加は，企業にとってはコスト削減と競争力の確保につながるかもしれないが，当該国にもともと住んでいた人々に雇用の喪失や賃金の低下をもたらし，時に治安の悪化という要因も加わって移民に対する差別と移民排斥運動が起こることもある。経済のグローバル化は地球的規模での所得格差拡大をもたらしたとされるが，当然のことながらその恩恵を受ける国・地域の政府や経済主体はその推進を歓迎する。しかし，経済のグローバル化が進展したとされる現在でも，発展途上国ではいまだ多くの人たちが1日1ドル以下での生活を強いられている。そこでは1日の生活に必要な栄養を摂取できないどころか，衛生の悪化や医療体制の不備から，豊かな国であればかかることのない病や，所得水準が高く高価な薬を購入できれば発生を抑制できるHIV（ヒト免疫不全ウイルス）感染症で命を落としていく人たちも存在する。このようなことから，グローバル経済の恩恵にあずかれず，貧困から抜け出せない人たちや，そのような人たちを支援し，世界的な所得格差を是正すべきと考えるNGO（非政府組織）などの市民グループはこのような人たちを置き去りにしたまま経済のグローバル化が進展することに対して懸念を抱き，その推進に反対している。

　また，結果主義の立場をとるWTOにとっては関税や貿易障害の撤廃とそれを通じた自由貿易の拡大が達成されているか，国境を超えた企業活動の自由が保障されているかといった結果が重要であり，その貿易取引の対象となっている財・サービスが途上国の「安価な」児童労働の搾取など人権を侵害して作

られたのかどうかや，その財・サービスが環境を破壊して作られたかどうかといった過程が問われることは基本的にない。このようなことからグローバル経済を推進しているとされるWTOと人権団体や環境保護団体といったグローバル経済反対派が対立している。

(2) 労働者と株主・経営者

　グローバル市場経済の拡大は，一方において，企業にその活動範囲の拡大と，それを通じた利益獲得の機会の増加をもたらしたが，他方において，企業に拡大した市場での競争激化をもたらした。また，ヘッジファンドのような巨額の資金を，ITを駆使しながら瞬時に国境を越えて移動させる投資家が，さまざまな国や地域で企業が発行する株式を大量に取得し，その発言力を増していくことになった。株主になるということは，購入した株式を発行した当該企業の所有者になることであるが，経営に関しては株主総会で選ばれた社長をはじめとする経営陣に任せる。これは「所有と経営の分離」とよばれ，現代の企業経営の特徴の1つである。株主はその企業が上げた利益の一部を配当金として受け取る権利をもつ。発言力を増した株主は企業に利益拡大と配当率の引上げを求めるようになった。このような結果，企業経営者は厳しいグローバル競争とデフレ経済の中でいかに利益を確保するかという困難な課題に直面することとなり，その課題解決のための手段として成果主義を導入して労働者のモチベーションを維持しつつ，人件費を削減することを選んだ。人件費の削減は主に労働者への賃金・給与の抑制や削減，正規雇用労働者の解雇，そして派遣労働者やパートタイム労働者など非正規雇用労働者の活用となって表れた。企業経営者は，急速に普及するITを使用して仕事ができる，正規雇用のIT偏向型労働者に事業の核心部分を任せ，特にITスキルを必要としない事業の周辺部分については非正規雇用の非熟練労働者に任せるという構図を作り上げた。

　この構図は，少数となった正規雇用労働者に対して仕事の集中と賃金不払い残業を含めた長時間労働を課し，健康問題やワーク・ファミリー・コンフリクト（仕事と家庭の葛藤）をもたらした。また，非正規雇用労働者に対しては不

安定な雇用と低水準の所得だけでなく，正規雇用として採用される見通しが立たないことから発生する絶望感と閉塞感をももたらし，日本経済に所得格差を生む1つの要因となった。特に日雇派遣労働者の場合，日本国憲法第25条で保障されている健康で文化的な最低限度の生活さえ確保できていない例も稀ではなくなっている。

しかし同時にこの構図は，企業に対しては労働生産性の上昇をもたらしただけでなく，時には企業活動の維持・拡大に，時には費用削減に，雇用の調整弁として非正規雇用労働者を柔軟に採用・解雇することで競争力を確保できる都合のよい構図である。また，企業が倒産することになれば，それまで雇用されていた正規・非正規を問わず多くの労働者が失業することになる。このようなことから，労働者もこの構図を受け入れざるをえなくなっている。つまり，グローバル競争が激化する中で，株主・経営者と労働者の利害が対立し，政府にとってはいずれを優先させる経済政策措置を講じるべきかが大きな課題となっている。

(3) 先進国と新興経済国・発展途上国

20世紀は先進諸国経済の工業化と，モータリゼーションにより特徴づけられる。この間に拡大した自動車，航空機，船舶といった交通手段の多使用は，限りある化石燃料の大量使用と，大気汚染や水質汚染を通じて大規模な環境破壊を生んできた。この地球環境破壊は地球温暖化や降雨量の変化などの気候変動をもたらし，干ばつや洪水の発生による穀物の凶作，水質悪化と海面上昇による生活可能な土地の面積の縮小など，私たちの生活に大きな負の影響を及ぼすようになり，今やさまざまな経済活動の大きな制約となっている。

すでに経済発展を遂げた先進国・地域は過去の経験から地球温暖化ガス排出量の削減など地球環境保護を大きな制約として経済活動を行うことで国際協調を図るようになり，これを世界的な規模にまで拡大しようと多くの国や地域に呼びかけている。一方，発展途上国の中には特に1990年代に入ってグローバル経済の恩恵を受けて大きな経済成長を遂げているロシア，中国，インド，ブラ

ジルといった国もある。これらの諸国は新興経済国あるいは新興国とよばれ，広大な国土と大きな人口をもち，急速に進んでいるとはいえ経済成長が始まってまだ十分な時間が経過していないがゆえに，所得水準の上昇や経済発展は先進国のように全人口的・全土的には至っていない。そのため，国内には所得格差が発生しており，その解消には高水準の経済活動による経済成長の維持が必要である。これら新興経済国以外にも世界には多くの発展途上国や貧困国が存在する。このような国・地域にとって環境保護を制約としながらの経済活動は，全人口的な所得水準の向上と全土的な経済発展に必要な経済の持続的な高成長の維持を困難なものにする。このため，新興経済国，発展途上国そして貧困国と，経済活動に対して地球環境保護という制約を設けようとする先進国・地域との間でその制約の程度をめぐって対立が生まれている。

(4) 農産物輸出国と農産物輸入国

　第二次世界大戦後の西側諸国はGATTのもとで関税率引下げや関税・非関税障壁撤廃交渉を重ね，自由貿易を拡大してきた。かつて世界経済においてゆるぎない地位を築いていたアメリカも，かつての敗戦国である日本や西ドイツ（当時）の追い上げを受けてその地位を相対的に低下させるようになった。GATTの第7回東京ラウンド（1973〜79年）では，非関税障壁の撤廃がその交渉の課題とされ，牛肉や酪農品といった農産物などの特別協定も成立した。1980年代には主に貿易収支赤字を抱えるアメリカと，貿易収支黒字を抱える日本および西ドイツとの間で貿易収支不均衡が現れ，しかもそれが定着した。このような事態が発生するなか，1986年から始まったGATTウルグアイ・ラウンドではそれまでになかった農業保護，知的財産権保護，サービス貿易といった新しい分野に交渉の焦点は移り，農産物が自由貿易の対象として交渉の場に持ち込まれることとなった。

　この農産物に関しては，当時のECとアメリカは輸出補助金をつけて輸出し，他方において日本は農産物自由化を拒み，それぞれが農業保護政策をとっていた。特に日本ではコメ市場は聖域化され，食の欧米化が進んでコメの消費量が

落ちつつある中でもコメ市場は開放しようとしなかった。

　農業は国内の政治的な思惑や食料安全保障の観点から各国・地域とも保護政策をとる傾向にある。日本の場合，農業が行える平野が国土のわずか30％しかなく，生産に非効率が発生するため国内で生産された農産物は，アメリカや欧州など広大な土地をもつ国・地域で生産された農産物よりも価格が相対的に高くなってしまう。したがって日本にとって農産物輸入の自由化は国内農業の大きな衰退を招くことは明らかであったため，それを阻止することは至上命題となっていた。このことは同じように狭小な国土で農産物の生産を行っている韓国などにもいえることであった。これに対して農業の過剰生産を抱えるECやアメリカ，なかでも工業製品を中心に対日・対韓貿易収支赤字を抱えていたアメリカは自国農業を保護しつつ，両国に農産物輸入自由化を実現させたかったのである。この農産物自由化交渉を含め，ウルグアイ・ラウンドは難航を極めたが，1994年にようやく決着をみた。日本では細川連立政権下でかつて聖域とされたコメについても，当初は高関税率をかけてそこから徐々に関税率を引き下げていくというミニマム・アクセス方式ではあるが，輸入が始められた。

　農産物輸出国と農産物輸入国はその交渉の場はGATTから1995年に設立されたWTOに移っている。しかし両者は21世紀に入った現在でも鋭く対立しており，なかなか妥協点が見出せないでいる。

第2章　日本経済の成長と安定

① 第二次世界大戦後の日本経済は復興と国際社会への復帰，高度経済成長，石油危機と円高，バブル経済の発生と崩壊などを経験した。
② 本章では，高度経済成長を可能にした要因，経済成長率の鈍化によって生じた問題，バブルの発生と崩壊がもたらした問題，構造改革と持続的成長の可能性などについて考える。

2-1　高度経済成長

a．高度成長の始まり

　戦後の日本経済の特筆すべき点として，急速な経済成長の達成がある。1950年代中期～70年代初めの平均10％近い経済成長率を達成した時代を高度経済成長期と呼び，これは敗戦後の日本を短期間のうちに先進国の地位に引き上げた。何がこの成長を支え，その結果日本はどのように変化したのだろうか。

(1)　戦後復興と市場機構の回復
　第二次世界大戦終了当初の日本の経済政策においては，物資不足の解消による国民生活の窮乏からの脱却が最優先の目標であった。供給のボトルネックを解消して物資を供給する方法として，原材料生産や生産財を製造する産業に資源を集中配分してこれらの産業を復活させることで生活物資の供給拡大を迂回的に実現させようという「傾斜生産方式」が試みられた（1947年）。これには生産回復を円滑にしたという評価がある一方で，1948年の『経済白書』の認識のように，生産財に比べて消費財の生産は低迷したという指摘もあった。
　一方，貿易依存度が高い日本経済にとって，国家管理による複数為替レート

ではなく安定した単一為替レートを設定して正常な民間貿易を復活させることも復興のために重要であった。1949年には1ドル＝360円という為替レートが採用されたが，円高になった産業では国際競争力が低下するため，生産費用を引き下げるための合理化が進んだ。また，安定した為替レート設定のためには国内のインフレが沈静化する必要があったが，そのためには総需要の抑制が必要であった。通貨供給を抑制してインフレを早期に収拾し，正常な市場機構とすることが復興に不可欠であると判断したGHQの指示（ドッジ＝ライン）で，1949年度の政府予算は超均衡予算となった。これはインフレを抑制した一方で経済に大きなデフレ効果をもたらし，いわゆる「安定恐慌」が起こった。

しかし1950年に朝鮮戦争が始まると，日本経済には国連軍による物資やサービスの買い付けという「特需」が発生し，日本経済がデフレから脱却するきっかけになった。また，これは輸出の増加による貿易赤字の解消をもたらしたので，生産のための物資の輸入を増加させることが可能になった（第1循環）。

表2-1　景気基準日付

	谷	山	谷	拡張	後退	全循環
第1循環		昭和26年6月	昭和26年10月		4ヵ月	
第2循環	昭和26年10月	昭和29年1月	昭和29年11月	27ヵ月	10ヵ月	37ヵ月
第3循環	昭和29年11月	昭和32年6月	昭和33年6月	31ヵ月	12ヵ月	43ヵ月
第4循環	昭和33年6月	昭和36年12月	昭和37年10月	42ヵ月	10ヵ月	52ヵ月
第5循環	昭和37年10月	昭和39年10月	昭和40年10月	24ヵ月	12ヵ月	36ヵ月
第6循環	昭和40年10月	昭和45年7月	昭和46年12月	57ヵ月	17ヵ月	74ヵ月
第7循環	昭和46年12月	昭和48年11月	昭和50年3月	23ヵ月	16ヵ月	39ヵ月
第8循環	昭和50年3月	昭和52年1月	昭和52年10月	22ヵ月	9ヵ月	31ヵ月
第9循環	昭和52年10月	昭和55年2月	昭和58年2月	28ヵ月	36ヵ月	64ヵ月
第10循環	昭和58年2月	昭和60年6月	昭和61年11月	28ヵ月	17ヵ月	45ヵ月
第11循環	昭和61年11月	平成3年2月	平成5年10月	51ヵ月	32ヵ月	83ヵ月
第12循環	平成5年10月	平成9年5月	平成11年1月	43ヵ月	20ヵ月	63ヵ月
第13循環	平成11年1月	平成12年11月	平成14年1月	22ヵ月	14ヵ月	36ヵ月

出所：内閣府ホームページ

(2) 高度経済成長期の景気循環

　高度経済成長期は平均すると高い経済成長率が持続した時期であるが，景気循環の視点からは大きく2つの設備投資循環のサイクルに分けられる。

(i) 1950年代後半から1965年：神武・岩戸景気から昭和40年不況へ

　1954年から1965年に至る中期的な循環には，3つの短期循環が含まれる。1954年11月に始まる第3循環（神武景気）は設備投資ブームで，外国からの導入技術による革新が設備に体化された。この拡大は，経常収支の悪化に対処するための金融引き締め政策で反転した（なべ底不況）。続く1958年からの第4循環（岩戸景気）では，旺盛な消費需要に支えられた強い設備投資による「投資が投資を呼ぶ」という効果が働いた。また1960年に池田内閣によって提唱された国民所得倍増計画は今後10年間で国民所得を倍増させるという目標を掲げ，投資意欲を高めた。この景気もやはり経常収支の悪化に対する金融引き締めで反転したが，順調な輸出の拡大で早期に回復に向かった。この景気拡大が中期的な循環の山に相当し，その後は設備投資の拡大テンポが鈍化したため，第5循環（オリンピック景気）の過程は弱く，1965年には深刻な不況に陥った（昭和40年不況）。経営危機に陥る大手証券会社も出るなど企業収益は大きく低下し，均衡財政主義を捨てて国債発行が行われた。

(ii) 1965年から1970年代前半：いざなぎ景気とインフレ圧力

　1965年の谷から1970年の山に至る中期的拡大期には第6循環（いざなぎ景気）が含まれる。輸出と政府需要が民需を刺激して再び設備投資が拡大局面に入り，これは戦後最長の景気拡大となった。この投資では，スケールメリットを追求する大規模投資や輸出需要拡大に対応する能力増強，労働力逼迫に対応する省力化投資などが中心となった。一方，ベトナム戦争などによる海外景気の拡大で輸出が伸びたため，国際収支の天井の影響は軽微だった。むしろ長期拡大が労働力不足による賃金上昇や需給逼迫をもたらした結果インフレ率が上がり，抑制政策がとられたことが景気の上限を形成し，1970年以降景気は反転

した。また1971年の円切り上げに伴う企業心理の悪化による設備投資と在庫投資の調整で後退は長引いた。

(3) 高度経済成長を可能にした要因

日本の高度経済成長には，次のような要因が寄与したことが指摘されている（以下は，正村公宏・山田節夫『日本経済論』東洋経済新報社，2002年などを参照）。

まず，企業の投資意欲が非常に高かった。その理由のひとつとして，前述の岩戸景気における「投資が投資を呼ぶ」という現象があげられる。投資には需要の増加と供給能力の増加の二面性があるが，ハロッド＝ドーマーモデルによれば投資が誘発する需要増が供給増と一致するような成長率は「貯蓄率×産出係数」に等しい。日本の場合，高い貯蓄率が投資の高成長をもたらし，その需要増の効果が供給増の効果を上回った結果，さらなる投資が生じたと説明される。この貯蓄率の高さは家計部門での貯蓄超過によるもので，企業部門の大きな投資超過がこれを吸収することでマクロ経済の均衡が成立した。そして，この高貯蓄による高成長が所得を増やし，さらなる高貯蓄をもたらすという好循環が生まれた。こうした活発な設備投資は，外国から導入された先進的な技術およびその応用・改良中心の技術開発の成果が資本へスムーズに体化されることを可能にした。

また，人的資源の質的改善と活用方法が改善された。日本の場合，進学率の上昇や専業主婦化の進行で労働力人口は伸び悩んだが，進学率の上昇が労働者の人的資源の質的向上をもたらしたことや資本設備の質や管理組織の改善が人的資源の活用方法を改善した結果，労働生産性が上昇し，成長に貢献した。

さらに，最終生産物市場が拡大した。経済成長には生産能力だけでなくそれを吸収する市場の成長が必要とされるが，世界経済の成長と国内市場の拡大がこれに寄与した。日本の高度成長期は新しい国際通貨体制と各国の総需要管理政策のおかげで先進各国の経済が大きく成長した時期でもあった。貿易依存度の高い日本は技術革新と合理化によって世界市場における価格競争力強化を図り，世界経済の拡大を活用して他国よりも大きく輸出を伸ばすことができた。

国内市場については，経済の民主化のおかげで所得の平準化が進んだ結果，限界消費性向の高い低所得者の所得が上昇し，消費増加につながった。

(4) 高度経済成長の帰結

高度経済成長の結果，日本経済には次のような状況がもたらされた（正村・山田，前掲書による）。

まず，国際収支の天井が高くなった。前述のように，高度成長前半の日本では景気が拡大すると輸入が増えて経常収支が赤字化しやすく，固定為替レート維持のために金融・財政を引き締めて外貨準備の枯渇を防止するという，経常収支均衡を上限として景気拡大にブレーキをかけざるを得ない状況にあった。後半には輸出増加によってこの問題が解消され，持続的成長が可能となった。

また，高度経済成長による労働力の不足のおかげで，大企業と中小企業の間や農業部門と非農業部門の間の所得格差という，高度経済成長に伴って問題となった二重構造が縮小した。すなわち，所得拡大に伴う進学率の上昇などで労働力率が低下し，労働市場の人手不足が生じたことが中小企業にも賃金上昇，年功制，長期雇用採用などの導入を促した。また，農業部門から非農業部門への人口移動が労働の限界生産力を均等化させたことも所得格差を縮小させた。

その一方で，国際社会は日本に対していっそうの貿易と為替の自由化を要求するようになった。自由貿易を掲げる IMF-GATT 体制下でも発展途上国として輸入障壁の設定や為替に関する制限を認められた日本は順調な経済発展を遂げ，経常収支を黒字基調へ転換することができたが，特にアメリカはドルの流出に歯止めをかけるために対米輸入制限の撤廃を日本に要求した。1960年，日本は「貿易・為替自由化計画大綱」を閣議決定し，貿易と為替の自由化をうたった。世界市場での競争力低下と国内市場への侵食を懸念した産業界は，規模の拡大と生産性の向上でこれに対処するための産業再編の必要を認識し，政府も企業合併の推進や独占禁止法の弾力的運用などでこれを主導した。

b．高度成長の終わり

　1970年〜80年代は，以前の高度成長の時代に対してしばしば中成長あるいは安定成長の時代と呼ばれる。この時代には長期的な経済成長の趨勢が変化し，経済成長率の下方屈折が生じた。すなわち平均の実質経済成長率は5％弱へと低下した。この直接の原因となった現象として石油危機とニクソン＝ショックがあげられる。

(1) ニクソン＝ショック

　日本の高度経済成長を支えた世界経済の順調な拡大はブレトンウッズ体制下での安定した国際通貨の体系のおかげであったが，この体制を支えたものは強大な経済力と巨額の金準備をもつアメリカの政策であった。しかし，ベトナム戦争や対外投資への出費の増加や競争力の低下の結果，アメリカの相対的な経済力は低下していった。経常収支赤字の恒常化でドルが世界に流出し，アメリカの金準備は減少した。ニクソン政権の新経済政策は従来の政策を転換し，1971年にはドルと金の交換の暫定的停止，包括的輸入課徴金制度導入，賃金物価の凍結によって金準備の減少に歯止めをかけ，経常収支改善を試みた。これによって生じた世界経済の混乱は「ニクソン＝ショック」「ドル＝ショック」と呼ばれた。

　日本の経常収支は黒字基調であったため，この状況下で固定為替レートを維持するには大量のドルを買い支える必要があった。すなわち1ドル＝360円という為替レートは円を過小評価していた。円高になった場合の輸出減少による景気後退を懸念した政府は固定為替レート維持を図ったが，ドル安圧力に逆らえず，1971年のスミソニアン協定によって1ドル＝308円という新たな固定レートが設定され，その後1973年に変動相場制へ移行した。円高の悪影響を恐れた政府は1972〜73年にかけて大幅な金融緩和政策を実施したが，その結果マーシャルのk（マネーサプライ／名目GDP）は急上昇し，「過剰流動性」と呼ばれる経済活動に比べて通貨が過剰な状態が生じた。

当時の政府は，地方の過疎化や都市の過密などの問題を解決するために積極的な公共事業によって国土開発を推進し，開発利益を期待した企業の投機的な動きを誘発した（日本列島改造ブーム）。その結果，過剰流動性は土地や株などに流れ込み，資産価格の上昇をもたらした。これらはインフレの原因であるが，政府は円高のデフレ効果を恐れてこれらを抑えず，積極財政を続けた。

(2) 第1次石油ショック

円高対策と列島改造ブームによる設備投資と消費の急拡大は第7循環を形成したが，供給のボトルネックの発生や過剰流動性に対する引き締め策に加えて第1次石油ショックが発生し，景気は急激に落ち込んだ。すなわち1973年10月の中東戦争は原油価格を急上昇させ，輸入量も激減した。これによって実質GDP成長率は戦後初めてマイナスとなった。原油価格の上昇と供給量の減少は石油製品価格の上昇に波及し，産業の生産コストは上昇した。過剰流動性という需要側の要因とあわせて各種の物価上昇率は20～30％台へと上昇した。価格上昇と品不足の予想による売り手の売り惜しみと買い手の買いだめの結果，インフレはさらに加速した。政府は石油緊急対策要綱をまとめ，産業界や消費者に石油や電力の節約を促した。インフレ抑制策として，公定歩合は1974年12月には9％に上昇し，また一般会計予算は実質で規模縮小となった。このショックの影響は70年代後半まで続き，その間の景気回復（第8循環）の過程は弱かった。

輸入原油への依存度が高かった日本では原油価格の高騰の影響はとりわけ大きかった。産油国への所得移転によって日本では総需要不足となった。高度経済成長末期からの賃金上昇圧力と原油価格高騰の結果，企業の収益は大きく低下した。これはさらなる予想収益の低下をもたらし，企業は設備投資を抑制した。投資の抑制は生産能力成長抑制を上回る需要抑制効果をもたらし，いくら投資が減っても投資の過剰感が解消されないという悪循環が生じた。これらはインフレと不況が同時に進行する，スタグフレーションを発生させた。

(3) 危機への対処と日本企業

　日本経済は，比較的短期間でスタグフレーションから脱却した。不況からの脱出に際して需要をけん引したのは民間消費と輸出であった。まず，1970年代の一次産品価格高騰で経常収支が赤字になったため円安が発生し，輸出に有利な環境になった。また，人びとの間に省エネと輸入資源節約の動きが高まり，輸入が減少した。一方，原油価格上昇で産油国に移転した所得が世界への需要として還流したことも日本の輸出産業には好都合だった。これを可能にしたのは，価格競争力を高めるための徹底した合理化努力およびエネルギー価格高騰に対応するための省エネ努力という，日本企業の適応力の強さであった。

　日本経済の安定成長への適応に伴って企業投資や消費は回復し，景気は再び拡大を始めたが（第9循環），イラン革命（1978年末）を契機とする第2次石油ショックと金融引き締めによって1980年を山に景気は反転した。設備投資が堅調だったため後退は軽かったが，海外経済の悪化による輸出需要減少と国内の財政再建による政府需要抑制のため，後退期間は長かった。

(4) 経済成長率低下とマクロ不均衡

　1970年代の経済成長率低下の結果，民間部門の総需要の伸びは鈍化し，輸出や財政支出なしには過剰な供給力を使いきれないというマクロ経済の不均衡が発生した。1970年代末期以降，これらは巨額の財政赤字と対外不均衡の拡大という問題となって現れた。すなわち，費用対効果の大きさよりも総需要拡大を名目とした社会資本投資がなされた結果財政赤字が拡大した。また，貿易黒字が円高をもたらして競争力が低下するとさらなる生産性向上で対処するのでさらに黒字が生じるという，対外不均衡の拡大が発生した。

2-2 バブル経済の発生と崩壊

a．財政危機と貿易摩擦

1980年代の日本経済は，財政赤字と対外不均衡という2つの難問の解決を迫られた。またこの時期には人びとの保有する資産価値の増大に注目が集まり，経済のストック化と呼ばれる，後のバブル経済につながる現象が進行した。

(1) 財政危機

1970年代以降の経済成長の減速によって税収は伸び悩み，一般会計の歳入欠陥が深刻化した。景気刺激の必要から歳出は拡大したので，1970年代後半になると財政赤字が拡大した。政府は景気の影響を受けにくい一般消費税の導入を目指したが，歳出合理化が不十分との強い批判を受けてこれを断念し，行政改革による歳出構造の改善を優先することになった。財政赤字拡大のもつ弊害やケインズ効果に関する疑問が注目されるにつれて財政再建重視の傾向が強まり，1981年に発足した第二次臨時行政調査会は公共事業抑制，公務員定数削減，補助金撤廃・縮小，年金・医療費抑制，公企業の民営化等を提言し，政府はこれらを推進した。しかし，歳出抑制政策によって雇用問題は深刻化し，さらに失業率には循環的要因に加えて構造的な上昇傾向も発生した。

(2) 対外不均衡

その結果経済成長における外需の寄与度は上昇し，貿易黒字が拡大した。貿易黒字はアメリカとの間で顕著だったが，その理由として，当時のレーガン政権が減税と財政支出削減で「小さな政府」の実現を目指す「レーガノミックス」と呼ばれる政策をとったことがある。企業減税と規制緩和で市場を活性化させることで税収の増加と産業競争力強化を図ったこの政策は，ねらいに反して財政赤字の拡大と対外収支の悪化という「双子の赤字」をもたらした。

一方，日本では財政引き締めと金融緩和のポリシーミックスによる金利低下が円安をもたらし，これが輸出に有利に働いたため貿易摩擦は激化した。金融自由化が進まないことがドル高と対外不均衡の原因であるというアメリカの指摘を受けて，1983年には日米円ドル委員会において金融自由化と国際化を約束するとともに内需拡大を目指すことになった。これらが後にバブル経済への流れを作ることになる。

　だが，アメリカ経済の健全さに基づかないドル高は持続しないとの予想通り，1985年の先進5ヵ国蔵相・中央銀行総裁会議（G5）において各国ともドル高を放置しないという認識で合意がなされたこと（プラザ合意）を受け，急速な円高が進んだ。その結果日本は「円高不況」に陥ったが（第10循環の終わり），企業の価格引き下げ努力によって輸出は早期に回復した。日本の企業経営は世界的に高く評価されたが，期待した輸出減少が続かなかったため摩擦が再燃した。

(3) 日本経済のストック化とその帰結

　1980年代の日本経済の特徴として，対外金融資産と実物資産の残高の拡大という経済のストック化の進展とその評価額の大きな変動がある。この影響は土地問題，住宅問題の発生という形で現れた。土地評価額の上昇による実物資産蓄積の進行の一方で，都市部での勤労者の住宅取得が困難になったり，用地取得コスト上昇によって社会資本整備に障害が生じるなどの問題が発生した。

　地価高騰の一因は，企業による投機の対象としての不動産投資とそれを支えた金融機関の融資行動にあった。金融自由化・国際化の進展の結果，転換社債や海外市場での資金調達などを活用して，企業は銀行に頼らず直接内外の金融市場から低コストで資金調達することが可能になった。一方，優良な借り手を失い，同時に外国の金融機関や市場との競争にさらされた金融機関は，新たな借り手を探して中小企業や不動産業への貸付を図った。不動産がらみの融資には土地が担保になるので信用が低くても貸付が容易という利点があり，直接貸付が困難な場合には系列ノンバンクを通じた迂回融資も行われた。この行動の

根底には土地の値段は下がらないという「土地神話」があり，この図式は破たんしないと思われたため，借り手を求める銀行はこぞってこれに手を染めた。

b．バブル経済の発生と崩壊

日本経済のストック化を背景とした1980年代後半からの経済の波はバブル経済と呼ばれる。景気の拡大は戦後最長に迫り，安定成長が確保されたかのようにみえたが，資産価格の上昇を前提としたこの拡大は持続的ではなかった。その反動は大きく，日本経済は長期にわたって低迷することになった。

(1) バブルの発生

一般に，バブル経済とは土地や株などの資産価格がそのファンダメンタルズから乖離する現象であり，1986年末～1991年の景気拡大期が相当する。その特徴は，これらの資産価格の高騰と設備投資を中心とした実物経済の活発化の同時進行であり，一般物価はむしろ相対的に安定していた。

バブルの発生の原因としては，まず，長期にわたる金融緩和政策の継続があげられる。財政再建で財政拡大が制約された中で，プラザ合意がもたらした円高不況に対しては「金融片肺飛行」と呼ばれる金融緩和政策に依存した対策がとられ，公定歩合は1987～89年には2.5％という低水準に引き下げられた。加えて1987年の財政政策の出動もあって通貨の膨張が生じた。

また，金融の自由化と国際化の進展も原因である。自由化以前は規制金利の下で預金を集めれば利益が得られた銀行だが，自由化の進展で利ざやの確保がむずかしくなり，期待収益は高いがリスクも大きい借り手を選択せざるを得なくなった。リスクを適切に管理する枠組みを作ることができなかった金融機関は，土地の担保価値を重視することでリスク管理コストを抑えようとして，新たな融資先として不動産やノンバンク，建設業に注目するようになった。

しかし，表面的にはバブル経済は内需主導で高度成長期以来の経済的繁栄をもたらしており，投資や消費の活発化で財政収支は好転し，輸入の増加で貿易黒字は縮小し，人手不足感から労働者の待遇改善もみられたため，政府はバブ

ル経済の抑制には消極的だった。投機的取引中心の資産価格上昇の危険も指摘されたが，大きな声にはならなかった。一方，物価の番人としての日本銀行も，円高による輸入原材料価格の低下や輸入製品価格低下による国内製品への値下げ圧力のおかげで物価が安定していたため，金融引き締めに消極的だった。また，家計の資金がもっぱら金融資産の蓄積に向かい，財・サービスの購買力にならなかったため，一般物価水準自体は安定していたこともその理由である。

バブル経済の間，実物経済は設備投資中心に拡大を持続し，1986年11月から91年2月までの51ヵ月にわたる景気拡大はいざなぎ景気の57ヵ月に迫る長さだった（第11循環）。企業の強気の予想と金融緩和政策の持続が設備投資意欲を刺激した。強気の根拠には，円高で見かけ上日本の経済的地位が向上したこと，地価および株価総額が上昇したこと，規制緩和や民営化で経済の活性化が進むことを期待して株式市場が活況だったことがあげられる。

(2) バブルの崩壊

1989年5月，日銀は金融政策の方向を転換して公定歩合を引き上げ，1990年には6％となった。その意図は消費税導入に伴う便乗値上げによる物価上昇の継続を懸念したことと，内需主導で景気を維持するための物価上昇の予防であったが，株価はこれに反応して下落し，東証株価は1989年12月をピークに翌年には1/2に下落した。投機的な取引者は利益確定のために保有株の売却をさらに進め，株安に拍車をかけた。

地価については，不当な高値取引や土地ころがしの抑制を意図した従来からの規制に加えて，1992年には地価税の新設や市街化区域内農地への宅地並み課税強化が行われた。地価下落の直接の契機となったのは土地取引融資への総量規制であった。政府は1990年に不動産業への融資総量規制を導入し，不動産，建設，ノンバンクへの融資実態の報告義務や不動産向け融資の伸び率抑制を求めた。これ以降これらへの貸し出しの伸び率は大きく低下し，これに対応して地価は反転下落した。地価の下落は土地の担保としての価値を低下させ，金融機関のリスク管理コストを上昇させた。その結果金融機関の貸出行動は萎縮し，

一般事業への融資も落ち込んだ結果，企業の資金調達に悪影響が生じた。

バブル経済が崩壊するにつれて人びとは将来への不安から貯蓄率を上昇させ，家計部門の貯蓄超過は拡大した。一方で企業の投資超過は収益性に関する悲観的見方の拡大，金融機関からの借り入れの減少，債務過剰解消のための土地売却などの結果極端に縮小したため，経済規模は伸び悩んだ。

2-3 平成不況と金融システムの危機

a．平成不況と財政金融政策

バブル崩壊過程の景気後退については，1991年2月を山として1993年10月までが後退期であった。当初，これは資本ストック調整が原因の通常の景気後退とも思われたが，やがて金融システムに関する構造的な問題が重なった「複合不況」であるという見方が強まった。この景気後退に対する財政面からの景気刺激策として1994～96年には減税が行われた。企業減税，累進性緩和，最高税率引き下げで企業の競争力を強化し，同時に「小さな政府」を実現して企業の自由な活動を促進し活力を引き出すことが目指された。将来の不安や逆資産効果が消費を抑制したものの財政政策で景気には明るさがみえはじめ，資本ストック過剰感の減少もあって，1993～96年ごろは回復基調となった。

景気回復に伴って，再び財政再建の必要性が注目された。中央政府に加えて地方自治体の財政悪化などの問題も生じており，対策は急務であった。財政再建路線に転換した政府は1997年に財政構造改革に関する特別措置法（財革法）を定め，赤字国債の発行をゼロにするために公共投資削減，消費税増税，健康保険自己負担引き上げなどを実施した。これは経済に大きなデフレ効果をもたらし，1997～98年には実質GDPはマイナス成長となった。景気後退は不良債権問題を再燃させた。同時に1997年のアジア通貨危機が輸出に打撃となり，日本経済は戦後最悪の不況へ向かった。1998年には財革法が停止され，公共事業と減税による経済対策が行われて，財政再建は断念された。

金融緩和政策については，1991年7月から公定歩合引き下げが始まり，1995年9月には0.5％に低下した。これによってハイパワードマネーは増大したが，金融システムへの不安から企業や個人が現金や短期預金にシフトしたことで安定した長期資金を失った銀行の貸し渋りのため，その効果は小さかった。

b．不良債権問題と金融システムの危機

財政・金融政策の景気回復効果は一時的なもので，不良債権と金融システム不安というバブル経済が生み出した日本経済の構造的問題の解決にはならなかった。1997～98年のマイナス成長は金融機関の経営不安を再び拡大させ，1997年には北海道拓殖銀行の経営破たんと山一證券の自主廃業が続いた。不良債権問題に国民の関心が集まり，預金流出や株価急落が生じた時期である。

(1) 銀行の見通しの誤り～不良債権処理の先送り

バブル崩壊による資産価格の下落は銀行のもつ担保価値を下落させ，破たんした貸出先から資金を回収できないという不良債権問題が生じた。当初の金融機関の判断は，担保価値の低下で不良債権化した貸付も地価が回復すれば不良債権ではなくなるので，直接処理をして売却損を計上するよりも引当金を積んで回復を待とうというものだった。実際には資産価格の下落はさらに進行したので不良債権額は増え，1992年頃から問題が顕在化した。政府は貸付の不良債権化による金融機関の経営悪化が金融システムを危うくするとの理由から住宅金融専門会社（住専）へ公的資金を投入した。しかし1997年以降のマイナス成長で不良債権問題は再び深刻化した。

(2) 不良債権問題と国民の疑念

不良債権問題は，人びとに金融機関不信をもたらした。その理由に情報開示の不足と情報隠しがある。不良債権に関する情報開示が最初は部分的だったことや，開示が進むにつれて不良債権の認定基準が銀行に厳しくなったこと，実際に株価や地価が下落したことなどが原因で，年を追って不良債権額が増え，

国民の疑念を招いた。一方，利子を払えない借り手に融資して利子が払えているように見せかける「追い貸し」や，不良債権を銀行本体から関連会社に付け替える「飛ばし」など不良債権隠しも行われたため，金融機関に対する信頼は失われた。

(3) 貸し渋りと貸しはがし

一方，金融国際化と自由化に必要な銀行間の競争確保のためには経営の健全性を正しく評価する国際的な基準が必要であるとして，いわゆるBIS規制が設けられ，国際業務を行う銀行には8％の自己資本比率実現が義務付けられた。目標を達成できない金融機関に対しては業務停止命令や経営内容の改善命令が出されるという「早期是正措置」が1998年に導入された。資産内容の厳格な自己査定や不良債権の敏速な処理の要求は金融機関を苦しめた。

その結果，銀行の貸出行動は極度に萎縮するようになった。BIS規制への適合を目指す銀行は，安全資産の比率を上げるために一般貸し出しを減らして国債購入を増やす行動をとった。その結果，新規貸出を抑制する「貸し渋り」や貸出金を回収する「貸しはがし」などが目立つようになった。政府は早期是正措置の1年猶予などの緩和策を講じたが，貸し渋りが設備投資を抑制して経済を停滞させる結果銀行の資産内容が劣化し，追加処理のためにさらに貸し出しを抑制する，という悪循環は止まらなかった。

(4) 不良債権処理と金融機関の破たん処理

こうした中で重要とされた政策目標は，金融システムを安定させて信用秩序の崩壊を防ぎ，日本経済を回復させることであった。そのためには経営危機に陥った金融機関の円滑な破たん処理の枠組みを早急に策定する必要があった。

金融機関の再生のためには，公的資金で資本増強を図り，早期是正措置と組み合わせることで金融機関の経営悪化を未然に防ぐことと，健全性に応じて業務内容を制限し，健全性と情報開示が不十分な金融機関を退出させることで行政の透明性を高め信頼を得ることが重要とされた。これを実現するために公的

資金の注入と金融機関の大規模な再編成が行われた。

かつての金融機関の支援方法は，金利規制や参入規制で経営を安定させる一方で，経営危機に際しては健全な金融機関に資金援助や救済合併を要請する「護送船団方式」であったが，自由化の進展で政府の過剰な関与がむずかしくなり，また他の銀行も援助の余裕がなくなった。新たな仕組みでは，預金保険制度を強化して預金者保護を図る一方で，経営改善計画の提出と引き換えに破たん金融機関の債務超過分に公的資金を投入することになった。

銀行への資本注入の条件は，金融早期健全化法（1998年）で規定された。そこでは，不良債権処理に伴う自己資本減少が一般向けの貸出の圧縮を促すという状況が貸し渋りを招いているので，自己資本増強が貸し渋り解消に有効であるとされた。しかし，新たな貸し出しが実は旧債返済のためであったという批判や，資金を受けた銀行のリストラ努力が欠けていたという批判もあった。

1998年10月には金融再生法が成立し，健全な借り手の保護を意図した破たん処理の仕組みが作られた。その1つは清算処理で，金融管財人が破たん銀行の資産を整理し，不良債権を整理回収銀行に時価で売却し，受け皿銀行を探して営業譲渡するという方法である。もう1つは特別公的管理（一時国営化）で，政府が普通株を取得して資産内容の整理とリストラを行い，受け皿銀行へ営業譲渡するという方法である。同年，日本長期信用銀行と日本債券信用銀行が相次いでその適用を受けた。

1999年には，アメリカのRTCをモデルに不良債権の回収を目的として整理回収機構（RCC）が発足した。これは，対象金融機関を一時国有化あるいはブリッジバンク方式での業務引継ぎで再生させ，整理回収機構がこれらの金融機関の不良債権処理を引き継ぐというもので，そこでは回収実績をあげることだけでなく不良債権発生に関与した経営者の責任を問うことも重視された。

2-4 持続的成長に向けて～構造改革の課題

1990年代の景気低迷は深刻で，バブル崩壊の実体経済への悪影響のため景気

後退と物価下落の悪循環（デフレスパイラル）の瀬戸際にあった。日本の特徴だった低失業率もアメリカ並みに上昇し，倒産や個人破産件数も増えた。金融仲介機能が低下したため，コール市場の誘導目標を手数料水準まで下げる，いわゆる「ゼロ金利政策」の効果は限定的で，量的緩和でインフレターゲットや調整インフレを起こすという政策もむずかしかった。1998年の財政再建断念の後，総合経済対策として100兆円を超える公共支出が行われたが，効果は明らかではなかった。このような状況で，メインバンクや系列取引などの日本的経済システムと裁量的政策の短所が指摘され，長期停滞を打破するための構造改革の必要が説かれた。

(1) 日本的経済システムの変化

　従来の日本経済の特徴は，原材料を輸入しつつ外需で市場を確保するというものであったが，円高や新興工業国の急速な発展などでこれに限界がみえると，企業は生産拠点を海外に移転させ，産業の空洞化が問題になった。これは年功賃金の縮小や非正規労働の拡大など日本的雇用システムを変質させた。一方，金融自由化・国際化で企業が銀行を離れ，バブル崩壊で貸し出しが縮小したため，メインバンクという日本型システムの機能も低下した。また株価低迷による含み損が株式持合いのコストを高める一方で，金融自由化・国際化は株主重視の意思決定を経営者に迫り，企業系列を作って長期的契約を重視するという特徴も薄れた。

　このように，日本的経済システムを構成する雇用，企業間関係，金融などの各システムの変化は，互いに他のシステムの変化を誘発し，かつて日本経済の成功を支えたと評価された日本的経済システムのさまざまな特徴が覆された。これらの各システムの間には互いに連関しあう「相互補完性」とよばれる関係があり，いったん出来上がれば構造変化が進みにくいが，このように関係に変化が生じると次つぎとドミノ倒し的に関連分野に影響が広がるという特徴を有していたのである（小峰隆夫『日本経済の構造変動』岩波書店，2006年による）。

(2) 橋本内閣の構造改革

　日本経済を取り巻く環境は大きく変貌し，IT革命，新興工業国の拡大，地球環境問題への取り組みの必要が日本の経済構造に変革を迫った。

　このような中で，1990年代後半から2000年代にかけて行われた大きな改革の試みが，橋本内閣と小泉内閣の構造改革である。橋本内閣は1997年，6大構造改革として金融システム改革，行政改革，財政改革，社会保障改革，経済構造改革，教育改革を掲げた。これに基づき，前述の公的資金投入と不良債権処理スキーム策定の他，金融ビッグバンとして外国為替業務および海外との資本取引の自由化を図り，金融の自由化，透明化，国際化を促した。また中央省庁改革として省庁再編と内閣の機能強化，公務員制度改革（定員削減）の他，金融行政で政策の独立性を高めた。さらに先進国でも類をみない高齢化と少子化への対応として医療費と年金財政の抜本的改革の必要を唱えた。経済構造改革では，規制撤廃や緩和で経済の効率性と産業競争力の強化を図った。

(3) 小泉内閣の構造改革

　その後，小渕内閣は当初橋本路線を継承したが景気後退に直面して緊縮路線から転換し，構造改革は2001年に発足した小泉内閣に委ねられた。そこでは，経済財政諮問会議を活用しながら「改革なくして成長なし」「民間でできることは民間に」「地方でできることは地方に」などの掛け声の下で構造改革路線の徹底が図られた。2001年に答申された，経済政策の柱となる「経済財政運営及び経済社会の構造改革に関する基本方針」（「骨太の方針」）においては，不良債権処理の抜本的解決を掲げるとともに，「聖域なき構造改革」のスローガンの下で，表2-2のような目標が掲げられた。その後の任期中には，2002年には経済活性化戦略，税制改革，歳出改革，2003年には経済活性化，国民の「安心」確保，将来世代に責任がもてる財政の確立，2005年には「小さくて効率的な政府」の実現が主要な政策課題として取り上げられた。

　金融再生に関しては，みずほFGの大規模な増資とりそなグループの一時実質国有化などで最終的な処理を図るとともに，金融システムと金融行政への信

表 2-2　小泉内閣の構造改革

(i)	民営化・規制改革プログラム(医療，介護，福祉，教育にも競争原理を導入)
(ii)	チャレンジャー支援プログラム（起業，創業の促進）
(iii)	保険機能強化プログラム（社会保障制度を信頼されるものに）
(iv)	知的資産倍増プログラム（ライフサイエンスやIT，環境などに重点投資）
(v)	生活維新プログラム（バリアフリーや保育の充実）
(vi)	地方自立・活性化プログラム（市町村合併，国庫補助負担金の見直し）
(vii)	財政改革プログラム（特定財源見直し，公共事業の長期計画見直し）

頼回復のため，2004年に主要行の不良債権比率を半分にするとともに，主要な銀行の資産査定厳格化，自己資本充実，ガバナンス強化に向けての取り組みが行われた。国民生活に関しては，大規模な市町村合併と権限の委譲，高速道路など特殊法人の民営化が推進された。特に郵政民営化では，大規模な議論の末，郵政事業を郵便事業，郵便窓口，郵便貯金，保険事業に分社化し，持ち株会社の株式を段階的に売却することになった。

(4) 構造変化と経済成長の持続

戦後13番目の景気循環ののち，2002年以降，景気はふたたび拡張期に入ったが，日本経済は経済のグローバル化や情報化の進展などの結果，世界的な競争の中にある。その中で日本経済が成長を続けるためには，生産性の向上による企業の体力の強化と世界ルールでの経営という体質の改善が必要となる。このためには企業が長期不況による痛手からすみやかに脱却することが必要であるとされ，産業再生法や一連の規制緩和措置によって，事業再構築の支援，中小・ベンチャー企業の創業支援，国有特許の民間活用，買収合併の条件の緩和などが行われた。

さらに，今日の日本経済をめぐっては次のような状況の変化が生じており，これらに対応するための構造変化が求められている（小峰隆夫，前掲書，pp. 21-24より）。

① キャッチアップ型成長経済の終わり：戦後の日本経済は先進国との格差を

抱えて出発したが，今日ではギャップ縮小型の成長は期待できない。先進国を手本として官主導で裁量的に経済をリードするのではなく，個人や企業が自らリスクを負いながら，発展分野を創造する必要がある。

② グローバル化の進展：国境を越えたヒト，モノ，カネの動きの活発化が，世界で最も効率的で使い勝手の良い仕組みへの収斂をもたらす。

③ 少子・高齢化の進展：これによって，高度成長期にはうまく機能した終身雇用，年功賃金や公的年金の仕組みなど，年金や雇用をめぐる制度や慣行が見直しを迫られる。

④ IT革命が迫る構造変化：雇用の流動性の低さや企業間の固定的な取引関係などを特徴とする従来の日本型経済システムは，流動性の高さを特徴とするIT型経済とフィットしない。ITに限らず新技術を生かしていくためには従来型の経済構造を変える必要がある。

最後に，経済成長の持続に関しては資源と環境の制約も問題になる。1970年代の「ゼロ成長論」をめぐる議論においては，原油などエネルギー資源の供給制約が経済成長率の上限を形成し，この制約が緩和される範囲内でのみ経済成長が可能であるという悲観論が示されたが，現実には，省エネ対策や産業構造の転換によるエネルギー消費原単位の改善や天然ガスなど新たなエネルギー資源の開発などによって制約が緩和され，安定成長が可能となった。一方，近年では，中国やインドなど新興工業国の急速な経済成長に伴い，生産能力および所得の拡大によるエネルギーや食糧など天然資源への需要が急増し，資源の上限による成長制約という問題が生じている。またこうした経済成長が地球の環境容量の限界にぶつかるという地球環境問題も大きな問題である。こうした中での経済政策には，自国の現在の生産能力と市場をいかにして拡大するかだけでなく，地球環境問題へ適切に対処できるような制度の整備，環境問題や資源をめぐる現在の利害を調整するものとしての国際協力が必要である。また，地球環境の維持以外の財政赤字や社会保障の問題も含め，将来の世代の成長の機会を奪うことのないような制度設計が現在世代の政策形成には求められる。

第3章　経済成長と安定化政策

① 経済安定化政策の目標は，景気変動にともなう過剰な失業とインフレの抑制であり，ケインズ的な有効需要の理論を根拠として，財政政策と金融政策を用いた裁量的な総需要管理政策が伝統的な政策手段とされる。
② 一方，長期的視点からは持続的な経済成長の達成が政策目標となり，生産要素の量的拡大と質的改善およびこれらを用いる技術の進歩が必要とされる。
③ 本章では，乗数理論および IS-LM モデルと新古典派経済成長理論の枠組みを用いてこれらを検討する。

3-1　景気循環と経済成長の概念

a．景気変動と経済安定化

(1) 景気循環の概念と指標

　実質 GDP（国内総生産）をはじめとする各種のマクロ経済変量の相互に関連しあった類似した動きを経済変動という。例として実質 GDP の推移をみると，長期的なプラスの成長率の上に短期的な成長率の変動が重なっているが，これは単なる不規則変化ではなく，経済活動の水準の拡大速度が大きい時期と小さい時期が交互に発生する，ある程度規則的な変化である。このような経済活動の相対的拡大と収縮の繰り返しが景気循環である。

　実際の変動から循環的な動きのみを取り出して模式的に描くと，景気循環は図3-2のような波型で表現される。経済活動の水準が最高に達する点は景気循環の山，最低になる点は景気循環の谷と呼ばれる。この山から谷に至る循環の局面が景気後退期（収縮期），谷から前回の山の高さまでの回復の段階とこれを超えて新たな山に至る段階をあわせた局面が景気拡張期である。谷，拡張，

図 3-1　日本の経済成長率の推移

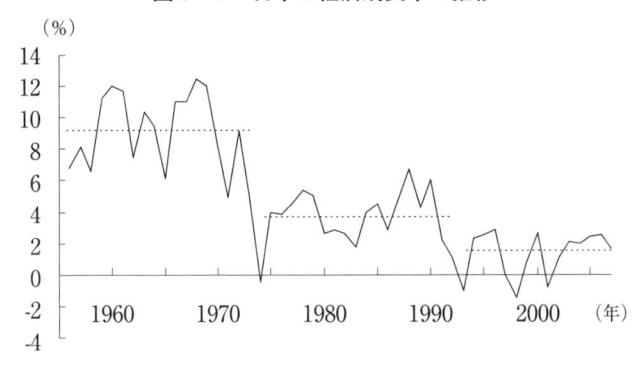

注：実線は実質 GDP 対前年度変化率。点線はその時期の平均。
資料：内閣府『国民経済計算年報』より

図 3-2　景気変動と景気動向指数

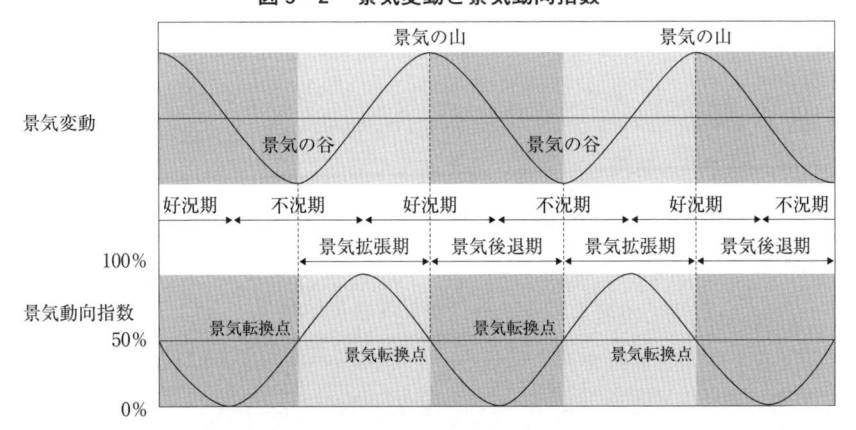

出所：内閣府経済社会総合研究所『景気動向指数の見方，使い方』より

山，後退の 4 局面が景気の全循環を形成し，景気の山を含み景気の趨勢的水準を上回る時期が好況期，谷を含み趨勢を下回る時期が不況期である。循環の長さは周期，山と谷の差は振幅と呼ばれることもある。

　景気循環上での経済の位置を知るためには，山と谷の日付（景気基準日付）を特定する必要がある。そのために用いられる代表的な指標に，生産，企業収益，消費など景気の変動をよく反映する諸指標（系列）を総合した景気動向指

数がある。景気基準日付はこれを参考にして総合的に判断，特定される。景気動向指数には，採用系列中に3ヵ月前に比べて拡張を示した系列が占める割合で表した，景気が拡張と後退のいずれの局面にあるかを示すDI (Diffusion Index) と，各系列の変化率を合成して作成された，景気変動の大きさや量感を把握するためのCI (Composite Index) がある。どちらの指数にも，景気に先んじて動き山と谷の予測に用いられる先行指数，景気にほぼ一致して推移する一致指数，実際の景気から遅れて推移し日付の確認に用いられる遅行指数がある。経験的には，一致指数のDIの基調が拡大しながら50%をこえた時点の付近に谷が，低下しながら50%を下回った時点の付近に山があるとされる。

　実際の景気基準日付からは，経済に長期的な拡大傾向がある場合には景気の回復・拡張は後退よりも長く続くことや，景気の1循環の長さは循環ごとに異なることなどが読み取れる。たとえば，いざなぎ景気など後述の設備投資循環の拡張期には短期循環の拡張期間が長くなり，循環の全長も伸びる傾向がある。また，高度成長期の景気後退は10～17ヵ月の範囲だが，その後には30ヵ月を超える長い後退期も出現している。なお，基準日付による景気循環の特定は必ずしも実際の景気に関する感覚と一致するとは限らず，たとえば1990年代以降の低成長期の景気拡大には景況感が乏しい（第2章・表2-1参照）。

　一方，実質GDPの成長率の変動に表れる循環的動きに注目して景気循環を説明したものは成長率循環と呼ばれる。景気基準日付でみた景気循環は実質GDP変化率でみたそれとほぼ対応しており，実質GDPないし1人当たり実質GDPの対前年度変化率として定義される経済成長率の高低をもって一国の景気の良し悪しがしばしば語られる理由となっている。

(2)　景気循環を説明する要因
　景気の変動に何らかの経験的な周期性を見出し，それを発生させる原因を探るという試みにおいては，古くからさまざまな見方が示されてきた。第二次世界大戦以前を中心とした欧米の長期時系列データの検証によって，在庫投資の変動が原因と考えられる40ヵ月程度の短い周期の景気の波（キチンの波，在庫

循環，小循環などと呼ばれ，実際の景気循環の1周期すなわち短期循環に対応）や，設備投資変動によるとみられる7〜10年程度の比較的長い景気の波（ジュグラーの波，設備投資循環とよばれ，小循環に対して主循環ともいわれる中期的循環で，設備投資対 GDP 比率の変動などに現れる）が観察された。また，設備投資の中でも特に建設投資との関連が指摘される，およそ20年周期の波動（クズネッツ循環，建設投資循環とよばれる）もあるとされる。後述のように消費や輸出の変化も総需要の変化として景気に大きな影響を及ぼすが，GDP の主要な構成要素であり，他に比べて変動が大きい各種投資の増減に注目するこのような見方は今日も有力である。この他，むしろ長期的な変動として，18世紀から1910年代のデータの中に平均50年の3つの長期波動（コンドラチェフの波）があるとする，主要な技術革新の集中的発生と関連した長い周期の循環も指摘されている。実際の景気循環は，こうした性格が異なるいくつかの循環が複合して形成され，拡大要因が強めあって周期や振幅が大きい景気循環をつくり出したり，反対に異なる要因が打ち消しあうなどして，拡張および後退の長さや力強さなど各循環ごとの特徴をかたちづくっている。

　経済自体の自律的メカニズムによる景気変動としては，資本ストック調整原理による設備投資の循環や，古典的な乗数＝加速度モデルなどがあるが，一方で，天然資源の価格上昇や供給制約による景気後退，技術革新に伴う雇用や所得の拡大など，経済における外生的要因も景気を変動させる要因となりうる。

(3) **失業とインフレーション：景気循環を抑制する経済安定化政策**

　経済の活動水準の過度な変動を避けつつ成長を持続させるための政策を経済安定化政策といい，こうした景気循環を抑制することがその目的の1つである。それでは，なぜ好況や不況を抑制する必要があるのだろうか。

　まず，人びとが不景気よりも好景気を好むにもかかわらず，景気の山の状態を保つのではなぜいけないのか。それは，この状態では経済はその生産能力の上限で操業しているので，一時的な需要の増加でもインフレーションが深刻化しやすいためである。インフレの高進は，所得が固定ないし物価に遅れて変化

する人びとの立場を相対的に不利にしたり，貨幣資産の実質価値を引き下げたり，債権者から債務者への意図しない所得移転を生じさせたり，税負担の不公平をもたらすなどの問題を生じさせる。反対に景気低迷が続くことも好ましくない。不況の持続は失業問題を深刻化させ，一国全体の生活水準の低下や，国民の生活上の保障および労働条件の向上の阻害などを招く。物価下落は債務者の負担を増大させて企業心理を落ち込ませ，デフレの悪循環を招きかねない。長期的にも，未利用の生産能力が存在し続ける状態は経済成長の損失をもたらす。かくして，経済安定化政策が目指す経済の活動水準とはインフレが加速されない程度に経済が活発な実質 GDP の水準となる。この GDP 水準に対応する失業率は自然失業率などと呼ばれ，生産物市場の需給バランスではなく，技術や労働市場の状態，労働への態度など，むしろ構造的な要因に影響される。

望ましい実質 GDP 水準のまわりの変動を抑制する反循環的な安定化政策は，不況期においては失業の解消，景気過熱期においてはインフレ抑制を政策目標として，それぞれ失業率と物価上昇率の引き下げを意図するものとなる。だが，これらの政策は短期的に所与とされる総供給に対する総需要の超過や不足を調整するという性格を有し，2つの政策目標の同時達成はむずかしい。そこでこれにかわって，両者のトレードオフ関係を前提とした，社会が望ましいとする失業率とインフレ率の組み合わせという目標が設定される。

b．経済成長

経済成長も一国の経済規模の数量的な拡大として捉えられ，実質 GDP ないし1人当たり実質 GDP の成長率（経済成長率）で測られる。再び図3-1によれば，実質 GDP 成長率はときに大きく変動しつつもある程度の長期的傾向をもっている。これを実質 GDP のトレンド（趨勢）といい，現実の実質 GDP はこのまわりをめぐる変動をしているとみることができる。成長率循環の場合，このトレンドからの乖離が景気循環を意味する。経済安定化政策が短期的視点から長期的生産能力を所与として，トレンドをめぐる総需要の循環的変動に注目するのに対し，経済成長への政策の場合，長期的視点から完全雇用へ向けて

の短期的変動が調整された後の生産能力としての実質GDP成長のトレンドそのものに注目し，生産能力の成長を決定する諸要因が考察される。

経済成長が政策目的とされる理由の1つは，これが国民に分配される価値の増大による厚生の改善をもたらすと期待されるためである。経済成長を達成して分配の原資そのものを拡大することによって有限な価値の配分をめぐる問題を軽減することができるため，経済成長はしばしば貧困を取り除くうえで所得や富の再分配よりも効果的な手段であるとみなされてきた。反対に低成長経済にあっては，各種の社会的支出などに対してどこにどれだけの犠牲を求めるかに関する対立が深刻化し，その解決の困難さが高まる。

経済成長の趨勢は時代によって変化する。たとえば前述の図3-1をみると，日本では成長のペースが70年代前半を境に大きく低下し，90年代にはさらに成長の減速が進んでいる。すなわち戦後の日本経済は年間10%近い高成長，低成長，そしてゼロ成長に近い状態を経験していることになる。一方，経済成長率は国ごとにも異なる。そこで，これらの違いが何に起因しているのかという経済成長の決定要因の解明と，それに基づく成長促進政策が求められる。

3-2 国民所得決定の理論と政策

a．45度線モデルによる均衡国民所得決定の説明

(1) 古典派とケインズの失業観

不況期における失業の抑制について，裁量的政策による介入が一般化したのは歴史的にみて古いことではない。有効需要の考え方が一般化する以前には，失業は大部分が自発的なものとされ，非自発的失業は摩擦的なものに限られた。

一方，J.M.ケインズは，非自発的失業の発生について生産物市場の需要不足に注目した。すなわち，不況期においては，需要が不足する部分の生産に相当する労働者が雇用されないために生じる非自発的な失業が多くの部分を占めるとした。1930年代の大不況は，生産物市場の縮小均衡が大量失業を説明する

上で重要であることを人びとにはっきりと認識させた。

この考え方によれば，不況期の失業は有効需要の拡大で解決できる。そしてこれを民間の投資や消費に頼ることはむずかしいため，政府が民間支出を促したり民間にかわって支出を拡大するという政府の積極的な介入の必要が強調される。

(2) 45度線モデルと乗数効果

モデルとしては単純で古いものだが，一国全体の均衡生産量と非自発的失業との関係は，よく知られた45度線分析で説明できる。

総需要 AD は投資需要 I，消費需要 C，政府支出 G，輸出 X と輸入 M の差からなり，次式のように表される（総需要の計画表）。

$$AD = C + I + G + X - M$$

いま，投資 I は事前の生産量 Y には依存しないと仮定し，さらに利子率 r を固定すると，I はある一定の大きさ $I = I_0$ となる。一方，租税を，

$$T = T_0 + tY \quad (t は限界税率，0 < t < 1，T_0 < 0)$$

とすると，基礎消費と限界消費性向×可処分所得で定義されるケインズ型消費関数は，

$$C = C_0 + c(Y - T)$$
$$= C_0 + c(1-t)Y - cT_0 \quad (c は限界消費性向，0 < c < 1)$$

と書ける。外国部門を捨象すると，上記より前述の総需要の計画表は，

$$AD = C_0 + c(1-t)Y - cT_0 + I_0 + G$$

となる。これは横軸を Y，縦軸を AD とした平面上に，$C_0 - cT_0 + I_0 + G$ という正の切片と $c(1-t)$ という1よりも小さい正の傾きをもつ直線として描かれる（図3-3）。

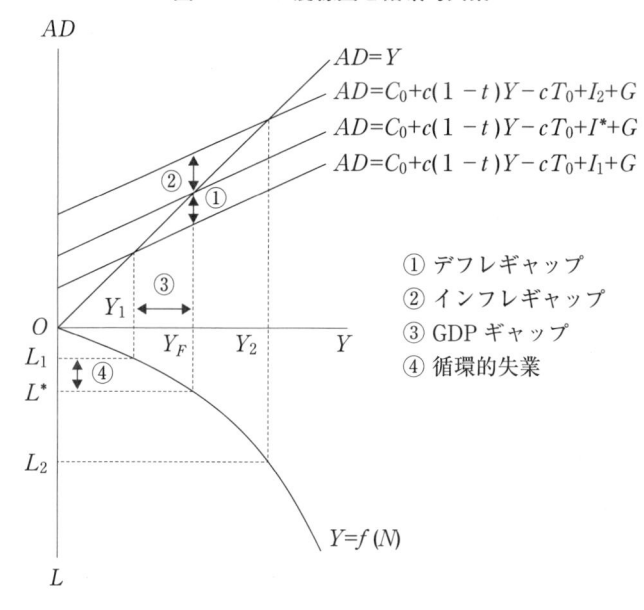

図 3-3 45度線図と循環的失業

① デフレギャップ
② インフレギャップ
③ GDP ギャップ
④ 循環的失業

一方，この生産物市場での総供給は生産量（実質 GDP）Y である。均衡は事前に計画された各種需要の合計がちょうど生産量に等しい場合すなわち，

$$Y = AD$$

のとき成立する。前述の平面にこの条件を表す原点を通る傾き45度の直線を引くと，これと総需要の計画表の交点では生産物市場を均衡させる，

$$Y = C_0 + c(1-t)Y - cT_0 + I_0 + G$$

という関係が成立している。これを Y について解いた，

$$Y = \frac{1}{1-c(1-t)}(C_0 - cT_0 + I_0 + G)$$

が，生産物市場を均衡させる均衡生産量（所得）水準である。

一方，所与の技術的条件のもとではこの均衡生産量に対応した雇用が発生するが（図3-3），一方で労働の供給量 L^* はこれとは独立である。したがって，

これらをすべて雇用した場合に技術的に可能な生産量 Y_F（生産能力，完全雇用 GDP などと呼ばれる）が均衡生産量と一致するとは限らない。

まず，$I=I_1$ という投資のもとで Y_1 という均衡所得が実現されているとして，この Y_1 が資源を完全に利用した生産量 Y_F を下回る場合，すべての労働者を雇用するには生産量が不足し，L^*-L_1 という失業が発生する。これは完全雇用に対してデフレギャップと呼ばれる総需要の不足が発生していることを示す。これは企業が投資に消極的な不況の景気局面での現象である。このときの Y_F と Y_1 の差を GDP ギャップといい，Y_F に対するこの割合（ギャップ率，$(Y_F-Y_1)/Y_F$）と失業率（労働供給全体に対する供給超過の割合，$(L^*-L_1)/L^*$）の間にはオークンの法則と呼ばれる正の相関関係が存在する。正の GDP ギャップが存在する場合，失業者をすべて雇用したならば得られたはずの価値は実現されない。

反対に，好況の局面では投資の活発化で総需要が拡大し，均衡所得も増大するが，$I=I_2$ の場合のように総需要が Y_F をこえてインフレギャップが生じると生産はこの総需要の超過を充足させられず，インフレーションが進行する。

デフレギャップやインフレギャップは，$I=I^*$ となって均衡所得が生産能力 Y_F と等しいときに解消される。すなわち，総需要の変化が均衡所得を変化させることを通じて，景気変動が原因の失業やインフレは解消しうる。たとえば投資需要が ΔI 増えた場合，これはまず投資財の生産者の所得を同額増大させ，彼らはその所得増加の一部を消費するので，これに（1－税率）×限界消費性向を乗じた $c(1-t)\Delta I$ の波及的消費需要がここから生じ，同額の新たな所得が消費財の生産者に生じる。そして，この繰り返しによる波及過程が累積してゆく。こうした波及過程で生じる ΔI，$c(1-t)\Delta I$，$\{c(1-t)\}^2\Delta I$，$\{c(1-t)\}^3\Delta I$，……という新たな所得の総和が最終的な均衡所得の増加を形成する。すなわち，

$$\Delta Y = \frac{1}{1-c(1-t)} \Delta I$$

であり，$1/(1-c(1-t))$ は投資乗数と呼ばれる。これは，不況期において

も消費や投資の増加があれば乗数効果を経て均衡所得が拡大しうることを示す。

(3) 総需要管理政策

しかし，企業の投資はその予想収益にも左右されるため，予想が悲観的な不況期において企業が自発的に投資を増やすことは期待できない。所得の予想に左右される家計の消費についてもこれは同様である。そこでこの場合，政府による裁量的な総需要の管理が求められる。需要不足期にこれを拡大させようとする政策は総需要拡大政策と呼ばれる。これは均衡所得水準，

$$Y = \frac{1}{1-c(1-t)}(C_0 - cT_0 + I_0 + G)$$

における右辺の分子の各種独立需要を変化させることで Y を増大させる。

まず，民間にかわって政府が支出を増大させるという方法が考えられる。この政府支出乗数の大きさは，

$$\Delta Y = \frac{1}{1-c(1-t)} \Delta G$$

である。また，減税によって可処分所得を高め，民間の投資や消費を促進する方法もある。ΔT という大きさの税額変更の乗数効果（租税乗数）は，減税額すなわち可処分所得の増加に限界消費性向を乗じた部分 $-c\Delta T$ が最初の需要増加となり，これが出発点となるので次式のように表される。

$$\Delta Y = \frac{-c}{1-c(1-t)} \Delta T$$

このような政府の財政負担によって総需要を刺激する拡張的財政政策と並んで，拡張的金融政策もまた民間投資を刺激しうる。企業が利子率と資本減耗率からなる資本の使用者費用と資本の限界生産力を比較して投資を決定するとき，投資は利子率 r の関数となる。投資資金を調達する利子率が低ければ投資が活発化するので，中央銀行による政策金利の引き下げ誘導，公開市場操作（買いオペ）や預金準備率引き下げによる貨幣供給の増加などの金融緩和がこの手段となる。これによって誘発された投資の大きさに投資乗数をかけた大きさだけ

均衡所得が増大する。

　反対に景気が過熱して総需要が生産能力を超えている局面では，政府の裁量的な総需要抑制政策によってこれを解消することが試みられる。これは，拡大のケースと正反対の抑制的財政政策と抑制的金融政策からなり，政府支出抑制，増税，政策金利引き上げや売りオペによる金融引締めなどが手段となる。やはり同様な（ただしマイナスの）乗数効果を経て均衡所得が減少する。

(4)　ビルトイン・スタビライザー

　これらの乗数には税率 t が含まれるが，これは乗数効果の波及過程の各段階で税率に相当する割合の需要が租税の形で政府に吸い上げられることを示している。したがって税率 t の変化によって乗数の値は変化し，税率が低いほど総需要の各項目の変動が所得へ与える影響は大きい。すなわち税率引き下げは乗数の値の上昇をもたらし，独立支出増加による所得増加を加速する。一方，税率が高いほど国民所得の増減に伴う税収の変動は大きく，それに対応して投資の変動などによる所得水準の変動は抑制される。

　さらに，所得が大きいほど租税と社会保障負担を総合した税率が高くなる累進課税の制度が存在する場合，景気循環に伴って経済全体の税率が変化する。すなわち，税率の調整が行われない限り，好況で経済全体の所得が増大すれば税率 t は上昇し，乗数の値は低下する。反対に，不況で経済全体の所得が減少すれば t は低下し，乗数の値は上昇する。この結果，経済全体の所得が伸びているときにはその伸びに，反対に所得が低下するときにはその落込みにそれぞれブレーキがかかり，所得の変動が抑制される。これらを景気の自動安定化装置あるいはビルトイン・スタビライザーといい，税率が高いほど，また累進度が大きく税収が伸縮的な制度であるほど，所得の変動幅を抑制する作用は強い。これは政府の裁量的な政策を待たずに自動的に機能するが，累進課税自体は本来景気対策を意図したものではないために効果の大きさは限られ，また経済安定化という観点のみで評価することは適切ではない。さらに，景気回復期における税率の上昇が回復にマイナスに働いたり，あるいはスタグフレーション局

面では物価上昇を反映して実需に対して抑制的に作用するなどの問題がある。

b．IS-LM モデルと安定化政策

(1) IS 曲線と LM 曲線

45度線分析では一定とされていた利子率 r の変化は，投資需要 I の変化を通じて Y の均衡水準を変化させる。そのため，これを明示的にモデルに含めた場合，Y は1つには定まらず，かわって生産物市場を均衡させる Y と r の組み合わせの集合が得られる。利子率上昇は独立投資 I を減少させ，Y の均衡水準を低下させるため，これは横軸に Y，縦軸に r をとった場合図3-4のように右下がりとなる。これを IS 曲線という。

一方，もう1つ Y と r の関係を示すものとして，ケインズの流動性選好理論から導かれる貨幣市場の均衡条件がある。貨幣需要は投機的動機と取引動機からなり，r 上昇は貨幣保有の機会費用を引き上げ，投機的動機による貨幣需要を引き下げる。このとき貨幣供給一定の下で貨幣市場が均衡するためには取引動機による貨幣需要が増えるよう Y が上昇しなければならず，したがって両者の関係は右上がりとなる。この関係を LM 曲線という。生産物市場と貨幣市場の同時均衡という条件は，両曲線の交点として r と Y を同時に決定する。

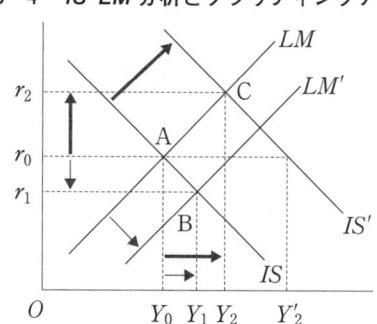

図3-4　IS-LM 分析とクラウディングアウト

注：太い矢印は財政拡張，細い矢印は金融緩和の帰結を示す。財政拡張によって交点はA点からC点へ動くので利子率は r_0 から r_2 へ上昇し，所得は Y_0 から Y_2 へ増大する。これは利子率が r_0 に固定されていた場合の Y'_2 よりも小さい。金融緩和によって交点はA点からB点に動き，所得の増加（$Y_0 \to Y_1$）と利子率の低下（$r_0 \to r_1$）が生じる。

総需要管理政策の効果はこの IS 曲線と LM 曲線の移動（シフト）による，貨幣市場と生産物市場を同時に均衡させる r と Y の変化として説明される。IS 曲線は総需要の構成要素の変化でシフトする。企業の予想の改善で投資 I が増える。政府支出 G の増大は直接総需要を増やす。税収 T の引き下げ（減税）は可処分所得の増加を通じて消費需要 C を増やす。これらの結果均衡所得は増大し，IS 曲線は右上方にシフトする。一方，LM 曲線は実質貨幣供給量 M/P の変化によってシフトする。中央銀行が名目貨幣供給量 M を増大させたとき，均衡が成立するには貨幣需要が増えなくてはならないので，利子率の低下と所得の増加が生じ，LM 曲線は右下方にシフトする。一般物価 P が上昇すると実質貨幣供給量が減少するので，LM 曲線は左上方にシフトする。これらによって両曲線の交点は移動し，両市場を同時均衡させる所得水準が変化する。

　拡張的金融政策は貨幣供給の増大によって LM 曲線を右に移動させ，より低い r とより高い Y の組み合わせの実現を図る。拡張的財政政策は政府支出の増大ないし減税による民間消費の増大によって IS 曲線を右に移動させ，より高い Y との組み合わせの実現を図る。なお，このとき r が可変であるため，政府支出の増大によって IS 曲線が右にシフトすると LM 曲線との交点の r と Y の組み合わせは右上方へ移動する。かくして Y の増加は r が一定の場合よりも小さくなる。これは，貨幣供給量が一定で LM 曲線が動かない場合，政府支出の増加による均衡所得の増大が貨幣需要を増やしてもなお貨幣市場の均衡が維持されるには利子率が上昇しなくてはならないが，その結果民間の投資が減少するので政府支出の増加による当初の所得増大の効果は一部打ち消される，というメカニズムによる。この現象をクラウディングアウトといい，その場合の政府支出乗数の値は45度線分析による説明の場合よりも小さくなる。

(2) 開放経済における財政・金融政策の効果

　財サービスや資金が国民経済間で移動する開放経済では財政・金融政策の効果は閉鎖経済の場合と異なる。国際収支と外国為替レートの概念を導入し，生

産物市場と貨幣市場に加えて経常収支均衡が成立する状況を考えてみる。

(i) 国際収支表

国際収支表は一国が一定期間内に外国との間で行ったあらゆる種類の対外経済的取引を体系的に記録したもので，経常収支，資本収支，外貨準備増減からなる。経常収支は財・サービスの輸出と輸入の差である貿易・サービス収支（輸出をプラスで計上），外国からの要素所得受け取りと外国への要素所得支払いの差である所得収支（受け取りをプラスで計上），および経常移転収支からなる。資本収支は対外資産と負債の増減を記録したもので主に投資収支からなり，対外資産の増加ないし対外債務の減少を資本の流出としてマイナスの値で計上する。外貨準備増減は通貨当局の外貨準備高の増減を記録する。これらの間には，経常収支＋資本収支＝外貨準備増加，という関係がある。

(ii) 外国為替レート

通貨が異なる国の間どうしの貨幣の交換比率を外国為替レートといい，その決まり方にはその動きを完全に市場にゆだねる取り決めに基づき市場メカニズムで決定される変動為替相場制と，各国通貨の交換比率を固定させる取り決めを結んでおくことで決定される固定為替相場制がある。前者の場合，通常の財と同様に供給＞需要のとき為替レート引き下げ圧力が生じ，反対に需要＞供給のとき引き上げ圧力が生じる。需給が一致したとき均衡為替レートが成立する。一方後者の場合，外貨の需給に不均衡が生じたときには民間の要求に応じて中央銀行が固定レートで無制限に売り手や買い手となる。

(iii) 国際マクロ経済の均衡

開放経済の均衡においては，国内の均衡に加え，資本の流出入が均衡する経常収支の均衡も同時に満たす利子率と所得が成り立たなくてはならない。

① 生産物市場の均衡：輸出と輸入は為替レートに依存するので，変動相場制下では為替レートの変化で IS 曲線がシフトする。また，乗数効果の概念の

1つとして，外国貿易乗数が次式のように計算される。

$$\Delta Y = \frac{1}{1-c(1-t)+m}\Delta X \qquad (m は限界輸入性向)$$

② 貨幣市場の均衡：開放経済では，為替相場の制度しだいで金融政策の意味が異なる。固定相場制の場合，中央銀行は求めに応じて貨幣を供給する必要があるので，金融政策と無関係に LM 曲線がシフトする。一方，変動相場制の場合には固定レートにこだわって金融政策が制約されることはない。

③ 経常収支の均衡：いま，自国のマクロ的変化が世界へ影響しない「小国の仮定」と，資本移動が完全に自由な世界を想定する。国内利子率 r と世界の利子率 rw が異なる時，両者が等しくなるまで金利が高い方へ資本が移動する。その結果，一時的に内外の金利が乖離しても資本流出入で世界金利に引き寄せられ，資本の移動が均衡する $r = rw$ が成立する。

(iv) マンデル＝フレミング・モデル

マンデル＝フレミング・モデルは，IS-LM モデルを基本として世界的な利子率裁定を想定した国際マクロ均衡モデルである。そこでは国内の財政政策と金融政策の効果が，変動相場制と固定相場制とで異なっている。

① 固定相場制の場合（図3-5(1)）：IS 曲線と LM 曲線の交点である国内均衡において利子率が世界水準を上回る場合，資本流入が発生する。中央銀行は外貨を自国通貨に交換するので貨幣供給量増加で IS-LM 均衡が崩れ，LM 曲線は IS 曲線との交点の利子率が rw になるまで右下にシフトし，3市場が同時に均衡する。このような市場で財政拡張政策を行うと，IS 曲線の右シフトが利子率を上昇させる（A→B）ので資本が流入し，LM 曲線が右シフトして新しい同時均衡に至る（B→C）。所得水準は増大するので，固定相場制下では財政政策は有効である。一方，金融緩和政策を行うと，LM 曲線の右シフトで利子率が下がる（A→D）が，その結果資本が流出するので LM 曲線は左シフトし，元の所得に戻る（D→A）。すなわち金融政策は無効である。

② 変動相場制の場合（図3-5(2)）：①と同様，国内金利が世界水準を上回

図 3-5　マンデル=フレミングモデルと財政・金融政策

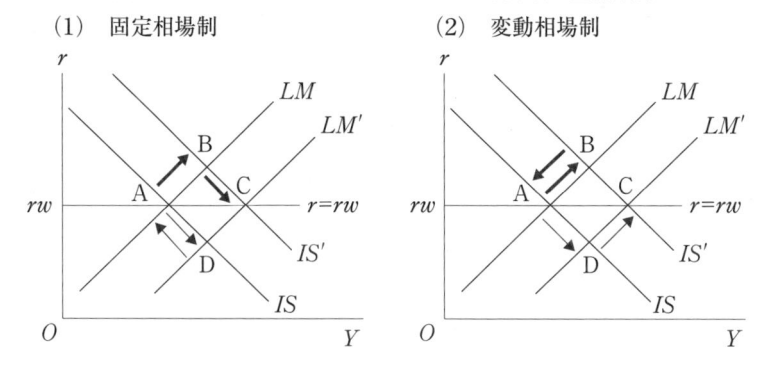

(1)　固定相場制　　　　　(2)　変動相場制

注：それぞれ太い矢印は財政拡張，細い矢印は金融緩和の帰結を示す。

ると資本流入が発生するが，利子率の rw への低下は為替レートの上昇による貿易サービス収支の悪化で IS 曲線が左シフトすることで実現される。このような市場で財政拡張政策をとると，IS 曲線の右シフトによる利子率の上昇（A→B）で資本流入が生じ，これによる為替レート上昇が輸出を減らして IS 曲線は元に戻る（B→A）。すなわち変動相場制下で財政政策は無効である。一方，金融緩和政策は LM 曲線を右シフトさせ（A→D），利子率が低下するので資本流出が生じ，これによる為替レート下落で輸出が増え，IS 曲線が右にシフトし，所得が増える（D→C）。すなわち金融政策は有効である。

3-3　経済成長の理論と政策

　続いて視点を長期に転じて，長期的な拡大の趨勢である経済成長について考える。そこでは短期的な需給調整が完了したものとして，一定とされていた労働供給や資本ストックなど生産要素の量と質，技術水準などが変化する状況が考察される。経済成長はその国の生産能力の成長であり，その成長率は利用可能な生産要素の数量およびそれを利用する技術の変化に左右される。

a．経済成長の理論

(1) ハロッド＝ドーマーモデル：3つの成長率概念と不安定性

ケインズ理論が扱う均衡所得や乗数効果などの議論は短期の分析であり，経済成長など長期の動学的な問題を扱うものではなかった。ケインズ理論が成立した当時は生産能力の過剰と大量失業という問題の解決が重要とされたが，第二次世界大戦後になると，人びとの関心は生産可能性の限界すなわち生産能力がどのように増大するかに移っていった。初期の経済成長モデルは1950年代にR．F．ハロッドとE．D．ドーマーによって別個に提示された。その特徴は，短期的には有効需要の一要素としてのみ捉えられていた投資が新たな資本の一部となって生産能力を増大させるという側面に注目するものである。

このモデルでは，一般に次の仮定がなされる。

① 貯蓄は所得の比例関数（クズネッツ型の長期消費関数）　$S=sY$

② 労働は外生的に決まる一定の率 n で成長　$\Delta L/L=n$

いま，資本の増加とそれによる産出の増加の比率を限界資本産出比率と呼び，$\Delta Y/\Delta K=1/v$ と表す。v は資本係数と呼ばれる。ここから，

$$\Delta K = v\Delta Y$$

である。資本の減耗を捨象すると資本の増加は投資に等しいので，

$$\Delta K = I$$

である。したがって，

$$I = v\Delta Y$$

が得られる。これは加速度原理に相当する。現実の経済では事後的に $I=S$ が成立するので，$S=sY$ より，

$$v\Delta Y = sY$$

が成り立つ。変形すれば，

$$\Delta Y/Y = s/v$$

であり，これは経済の短期的な均衡が維持された成長率である。これを現実成長率 G_A といい，現実の貯蓄率および資本と産出の関係で決まる。

一方，現実の産出の成長にとって望ましい資本の成長がもたらされるような資本係数は特に必要資本係数 v_r と呼ばれる。この場合の産出成長率は，

$$\Delta Y/Y = s/v_r$$

と書かれ，これを保証成長率 G_W という。v と v_r が等しいとき $G_W = G_A$ が成立し，資本の成長に見合った産出の成長率が実現される。また，労働力の成長と整合的な成長率は，外生的な L の成長とやはり外生的な技術進歩率 λ の和である自然成長率 $G_N = n + \lambda$ で与えられる。初期においてこれら3つの成長率が等しければ，ある技術のもとで資本と労働がつねに完全利用される経済成長が実現される。しかし，G_A は多数の異なった意思決定者の予想，決定，誤差の結果であるから G_W と等しいとは限らず，また n と λ は外生変数であり，s は家計の選好に依存するため，それぞれは独立に決定される。したがって $s/v_r = s/v = n + \lambda$ がつねに成り立つ保証はない。

このモデルでは生産量，資本，労働の関係が固定され，必要資本係数 v_r も一定と仮定されている。$G_A = G_W = G_N$ が成立する初期状態において貯蓄率が上昇すると，$G_A = s/v$ と $G_W = s/v_r$ は上昇するが，産出と労働の比率が一定なので G_A は G_N を超えることができず $G_A < G_W$ すなわち $v > v_r$ となる。このとき v_r が上昇すれば両者は再び近づくが，v_r が一定なのでこれは不可能である。その結果，現実の成長が資本を完全利用する成長を下回って生産能力過剰が生じ，投資が抑制される。これは有効需要の減少を意味するので現実成長率はさらに低下するが，投資自体が生産能力を増大させるため保証成長率が上昇するので，両者の乖離は拡大する。これは「ナイフの刃」の問題と呼ばれ，偶然3つの成長率が一致していても，何らかの理由で少しでもそこから離れる

と不均衡は累積し，完全雇用を維持した持続的成長は達成できないという結論に至る。

(2) 資本と労働の代替による成長の安定性

しかし，第二次世界大戦後の各国の経済成長はハロッドらが考えたような不安定なものではなかった。これを説明するモデルとしてR.M.ソローなどは，資本と産出の比率が可変的であることで前述の3つの成長率が一致し，成長が持続するとした。いわゆる新古典派の経済成長理論である。そこではハロッドらのモデルは次のように修正される。

いま，Yを技術的に可能な産出量，Aを定数として，取扱いの簡便さもあってよく用いられるコブ＝ダグラス型生産関数を想定する。規模に関して収穫一定の仮定をおくと，これは

$$Y = AK^{\alpha}L^{1-\alpha}, \quad 0 < \alpha < 1$$

と書かれる（各生産要素がその限界生産力に応じた報酬を受けると仮定した場合，αは資本分配率，$1-\alpha$は労働分配率に等しい）。ハロッドらのモデルで$G_W > G_A = G_N$となって資本の成長率と労働の成長率に乖離が生じた場合について成長の安定性を検討してみる。前式の左辺を資本生産性の伸びに変形すると，

$$\Delta Y/Y - \Delta K/K = (1-\alpha)(\Delta L/L - \Delta K/K)$$

となる。資本の成長が労働の成長を上回って$\Delta K/K > \Delta L/L$である場合，右辺が負になるので左辺においても$\Delta Y/Y < \Delta K/K$となり，資本よりも産出の成長が小さくなる結果，Y/Kは低下する。$\Delta K = I$，$I = S$，$S = sY$より資本の成長は，

$$\Delta K/K = I/K = sY/K$$

であるから，Y/Kの低下は資本の成長率の低下をもたらし，労働を上回る資

本の増加は修正される。資本の増加を労働の増加が上回る場合も同様で，結局3つの成長率は一致する。このように，資本と労働の代替を認めたことで長期的に完全雇用を維持した成長が説明可能となった。

(3) 新古典派の経済成長理論

一般化された生産関数を用いた場合，この新古典派の成長理論は次のように説明される。生産関数を，

$$Y = F(K, L)$$

と書き，規模に関して収穫一定を仮定して1人あたりの関係に直すと，

$$y = f(k) \quad ただし \quad y = Y/L, \quad k = K/L$$

を得る。すると生産物市場を需給均衡させる保証成長率 sY/K は $sf(k)/k$ と書かれる。資本の限界生産力は負であるから，保証成長率は1人当たり資本（資本労働比率）の増加とともに小さくなる。一方，長期において完全雇用が成立しているとして，労働力が自然成長率 n で成長しているとしよう。自然成長率と保証成長率が等しいとき，労働市場における完全雇用と生産物市場における需給均衡が同時に達成されながら経済が成長している。このとき，

$$sf(k)/k = n \quad あるいは \quad sf(k) = nk$$

が成り立つ。この状態を均斉成長（steady state growth）という。このときの資本労働比率は k^* である（図3-6）。

このモデルでは，成長経路の安定性は次のように説明される。いま，保証成長率＞自然成長率という成長が行われているとすると，$sf(k)/k$ が n を上回る k_1 が実現している。このとき資本の成長が労働の成長を上回るので資本労働比率が上昇し始める（反対に $n > sf(k)/k$ となる k_2 のときは低下する）。結局 k^* に向かって調整が進行し，2つの成長率が一致して均斉成長が達成される。これは，市場メカニズムによって豊富な生産要素は相対的に安価になり，

図3-6　自然成長率と保証成長率の均衡

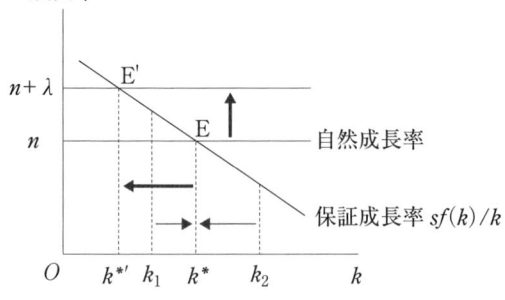

注：新古典派成長理論では，自然成長率と保証成長率が乖離するとき均斉成長Eが成立するよう資本労働比率kが変化する。また技術進歩によって自然成長率が上昇すると均斉成長EはE'へ変化する。

希少な要素は高価になるため要素間の代替が行われることによる。

　均斉成長率の大きさはnやsに影響される。貯蓄率sの上昇は$sf(k)/k$を上方に移動させ，nとの交点が右に移るので，資本労働比率kは上昇し，1人当たり所得$f(k)$は増加する。ただしnの大きさは不変なので均斉成長率は不変である。一方，労働の増加率nの上昇は水平な直線nを上方に平行移動させるので，均斉成長率は上昇する。ただしその結果資本労働比率が低下するので1人当たり所得は低下する。さらに，技術進歩によって生産関数fの形状が変化すると$sf(k)/k$が移動し，資本労働比率が変化して1人当たり所得に影響する。

b．経済成長と資本，労働，技術進歩

　この経済成長率を決定する資本（貯蓄），労働，技術について，コブ=ダグラス型の生産関数をもとに，産出の成長率を各種投入要素の成長率に要因分解するという方法で検討してみる。Aを生産における資本と労働に依存しない独立的要因としてその変化を考慮すると，産出の成長率は，

$$\Delta Y/Y = \Delta A/A + \alpha \Delta K/K + (1-\alpha)\Delta L/L$$

と表される。この式は，生産能力の成長率は資本と労働の成長率の加重平均に独立的要因の成長率を加えたものであると読むことができる。独立的要因の成長は産出の成長のうち資本と労働の成長以外の要因によるものであり，生産に用いられる技術水準の向上などが該当する。これは成長会計と呼ばれる手法の最も簡単なケースであり，ここからは，経済成長に関する政策として，資本投入，労働投入の質と量，技術革新を考えることができる。

(1) 資本投入

前述のように，貯蓄率 s の上昇は資本の成長率を高める。一国の各部門ごとの資金過不足を総合したマクロ経済の投資＝貯蓄バランスにおいて民間投資は，次式のように民間部門の資金超過である貯蓄 S，政府部門の資金超過である租税 T － 政府支出 G すなわち財政黒字，および海外部門の資金超過である輸入等 M － 輸出等 X すなわち経常収支赤字の3者の合計と等しい。

$$I = S + T - G + M - X$$

このとき，主として家計からなる民間部門の貯蓄拡大を促す一方で，財政引締めによる財政黒字の拡大ないし赤字の縮小を図ることで民間資金の政府部門への吸収を避けて経済全体の貯蓄が増加すれば，経常収支赤字をもたらす外国の貯蓄に依存せずに企業の投資が増える。これは，貯蓄超過の増大が低コストでの資金調達を可能にし，民間企業の投資拡大に寄与することに相当する。

このとき，マクロ的均衡を維持して経済成長が持続するためには，この資本の成長による生産能力の拡大を吸収する需要が必要である。しかし，民間消費および政府支出の抑制は需要不足によるデフレギャップを発生させうる。短期的な需給均衡という経済安定化に配慮して完全雇用と高成長を同時に達成するためには，金融緩和などとのポリシーミックスが必要になる。また，民間投資に対する税制，金融面での直接および間接的な補助金や優遇措置，規制緩和などによる投資環境の整備も，投資を促進して資本の蓄積を促す。

一方，活発な投資は，技術革新が成長に結び付きやすい環境を作り出すとい

う作用ももつ。すなわち，投資が活発で設備の更新が速いほど，その経済は能率の良い新しい設備で操業することができる。したがって，より進歩した生産技術が速やかに資本に体化されることを可能にする新たな設備投資の促進は，資本を質的に改善して資本生産性を高め，成長を促進するという作用をもつ。

　民間資本以外の資本ストックとして，道路，港湾・空港，水道，情報通信などの社会資本がある。これらは民間の経済活動の基盤となるインフラであり，民間資本の効率的な稼働を促進して資本生産性を向上させて経済成長に貢献する。また，W. W. ロストウのように，経済成長の先行条件期における十分な大きさの社会資本の整備が経済の「離陸」と成長にとって重要であるという指摘もある。社会資本は外部性や自然独占性を理由に公的機関ないし公的規制下にある企業によって供給されるのが一般であったが，技術革新や市場条件の変化の結果，規制緩和の動きを受けて民営化と競争の導入が進んでいる。

(2) 労働投入の量と質

　労働投入（就業者数×1人当たり労働時間）の動向も経済成長にとって重要である。たとえば1960年代の日本では，高い生産性を生み出していた製造業に労働力が流入したことがその成長を支えた。しかし，高齢化が急速に進むと，労働力人口減少が経済成長の制約となることが予想される。労働投入を増やす方法としては労働力人口の増大や景気循環に依存しない構造的な失業の解消などがある。そのために，雇用および社会保障に関する制度の見直しや社会的支援などによって女性や高齢者の労働参加を促すことや，技術や環境の変化に対応できず失業している人びとに対して職業訓練を行うことなどが考えられる。

　一方，量的拡大と並んで，労働者の教育水準，熟練，技術への適応能力などを高めるという労働の質的な改善も重要である。これは他の投入が不変であっても1人当たり産出を増加させる効果をもつ。E. F. デニソンは，この点について詳細な実証研究を行い，雇用者数や労働時間の効果と並んで，性別，年齢，教育水準などの人的資本がもつ成長への寄与を明らかにしている。

(3) 技術進歩と政策

　技術進歩は独立的要因 A の値の上昇による生産関数の曲線自体の上方向への拡大として示される（拡大後の曲線の形状は想定する技術進歩の種類によって異なる）。これによって同一の1人当たり資本から得られる1人当たり産出は増大する。特に，λ の比率で労働投入が増えるのと同等な意味をもつ技術進歩を労働増加的な技術進歩というが，均斉成長の条件は $sf(k)/k = n + \lambda$ であるから，これによって保証成長率との交点が上へ移動する（図3-6）。

　前述の産出の成長を表す式を変形して，

$$\Delta A/A = \Delta Y/Y - \alpha \Delta K/K - (1 - \alpha) \Delta L/L$$

と書くと，独立的要因の成長は産出の成長から各投入要素の成長を差し引いた大きさであることがわかる。これは分配率をウェイトとした総合的な投入1単位当たりの産出の成長率（全要素生産性成長率）であり，しばしば技術進歩率と呼ばれる。このように定義した技術進歩率は，産出の成長のうち資本，労働の成長によって説明できない残余としての技術変化を表している（ソロー残差）。この残差には，新しい技術知識による新製品の投入や生産工程の改善を含む全般的な技術水準の向上の他，業務処理方法や企業組織の革新による効率化，規模の経済による効果，より生産性の高い産業への資源配分のシフトによる効率化（産業構造の変化）などが含まれる。また，投入量に資本や労働の質的改善を反映させない場合，これらの効果もこの残差の部分に表れる。

　技術水準の向上の多くの部分は，直接的には民間企業の研究開発（R&D）活動による新製品・新工程の開発や実用化によって実現される。この活動に対して政府はさまざまな形で関与するが，発明者に対する報酬を確保しつつ技術の普及を促す特許制度はその1つである。また，直接的な補助金，R&D支出への税額控除など税制上の優遇措置や低利融資，民間への研究委託，分野や技術毎の共同研究開発組合の設立支援などが，民間企業のR&D活動を助成する政策としてとられる。その他，公的研究機関における活動も，民間との共同研究や基礎研究の成果の公開を通じて技術水準の向上に貢献する。

さらに，ライセンス契約や直接投資などに伴う外国からの技術導入や技術移転も国内の技術水準を改善する。外国との技術格差がある程度大きい場合，格差自体が要因となった技術的キャッチアップによる経済成長が生じうる。

第4章　失業と物価問題への政府の役割

① マクロ経済の変動に伴う失業とインフレに対する総需要管理政策は今日さまざまな批判にさらされ，新しい経済政策に関する見方が提起されている。
② 一方，失業とインフレには経済変動と結びつきながらも経済の構造的な要因に起因する部分があり，これらへの対処も経済政策の重要な目標である。
③ 本章では，失業とインフレの種類およびそれらに対する政府の役割について検討する。

4-1　失業とインフレの概念

(1) 失業の種類

本人に就労の意思があるにもかかわらず職に就けない状態を非自発的失業と呼ぶ。これは大きく分けて以下のような種類からなる。

① 循環的失業（需要不足失業）：これは景気循環に伴って変動する総需要が不足する結果，完全雇用 GDP よりも均衡国民所得水準が過少となることによる失業であり，ケインズ理論に基づく総需要拡大政策によって解消される。経済安定化政策としての完全雇用政策はこの解消を目的とする。

② 摩擦的失業：これは労働者が離職し，求職活動を行う際に，新たな職場の発見と移動に時間を要することによる。求人・求職に関する情報の不備が原因で地域間や産業間での労働力の円滑な移動が妨げられることで発生する。

③ 構造的失業：これは産業構造の変化や技術革新などによって新たな職場で求められる能力が変化し，失業者が有する技能や職種が企業が求めるものに不適合（ミスマッチ）であるため雇用することが困難となることによる。

このうち②③をまとめて非循環的失業と呼ぶが，これらは景気循環と直接関連しないため，たとえ景気が拡大し完全雇用に近い状態が実現されても解消

されない。したがって失業率がゼロになることはなく，そのような失業率は完全雇用失業率とよばれる。日本でも長期雇用制の変質や非正規労働の拡大による労働市場の流動化に伴って非循環的失業が増大する傾向にあり，景気拡大とは別の政策による対処が必要とされる。

(2) インフレーションの種類

インフレーションとは，さまざまな財・サービスの価格を総合した一般物価水準の持続的な上昇を指す。これは通貨量が膨らみ，諸価格の絶対水準が上昇し，貨幣の経済価値が下落する過程である。一般物価水準は同じ中身の買い物かごを買うのに要する費用を基準時点との比で表現した物価指数によって測定される。日本の主な物価指数としては，消費者が購入する商品の価格の動きを総合した消費者物価指数（総務省の調査による），企業間で取引される商品の価格に焦点をあてた企業物価指数（日銀の調査による），内閣府の国民経済計算の体系におけるデフレータであるGDPデフレータなどがある。

物価水準はマクロ経済の総需要と総供給の関係で決定される。総需要側の要因と総供給側の要因という観点から物価水準を変動させる要因に注目すると，インフレーションには次の2つのタイプがある。

① 需要インフレーション（demand-pull inflation）：供給能力が制約された下で景気が過熱し，総需要が生産能力を超えた場合に生じる（インフレ・ギャップ説）。これは貨幣数量説の立場からは，多量の貨幣が市場に供給されて過剰流動性が生じ，貨幣価値が低下する現象として説明される。景気拡大で物価の上昇が促される関係があるため，完全雇用の達成と経済成長の持続が政策上の最重要課題とされる場合，代価としてある程度のインフレが容認される。

② 供給インフレーション（費用インフレ，cost-push inflation）：生産に要する原材料価格や賃金，輸送費などが高騰することによって生産物あたりの生産コストが上昇し，これが価格に転嫁されることで発生する。

実際には，景気過熱による需要インフレが賃金や原材料などの価格を上昇させ，供給側のインフレ要因となるなど，両者は相互に関連する部分も多い。

(3) インフレと物価のトレードオフ

　循環的失業と需要インフレーションに注目すると，総需要の増大は失業を減らすと同時に需要インフレももたらしうる。実際には完全雇用 GDP をはさんで両者は排他的ではなく，部分的に供給を上回る需要が発生する部門があれば，経済全体が完全雇用に達する以前にインフレ圧力は発生しうる。その結果，失業率を下げるための総需要拡大政策がインフレを生じさせる可能性が生じ（逆も同様），インフレと失業をこの政策手段単独では同時に解決することはできないという，トレードオフ（二律背反）の関係が生じる。

　このトレードオフ関係は物価フィリップス曲線を用いて説明できる。これはA. W. フィリップスが1862-1957年のイギリスについて失業率と名目賃金上昇率の間に見出した負の相関関係に関する説明をインフレ率 π と失業率 u との間の関係に拡張したもので，$\pi = f(u)$ と表される。この曲線は縦軸にインフレ率，横軸に失業率をとった平面で右下がりの形状をもち，インフレ率が低下すると失業率が上昇し，失業率を引き下げるとインフレ率が上がるという関係を表す。そこでは総需要管理政策のみでの物価安定と完全雇用の同時達成は困難であり，かわって所与の曲線上で物価と雇用の安定に関する社会的選好を反映した最適なインフレ率と失業率の組合せを選択し，そこに向けて財政政策や金融政策を組み合わせて実行することが裁量的政策の内容となる。

　しかし，1970年代以降の各国はインフレと雇用の悪化が同時進行するスタグフレーションを経験し，右下がりの物価フィリップス曲線は観察されなくなった。その結果，ケインズ的な裁量的政策を批判するマネタリストなどによって，これに代わる失業とインフレの関係の説明が試みられるようになった。

4-2　総需要管理政策とその評価

　ケインズ的な総需要管理政策については，さまざまな批判や限界が指摘されるが，実際の政策においては，循環的失業と需要インフレーションの抑制に関して短期的な効果があることを前提として以下のような手段が選択される。

a．総需要管理政策

(1) 財政政策

循環的失業の増大が懸念されながらも，景気後退～不況期において民間の自発的な需要拡大が期待できないとき，政府支出増と民間の税負担軽減という政府負担による総需要拡大政策が行われる。反対に需要インフレーションの高まりが懸念されるとき，民間の過熱した需要を冷やすために，政府支出の抑制と増税による民間の消費と投資の抑制という総需要抑制政策がとられる。これらについて政府支出と政府収入の面からみてみる。

(i) 支出面

財政支出による総需要のコントロールについては，不況期には支出増，過熱期には支出減という方向の政策がとられる。特に不況対策としては消費支出よりも公共事業を中心とした投資支出が用いられる。これには，民間の予想を強気に転じさせて民間投資の「呼び水」となる効果も期待される。後述の減税と比べると，総需要の構成要素を直接増やすので同一の財政負担の減税よりも乗数が大きいことや，地域的な景気の違いに対処可能なことなどが利点とされる。

(ii) 収入面

財政収入のもっとも大きな部分を占める租税収入については，不況期には減税，過熱期には増税をもたらす以下のような政策がとられる。

① 個人所得税：免税点を構成する基本的な控除の操作や累進税率表の税率変更を中心とする。ただし消費が長期的あるいは恒常的な所得に依存するならば，一時的変更の効果は小さい。

② 法人税：企業の投資意欲に大きな影響を及ぼすため景気の調整に重要な役割をもち，各種の投資控除制度の操作，法人税率の変更を中心とする。不況期における企業減税は投資の収益性を改善し，予想収益を上向かせるが，その効果の大小は景気動向や金融情勢などにも左右される。

③ 消費税：不況期の税率引き下げは可処分所得の実質的増加をもたらす。この一時的減税は耐久消費財の駆け込み需要を引き起こして消費を刺激する。

　国債を財源とするケインズ的な赤字財政政策は，景気低迷時には国債を増発して財政赤字を拡大させることで景気刺激を図り，反対に過熱時には国債発行の削減で財政赤字を縮小させることで景気の過熱を冷やすことを意図する。

(2) 金融政策

　一国の貨幣数量の概念として，現金通貨と準備の和として中央銀行が決定するハイパワードマネー（マネタリーベース）と，銀行の貸出などによって大きさが左右されるマネーサプライ（マネーストック）がある。両者の間には，

$$\frac{マネーサプライ}{ハイパワードマネー} = \frac{（現金通貨／預金通貨）＋1}{（現金通貨／預金通貨）＋預金準備率} = 貨幣乗数$$

という関係があり，現金と預金の比率が安定しているとき，ハイパワードマネーの操作とマネーサプライの大小が対応することを意味する。金融政策は上式の関係で表される金融機関の信用創造の過程を通じて中央銀行が市中の貨幣数量を操作するもので，不況期には金融緩和政策で投資と消費を刺激し，過熱期には金融引締め政策でこれらを抑制する。これには，以下の手段がある。

① 公開市場操作：これは中央銀行が国債など手もちの債券や手形を公開市場で売買することで貨幣数量や市中の金利水準を変化させる政策である。金融緩和の場合，中央銀行が債券を購入する買いオペレーションを行うと，個人や機関投資家が受け取る売却代金が市中の金融機関に振り込まれることで預金量が増え，金融機関からの貸出が活発化し貨幣供給が増加する。また購入の結果，債券価格が上昇し，これが市中の金利を低下させるので，投資が刺激される。金融引き締めでは反対に中央銀行が債券を売却する売りオペレーションが行われ，代金が吸い上げられた分市中の預金量が減るので貸し出しが抑制される。これは，中央銀行から金融機関に流れた貨幣が信用創造の過程を経て市中の貨幣数量を拡大させるメカニズムを利用して，目標とする貨幣供給量の指標や各種の政策金利の目標水準の実現を図る，量的政策のひとつである。日銀の場合，

政策金利として無担保コール翌日物金利が採用され，好況期には引き上げ，不況期には引き下げを行うことで市場の金利の誘導が図られる。

② 貸出政策（公定歩合政策）：これは中央銀行が市中の金融機関に対して資金を供給する際の金利（公定歩合）を操作する政策であるが，金融機関の資金調達の中央銀行への依存度の低下でその役割は後退しており，現在では政策手段としては一般的ではない。金融緩和の場合は金利の引き下げが行われる。これによって金融機関は中央銀行からの借り入れを増やすことができ，その分，証券売却やコール市場による資金の調達が減少するので市中の金利が低下し，民間投資を刺激するとされる。一方，公定歩合や政策金利は中央銀行の政策上の態度を表すシグナルでもあり，引き上げは金融引き締め，引き下げは金融緩和の実施の意思を民間に広める結果になる。これをアナウンスメント効果といい，期待の変化を通じて民間の消費や投資を変化させる。

③ 法定準備率操作：法定預金準備率とは金融機関がもつ預金のうち中央銀行に預けなくてはならない比率のことで，準備率を引き下げると貸し出しに回せる資金が増え，貨幣乗数が上昇し，創造できる預金限度量が上昇するので量的拡大政策になる。ただし，法定準備率の変更の事例は少ないため，短期的な政策手段としては一般的ではない。

これらの金融緩和政策が総需要拡大政策として効果をあげるには，それが貸出変化につながることが必要である。銀行が健全経営を優先して貸し出しを渋れば効果は期待できない。また企業投資が貸出条件変化に反応することも必要で，企業が新規事業に慎重で借り入れに消極的ではやはり効果はあがらない。

近年，日本経済にデフレスパイラルの懸念があった時期に議論された金融政策の手法に，インフレターゲット論がある。これはインフレ抑制の目的で外国で導入された事例があるが，以下の理由からデフレ対策として注目された。すなわち，デフレは企業債務の実質的増加と硬直的な名目賃金下での賃金コスト上昇を通じて新規の投資意欲を低下させる。深刻なデフレではこうした状況が自発的に好転することは期待できず，デフレの悪循環に陥りかねない。そこで，マイルドなプラスのインフレ率を目標に金融緩和を図ろうというのものであっ

たが，インフレ予想の過熱など制御の困難さの懸念もあって議論を呼んだ。

(3) 流動性のわなと投資の利子率非弾力性

しかし不況期においては，金融政策の効果を失わせる現象として「流動性のわな」と「投資の利子率非弾力性」が生じる可能性がある（図4-1）。

① 流動性のわな（トラップ）：いちじるしい不況下において債券収益の期待が極端に悲観的なとき，人びとは極端に貨幣を選好するので，利子率に関する貨幣需要の弾力性が無限に大きくなり，貨幣需要がいくらでも大きくなる。このとき利子率と貨幣需要の関係が失われ，いくら貨幣供給量を増加させても利子率がそれ以上低下しなくなるという，利子率の下限が生じる。これは期待利子率に対して市場の利子率が十分低く，人びとが現在の利子率を下限と信じる状態である。このとき LM 曲線は低所得，低金利の部分において水平になる。この状況下では金融緩和政策でいくら LM 曲線が右にシフトしても IS 曲線との交点は変化せず，投資の増加を通じた所得の増加は生じず，金融政策は無効となる。これを「流動性のわな」に陥った状態という。

② 投資の利子率非弾力性：やはりいちじるしい不況下で企業が景気の先行きに対して極端に悲観的な場合，金融緩和で利子率を下げても彼らはそれに反

図4-1 金融政策の無効性

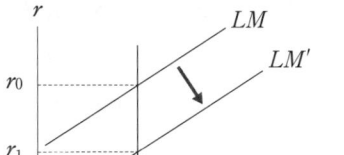

(1) 流動性のわな　　　　　　(2) 投資の利子率非弾力性

注：LM 曲線がシフトしても(1)では利子率が下がらず，(2)では利子率の低下に生産物市場が反応しないため，いずれの場合も IS 曲線との交点の横軸座標はかわらず，金融緩和政策に所得拡大効果はない。

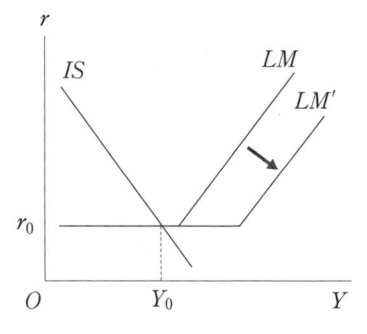

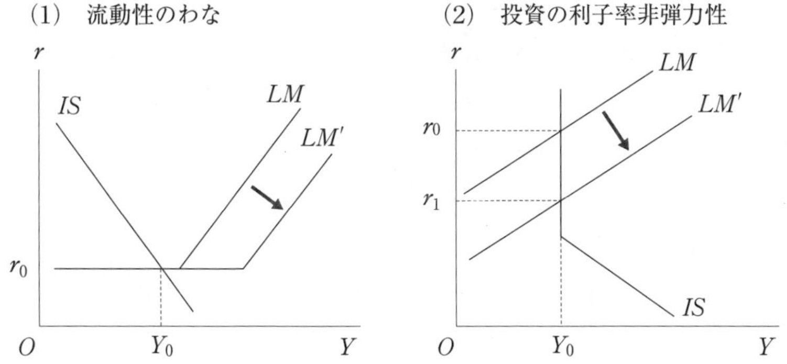

応して新たな投資を行おうとしない。このとき投資は利子率に関して非弾力的になっているといい，これは低所得の部分で *IS* 曲線が垂直になっていることを意味する。このとき，金融緩和によって *LM* 曲線が右シフトしても交点の横座標はかわらず，均衡所得は増えない。すなわち金融政策は無効となる。

b．ケインズ政策への批判

ケインジアンが市場メカニズムの限界を強調して政府の介入を容認するのに対し，M.フリードマンらを中心としたマネタリストや供給側重視の経済学（サプライサイド・エコノミックス）と呼ばれる学派は市場の機能を評価し，合理的な期待形成に注目して政府の介入を次のように批判する。

(1) 財政の非ケインズ効果

市場の参加者が政府の裁量的政策の結果を予想して行動すると，政策の効果は打ち消される。まず，財政拡大については，財源として新たに国債が発行されると市場で債券供給が増加するので，投資家は債券価格の下落を予想する。過大な国債保有を危険と感じた彼らはポートフォリオにおける債券の比率を下げようとするので，債券需要が減少し，債券価格が低下する。その結果利子率が上昇してクラウディングアウトが生じる。

また，新たな国債発行は償還の必要のある国債の残高を増加させるので，将来の政府はそのための財源を調達する必要がある。合理的な納税者はこれが将来の税負担増加を生じさせ，予想生涯所得がその分低下すると考えて，現在の消費に慎重になる。その結果，国債を財源として減税や政府支出拡大をしても，消費刺激による景気への効果は打ち消される（リカードの中立命題）。この場合，反対に財政引き締めは景気にプラスの効果を持つと考えられる。これらを財政の非ケインズ効果という。

(2) 自然失業率仮説

一方，労働市場で雇用と生産量が決定される際に労働者が合理的な予想をす

ることで政策効果が失われるという指摘もある。いま，労働者と企業の間にインフレに関する情報の非対称性が存在し，企業に比べて労働者はインフレ期待を形成するための情報の入手が劣っているとしよう。その結果，総需要拡大政策の発効で景気が刺激され，インフレが生じたとき，企業は実質賃金が低下したと認識して以前と同じ労働需要曲線に沿って労働需要を増加させるが，労働者は物価が上がってもしばらくはそれを認識しない。実質賃金が低下しても以前と同じ労働を供給しようとするので，これは労働供給曲線の下方シフトをもたらす。その結果労働需給を均衡させる両曲線の交点は右側に移動し，生産量と雇用の増加および失業率の低下が生じる（図4-2）。かくして右上がりの総供給曲線と右下がりの物価フィリップス曲線が成立し，インフレと失業率の低下が対応する。これは短期的なケインズ政策の効果である。しかし，合理的なインフレ期待が形成されるだけの時間が経過すると労働者の予想は修正され，企業と同じく実質賃金を正しく認識する。その結果，労働供給曲線は元の位置に戻り，生産量，雇用量，失業率は以前の水準へ戻る。失業率がその経済の構造的要因で決まる長期的な均衡水準すなわち自然失業率にとどまることから，このメカニズムは自然失業率仮説と呼ばれる。一方インフレは生じているので，

図4-2 物価上昇と労働供給

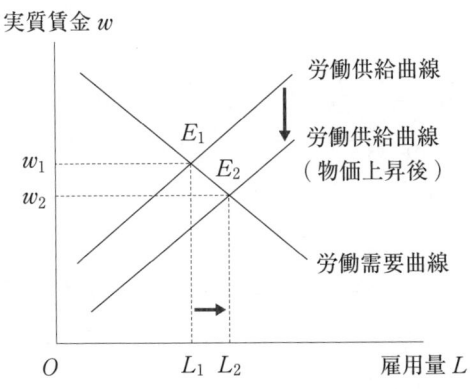

注：インフレ予想が不完全な労働者は物価上昇による実質賃金の下落を認識しないのでより低い実質賃金で以前と同じ労働を供給する。これは労働供給曲線を下方にシフトさせるので，均衡点は $E_1 \to E_2$ と動き，雇用は L_1 から L_2 へ増え，これは生産量を増やす。

垂直な総供給曲線と垂直なフィリップス曲線が成立する。労働者がインフレに関する期待を修正する長期ではケインズ政策は無効となる。

　財政の非ケインズ効果や自然失業率仮説は，もしも国民が合理的な予想をするならば，国債発行によって裁量的財政拡大政策をとったとしても，そこからは対価を払うに値する効果が得られないことを意味している。

(3) マネタリストと金融政策

　マネタリストらは，財政政策だけでなく裁量的な金融政策に対しても批判的である。ケインジアンが市場を通じて総需要を変化させるための手段として裁量的な金融政策を重視するのに対して，マネタリストは貨幣や物価に影響するものとして金融政策に注目するものの，それを裁量的政策の手段とすることには反対する。これは，政府の裁量が市場の反応に織り込まれてしまえばその政策効果は失われてしまい，むしろ貨幣量や金利の操作は政府の見通しの誤りや市場の反応によって混乱をもたらすので，政府自身が一定のルールに従って市場に貨幣を供給することで混乱を回避すべきという考え方である。

　この見方は，より市場の役割を大きく捉える合理的期待形成学派に顕著である。彼らは，市場は政策について完全に合理的な期待を形成するので，財政・金融政策は，それが予想外のものであった場合にのみ効果をもつと考える。彼らはケインジアン的な裁量政策はもちろんマネタリスト的な貨幣のコントロールにも否定的である。彼らの考え方では，市場の全参加者が市場および政府の行動に関するすべての情報を有している完全情報の下では，政策の実施およびその効果を完全に予想することが可能であるため，市場の参加者はそれを織り込んで行動をする。これによって政策効果は打ち消される。たとえば，金融緩和政策によってインフレが発生すれば政府が金融引締め政策に転換するので景気は下向くだろうと予想する結果，人びとは現在の金融緩和に反応しない。

(4) ケインズ政策が加速するインフレ

　ケインジアンが右下がりの物価フィリップス曲線を想定し，総需要拡大政策

がインフレ率の上昇という代価を支払って失業率を低下させると考えるのに対し，期待の役割を重視するマネタリストは，インフレ期待に伴って短期フィリップス曲線がシフトする結果垂直なフィリップス曲線（長期フィリップス曲線）が成立するため，総需要拡大政策の継続がインフレのみをもたらすと考える。いま π をインフレ率，π^e を期待インフレ率とすると，フィリップス曲線は $\pi=f(u)+\pi^e$ と書ける。期待が現実と等しい（$\pi=\pi^e$）とき，$0=f(u)$ となる。この u が π から独立な自然失業率である。マネタリストは，総需要拡大政策が短期フィリップス曲線をシフトさせる以下のメカニズムを指摘する。

図4-3において，最初に失業率 u_0，インフレ率0という組み合わせの状態（A点）にあるとする。インフレ期待がないので $\pi^e=0$ であり，短期フィリップス曲線は $\pi=f(u)$ である。総需要拡大政策が実施されると，この組み合わせは短期フィリップス曲線上を左上へ移動し（B点），インフレ率は0から a に変化する。インフレ期待が修正される時間が経過すると，失業率が u_0 に戻る（C点）が，このとき期待インフレ率は $\pi^e=a$ なので，短期フィリップス曲線は $\pi=f(u)+a$ となって上方にシフトしている。政府は失業率が元に戻っ

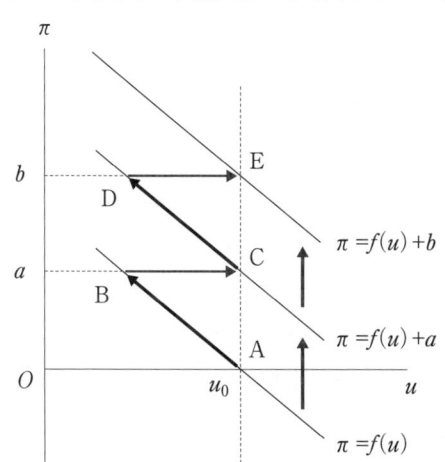

図4-3 フィリップス曲線のシフトとインフレーション

注：総需要拡大政策によってA→B，C→Dという曲線上の動きが生じるが，これによる期待インフレ率の上昇を残したまま失業率が u_0 に戻るためB→C，D→Eという動きが生じ，結局総需要拡大政策はA→C→Eというインフレの加速のみをもたらす。

たので総需要拡大政策を継続し，失業率とインフレ率の組み合わせは短期フィリップス曲線上を左上へ移動する（D点）。インフレ率はaからbへ変化するが時間とともに失業率は u_0 へ戻り（E点），短期フィリップス曲線は $\pi = f(u) + b$ と上方にシフトする。

このように，総需要拡大政策の継続によって長期的には失業率が u_0 にとどまりながらインフレ率だけが $0 \to a \to b \to \cdots$ と上昇する。長期的に失業率を下げたければインフレ期待の修正よりも速くインフレが進行する必要があるが，それは総需要拡大政策の継続で常にインフレ率が上がり続ける状況に他ならない。マネタリストはこれを「加速的インフレ」と呼んで批判し，総需要拡大政策で u_0 を下げようとする政府の誤りこそがインフレの原因であるとした。

(5) 政策のタイミング

裁量的な政策が有効であるとしても，それが経済を安定化させるためには，政策が適切な時期に決定，実行され効果をあげる必要がある。実際には，政策の必要性に関する認識，政策の実施，政策効果の発生の各段階でタイムラグが発生する。特に財政政策では補正予算の成立など政治的過程や実施の手続きに時間を要することがこれを大きくする。一方金融政策では実施のラグは小さいが企業の予想の変化に時間がかかる。その結果，たとえば不況期に総需要拡大政策を決定しても，これらのラグの間に景気が自律的に拡張に転じたり，拡張への転換の認識が遅れて拡大政策が続けられた場合には，政策はむしろ景気の過熱をもたらしうる。かりに政府が景気の変動を事前に予測し，このラグを計算にいれて政策変更を前もって行うことができれば裁量政策は有効かもしれないが，これは実際には不可能であるから，政策によって景気変動はかえって増幅される可能性がある。政府の裁量政策を批判する人びとは，政策のラグの回避と民間にとっての政府行動の不確実性の解消を図るために，裁量ではなく経済の実績に基づいた一定のルールに基づいて政策が実行されるべきだとする。

(6) 政治的要因

　長期的に政策効果が疑わしいにもかかわらず総需要の管理を政府の裁量に任せることには，政治的な要因に注目した批判もある。まず，短期的には景気の拡大が可能であるため，選挙を控えて自身の支持率を上昇させたい政府が政治的に不評な抑制政策を避けて拡大政策をとる可能性がある。これはむしろ景気の変動を政府自身が作り出す「政治的景気循環」の可能性を意味し，安定化という政策目標と矛盾する。また，景気対策として行われる社会資本投資は費用と便益の比較が不十分で量のみが考慮されるため，無駄な公共事業が将来世代に負担のみを残す。また，赤字財政の短期的な需要増大効果は認識されやすい一方で，健全財政の利益は間接的で認識されにくいため，政府は赤字財政のコストを過小に錯覚しがちである。このコストは現在の政策決定に関与できない将来世代が負担せざるを得なくなる。さらに，いったん膨張した財政の引き締めには既得権を手に入れた業界や官僚の抵抗がある。これらの結果，均衡財政主義の放棄は政府部門の過度の膨張への道を開くものとして批判される。

4-3　非循環的失業と供給インフレ

a．非循環的失業と政府の役割

(1) 非循環的失業への政策

　非循環的失業については総需要拡大政策とは異なった政策手段が必要になる。このうち構造的失業は，企業が求める労働の質と失業者が提供する労働の質が一致しないミスマッチの結果人手が足りない世代や職種がある一方で人が余っている世代や職種が併存する場合に生じる。これに対しては，学校教育における新しい技術の習得機会の充実，公的職業訓練機関における職業訓練機能の整備・充実，民間における同種の活動への財政上の支援などを通じて，産業構造の変化や労働需要の質の変化に対応して，労働需要側が求める質に労働者が提供する質を近づけて行くことが有効である。

一方，摩擦的失業は，市場で求人求職情報が速やかに完全に伝わらないという情報の不完全性が一因であるため，地域，産業，職種間の移動をスムーズにする効率的な情報提供のための体制整備が有効である。職業紹介，斡旋機能の充実を図って，離職から再就職までの労働力移動に要する期間すなわち失業期間の短縮を促す政策をとることが考えられる。

(2) なぜ構造的失業が生じるのか

　部門間移動の理論では，経済の変化が負の影響をもたらす部門と正の影響をもたらす部門が並存するとき，前者で余剰となった労働力がミスマッチのため後者で吸収されず，長期間の構造的失業が生じることが指摘される。新しい技能を身につけられない失業者は代わりに賃金が低下しなければ失業し続けるが，実際の賃金はしばしば低下しにくい。その原因として，現在の雇用者にのみ関心をもつ労働組合が失業者の低賃金での雇用に対して組合員の利益を損なうとして抵抗すること（インサイダー・アウトサイダー理論）や，企業が均衡水準以上の賃金を払うことによって職を失うことの費用を高く認識させて労働者の怠業を防ぎ，生産性をあげる方法に用いること（効率賃金仮説）などがある。

　かつての西欧諸国の経験として失業率に上昇傾向がみられたように，失業率はいったん上がるとなかなか下がりにくい面をもつ。これは過去の失業率が現在の失業率に影響して累積していく現象として説明される（ヒステレシス（履歴効果））。すなわち，企業はしばしば失業期間の長い者の能力を低く評価し，ふるいわけの材料として用いる。また長期の失業者は職場での熟練の形成の機会や新しい技術の習得機会がなかったため，人的資本が低く評価される。その結果，上記のような硬直的な賃金の下では失業の固定化が生じてしまい，いったん上がった失業率がなかなか下がらない。

(3) 労働者保護と構造的失業

　経済の構造変化に伴う失業に対しては，衰退産業の保護や公共事業ではなく，ミスマッチや情報不足を解消して新しい産業で積極的な雇用が生じるようにす

ることが必要である。そのためには，過剰な雇用保護策を抑制することで賃金のもつ調整能力を高めつつ，職業能力・紹介機能の向上，能力開発の支援を図ることが有効となる。

もちろん，労働という要素の特殊性を考えると，政府は労働者の身体的，心的な保護も考慮しなくてはならない。このために労働者保護政策として法定最低賃金，法定福利厚生費，解雇権の濫用の制限，失業手当の支給などが定められている。しかし，これらはすでに雇用されている労働者を保護する一方で，企業の新規雇用の意欲を後退させて失業率を高めているという指摘もある。すなわち，法定最低賃金が高すぎれば能力の低い失業者を雇用することはむずかしい。また，解雇制限による人件費硬直化や法定福利厚生費の負担を避けるために景気回復に際しても採用増に慎重になったり非正規労働力に頼る企業も現れる。また，失業手当の額と期間が手厚いほど仕事を探す期間が長くなる。

これらの弊害の解消を重視すると，失業手当を適正化して早期の再就職を促したり，企業が失業率の高いグループの雇用に積極的になるような最低賃金の設定などが考えられる。もちろん職業紹介や斡旋の機能を強化して経済的困難の救済と雇用拡大を図ったり，教育や訓練の機会充実を図ることが条件である。

雇用形態の多様化にあわせて保護政策を見直し，規制緩和を進めるという点からは，変形労働制や裁量労働制の適用職種拡大，有料職業紹介の職種拡大，民間職業紹介の規制緩和，派遣労働の事業認可の緩和などが考えられる。雇用保険についても，雇用調整給付金として不況業種への賃金や訓練費用の一部の給付や，特定の条件を満たす転職者受け入れへの給付などが考えられる。

このとき政府の役割は，裁量からルールの設定とその遵守の監視へと移る。同時に最低限の生活を保障するセーフティネットを確保すること，産業構造の改革で雇用創出を図ること，人材育成で国際競争力を維持すること，構造転換に伴う円滑な労働移動のための技能教育などを行うことも政府に求められる。

b．供給インフレと政府の役割

供給インフレーションは政情不安などの外生的ショック，世界的な景気拡大

によるインフレの波及，天然資源の枯渇や偏在による供給の制約，賃金引き上げ要求への対応などが原因で資源価格や人件費が上昇し，同一水準の生産に要する供給価格が高まる現象で，総供給曲線の左上シフトで表される。同様に供給側の要因によるインフレとして，大企業の技術革新による労働生産性向上が価格引き下げではなく賃金上昇に利用されるとき，大企業の賃金上昇が生産性向上で後れをとった他の企業の賃金全般に波及する結果，コスト増大を生産性上昇で吸収できないために生じる生産性格差インフレがある。

　市場において各供給主体がある程度の価格支配力をもつ現実の経済では，石油や原材料などの価格の上昇が製品価格に転嫁されることで生じたインフレに際して，これが労働者の賃上げ要求に結びついて労働コストが上昇すると，生産費がさらに上昇して物価がさらに上がるという悪循環に陥る可能性がある。これに対して総需要抑制策で物価抑制を試みると景気の低迷を招くため，それにかわってインフレ率と失業率の組み合わせを下げる方法として，1960年代末期から70年代にアメリカでとられたのが所得政策である。これは政府が労働市場や生産物市場に介入し，賃金や物価の上昇率に対して労働生産性の平均上昇率の範囲内で適切な一般的ガイド・ポストを設定し，そこへ誘導することで悪循環をくい止めようというものである。手段としては賃金，物価の凍結という強い形もあれば労使の説得などの弱い形もあるが，これらは各経済主体にインフレ抑制の趣旨を理解させ，価格へのコストの転嫁の自制を求めることで社会的合意を政策的に形成することを目指す。そこでは，この悪循環の原因が各主体の価格支配力にあるため市場にまかせても望ましい結果は生じないとされ，積極的な介入による物価のコントロールが容認される。一方，実際には欧米諸国には所得政策の成功例がなく，統制が終了するとその反動で抑えられていた賃金や物価が急上昇し，長期的にはインフレが加速したという経験がある。所得政策を批判する人びとは市場原理を高く評価し，介入は資源配分の効率を損ねるとして，市場メカニズムが機能するようにむしろ規制緩和，市場メカニズムの機能の促進を訴える。

第5章　格差問題と政府の役割

① ジニ係数の推移から日本の所得格差拡大を認識し，その背景と政府の役割を理解すること。
② 男女間の経済格差の現状と女性差別の経済理論を学び，その是正策を考察すること。
③ 情報化社会における新たな格差問題「デジタル・デバイド」を学び，その格差是正に向けた政府の役割と課題について考察すること。

5-1　所得格差と所得再分配政策

a．所得再分配政策

　一国の経済成長と国民の所得水準の向上は経済政策の重要な目標である。しかし，たとえ一国経済が大きな経済成長を遂げても，所得水準の上昇が特定の階層や集団だけに大きく偏るなかで国民1人当たりの所得水準が上昇することもある。今，A，B，C，D，Eという5人で5万円の所得を得たとする。このとき一人当たりの所得は1万円である。もしこの5万円が5人に平等に分配されていれば，5人それぞれの所得は1万円である。もしA，B，C，Dの4人が9,000円の所得を得てEだけが1万4,000円の所得を得たとしよう。このときも一人当たりの所得は1万円であるが，A，B，C，Dの4人とEとの間で所得分配に不平等が発生していることになる。完全な平等が達成されている所得分配が必ずしも望ましいとはいえないが，後者のケースのように特定の人間や階層に所得が集中し，分配に不平等が発生しているのもまた望ましいとはいえない。あまりにも所得分配に格差が生じている場合，政府にとってその格差是正は大きな課題となる。

望ましい所得分配を実現する手段としては，まず労働者に職業訓練を実施したり教育を受ける機会を平等に提供して市場での競争条件を整え，市場が本来もつ分配機能を機能させることがあげられる。次に，税制や社会保障制度を通じて所得を再分配することがあげられる。さらには，最低賃金を引き上げたり補助金を与えるなど，政府が市場に直接介入して意図的に所得の形成に変化を与えることがあげられる。

b．ジニ係数

所得分配の不平等や格差の程度を測る際に，しばしば用いられるのがジニ係数である。ここでまずジニ係数という指標について説明しておこう。

今，社会が n 人で構成されており，最も所得の低い人からの累積人員を横軸にとろう。そうすると最初の累積人員は1名，2番目の累積人員は2名，…，n 番目の累積人員は n 名となる。この1番目から n 番目までの横軸の幅を1とする。これは基準化という作業である。さて縦軸には最も低い人の所得からの

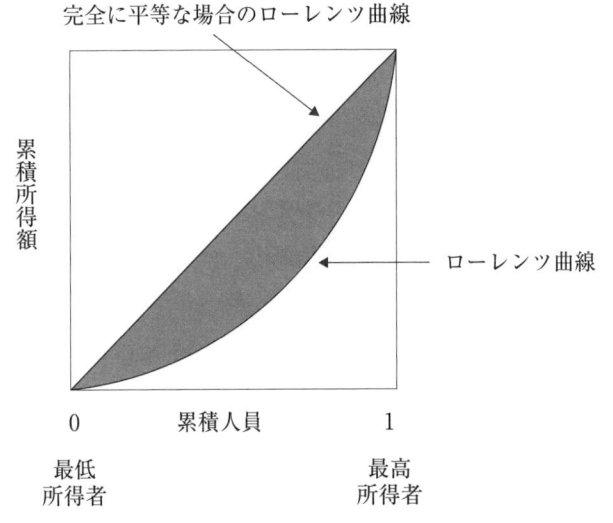

図5-1　ローレンツ曲線とジニ係数

注：右上がりの45度線とローレンツ曲線とで囲まれた部分（色のついた部分）の面積を2倍したものがジニ係数。

累積所得額をとり，n番目の人のときの累積所得額もまた1に基準化しよう。この累積人員と累積所得額の関係はローレンツ曲線とよばれ，もしこの社会の所得分配が完全に平等であれば，ローレンツ曲線は図5-1のような右上がりの45度の直線として表わされることになる。もしこの社会の所得分配が完全に平等ではなく，たとえばごく一部の人が所得の大部分を得ているとすれば，ローレンツ曲線は途中までは右上方にゆるやかな角度で上昇を見せるが，そのごく一部の人の大きな所得が累積所得額に加わった瞬間にローレンツ曲線は急な角度でその上昇を見せ始める。所得分配の不平等度が高ければ高いほど，45度線とローレンツ曲線とで囲まれた面積は大きくなり，その面積の2倍の値がジニ係数である。ジニ係数は0と1との間をとり，0に近づくほど平等に，1に近づくほど不平等になる。

c．日本における所得格差

(1) 日本のジニ係数

日本のジニ係数については厚生労働省による「所得再分配調査」や総務省に

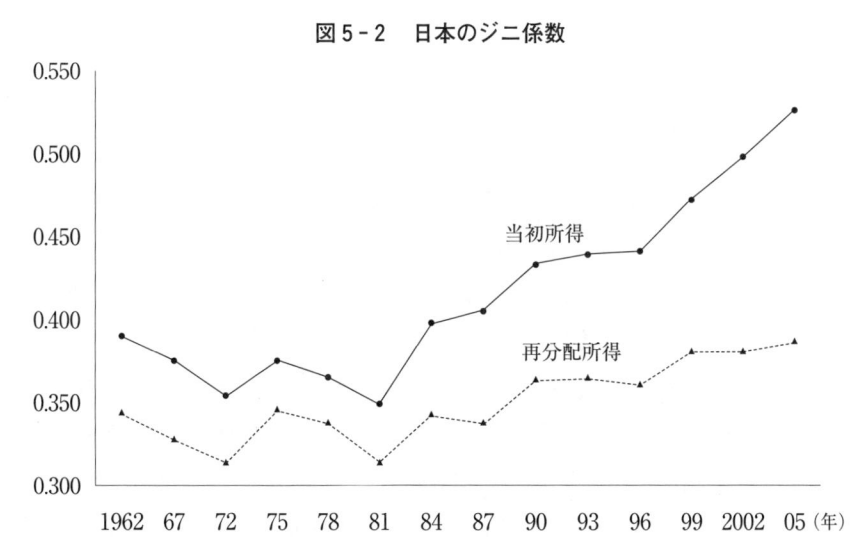

図5-2 日本のジニ係数

出所：厚生労働省『所得再分配調査』

よる「全国消費実態調査」などで報告されている。ここでは「所得再分配調査」の世帯別当初所得と再分配所得に関するジニ係数をあげておこう。再分配所得とは、社会保障制度や税制により当初所得から社会保険料や租税が控除され、政府による所得再分配政策を通じて調整された後の所得のことである。図5-2にはこれら2つのジニ係数の動きが示されている。当初所得によるジニ係数は最小が1981年の0.349、最大が2005年の0.526であり、この約25年間にジニ係数は50.7%も上昇している。再分配所得でみればこの約25年間の上昇率は23.2%である。これらは、一方では日本においても所得格差が拡大してきたこと、他方では租税と社会保障による所得再分配機能がある程度は作用してきたことを表している。

(2) 日本社会の高齢化と所得格差

それではなぜ日本でそのように所得格差が拡大してきたのであろうか。日本の所得格差の大部分は高齢化によって説明されるといわれる。日本社会の高齢化は戦後進展した核家族化とも結びつき、高齢者のみの世帯を増やした。一般的に高齢者世帯は主たる稼ぎ手がいる現役世代よりも所得水準が低いので、社会全体で平均所得が低下する。所得の差額が同じであっても、平均所得が低い方が高い方に比べ、格差を表す倍率（高所得／低所得）は大きくなるので相対的に格差が拡大することになる。高齢者間の所得格差はその下の世代の所得格差よりも大きい。2005年の世帯主の年齢階級別ジニ係数は、再分配所得でみた場合、30歳代や40歳代ではほぼ0.3程度であるのに対し、60歳代後半から70歳代前半で0.4弱、75歳以上で0.4を超える。したがって高齢者のみの世帯が社会の大きな比率を占めるようになると社会全体で所得格差が拡大する。これについては「見せかけ」と主張されることもある。たしかに、たとえば主たる稼ぎ手となっている子どもたち家族と高齢者となったその親が同居することでその世帯の所得水準は上昇して、所得格差は縮小するからである。しかし日本の公的年金制度において自営業者など第1号被保険者が加入する国民年金では、国民年金基金に加入しているわずかな人を除けば老齢基礎年金しか受給しないの

に対し，民間企業の被用者が加入する第2号被保険者の厚生年金は，1階建ての部分に相当する老齢基礎年金に加えて2階建ての部分に相当する老齢厚生年金も受給する。そしてこの老齢厚生年金は現役時代の報酬に比例するため，現役時の所得格差を高齢時に持ち越す仕組みになっている。また第2号被保険者は保険料を給与から天引きされるため，勤めている期間については基本的に未納がないのに対し，第1号被保険者は保険料を未納することが技術的に可能であるため，保険料の拠出実績が乏しかった高齢者はその受給額を減額されたり，まったく保険料を納付しなかった場合や拠出実績が25年に満たない場合には無年金者となる。このようなことから日本の所得格差の拡大は必ずしも社会の高齢化による「見せかけ」などとはいえないのである。

(3) 日本経済のグローバル化と所得格差

経済のグローバル化とはどのようなことをいうのかについてはすでに第1章で説明した。アメリカに所得格差の拡大をもたらした要因の1つとして，経済のグローバル化による賃金格差が指摘される。賃金は労働者が労働市場において投下した労働サービスの対価であり，その使用者から支払われ，所得の一部を形成するものである。以下では，日本経済のグローバル化という観点から賃金格差の拡大について検討してみよう。

(i) 製造業の生産拠点移転と低付加価値商品の輸入増加

アメリカで1981年から始まった第1期レーガン政権の経済政策「レーガノミックス」により発生したドル高は，アメリカ経済に国内製造業の国際価格競争力の低下と，発展途上国からの安価な低付加価値商品の輸入増加をもたらした。その結果，競合する低付加価値商品を生産するアメリカ国内の製造業は賃金水準の低い発展途上国へ生産拠点を移し，産業の空洞化が進んだ。これによりアメリカ国内の労働者は失業して所得を失ったり，賃金水準の引下げに直面することとなった。日本でも1990年代半ばの「超円高」をきっかけとして発展途上国からの安価な低付加価値商品の輸入が増加し，これら商品と競合する日

本国内の製造業は中国などへの直接投資を増加させて生産拠点を移した。

(ii) **移民・外国人労働者の増加**

アメリカにおける移民とは，アメリカへの定住を目的として入国・滞在する者をいう。これに対して一時的にアメリカに滞在する者は非移民とよばれる。ここではこの非移民のうち，就労を目的として入国・滞在する者を外国人労働者とよぶこととする。自由主義・市場経済のグローバル化は企業だけでなく労働者の国境を超えた移動に関する規制を緩和する。アメリカがNAFTA（北米自由貿易協定）を推進してきたこともあり，特にメキシコからの外国人労働者の流入が増加した。この一時的な就労を目的とする入国者以外に，アメリカにはメキシコを中心とするラテンアメリカ諸国からの合法的な移民と不法移民がともに増加している。PEWヒスパニック・センターは2005年時点での不法移民の推定人口を1,100万人と推計しているが，そのうちメキシコからの不法移民だけで全体の約56%に達し，メキシコを含む中米出身者で不法移民全体の約78%と推定されている。また同センターの調べではこれら中南米出身移民のアメリカ入国時の最終学歴は高卒未満がほぼ50%を占め，多くが低賃金の非熟練労働に就くという。しかも不法移民の場合，企業は法律で決められている最低賃金を守る必要もないため，さらに低い水準の賃金で雇用しようとし，不法移民もそれを受け入れる。このような移民の増加は賃金に下方圧力をかけ，アメリカ国内でもともと働いていた低賃金の非熟練労働者から雇用を奪うこととなった。

日本では，在日韓国・朝鮮人や在日中国人などサンフランシスコ平和条約締結以前に日本領であった地域で日本国籍をもつこととなり，同条約発効後に日本国籍を失った者とその子孫に対しては日本での永住権が認められている。しかし，このような人たちを除けば，日本での定住を目的とした移民については認められていない。また外国人の日本人への帰化については，実際には日本人と結婚するなど限られた場合にしか認められていない。外国人労働者については，日本では1988年に政府が「外国人労働者受け入れに関する基本方針」を発

表し，専門的・技術的分野の労働者受入れには積極的な姿勢を示す一方，いわゆる単純労働者の受け入れには消極的な姿勢を示していた。1993年には技能実習制度が導入されたのを機に，中小企業が研修生・技能実習生を受け入れることができるようになり，外国人単純労働者が増加することとなった。グローバル競争に直面し，少しでも人件費を削減したい一部企業は主に発展途上国から外国人研修生・実習生を受け入れている。なかには不法滞在外国人を低賃金で雇用したりする企業まで発生している。これが日本の賃金格差に結びついているかどうかは十分には明らかにされていないが，従来から日本に定住する労働者と競合する労働市場ではその可能性は否定できない。

(iii) IT 偏向型労働者への需要増加

1990年代に入り新しい技術進歩が起こった。すなわちIT（情報技術）の登場と普及である。なかでも大きな影響を与えたとされるのが，高性能化と低価格が進み，利便性を高めたパソコンとインターネットの登場であり，またそれら両者の融合，いわゆるコンピュータと通信の融合である。経済のグローバル化は競争の激化と，地球的規模での企業の活動範囲拡大をもたらした。1990年代に入り，企業はリストラクチュアリング（事業の再編）の一環としてITを導入することで既存の従業員による労働と代替させてコスト削減を図った。また企業はパソコンをインターネットに接続し，社内にネットワークを構築して業務の効率化と組織のフラット化を進めるとともに，そのネットワークを他のオープンネットワークとも接続し，経営者と世界中で活動する従業員との間の意思疎通のスピード化を実現した。これによりアメリカ企業は，単なる熟練労働者というだけではなく，十分な IT スキルをもっているかどうかが重視される IT 偏向型労働者への需要を高めていくこととなり，それ以外の労働者の所得との間に格差を発生させたといわれている。

日本企業による IT 投資も1990年代後半に増加した。政府も2001年1月に初の本格的な IT 国家戦略「e-Japan 戦略」を策定し，企業をはじめとする社会への IT 普及を推進した。その結果，日本でも IT スキルをもつかどうか，も

つとすればどの程度のスキルかが雇用とその形態を決定する大きな要因となったと考えられる。

(iv) 非正規雇用の増加

激しさを増すグローバル競争が企業にもたらしたコスト削減はITの導入とともに非正規雇用労働者を増加させることにより行われた。アメリカでは1990年代初頭において、企業がITを積極的に導入して組織のフラット化を推進したことから中高年の正規雇用労働者、なかでもホワイトカラーが雇用を失った。その半面、雇用を得たのがITスキルをもち、比較的若い派遣従業員などの非正規雇用の労働者であった。なぜなら、そのような若年労働者はITを十分に使うことができるだけでなく、若くて非正規雇用であるがゆえに賃金水準が低いからである。企業はその業績が悪化した際には速やかに非正規雇用労働者の雇用契約を打ち切って人件費を柔軟に調整できるので、企業にとってはコスト削減を達成するにはこれ以上ない存在であったのである。

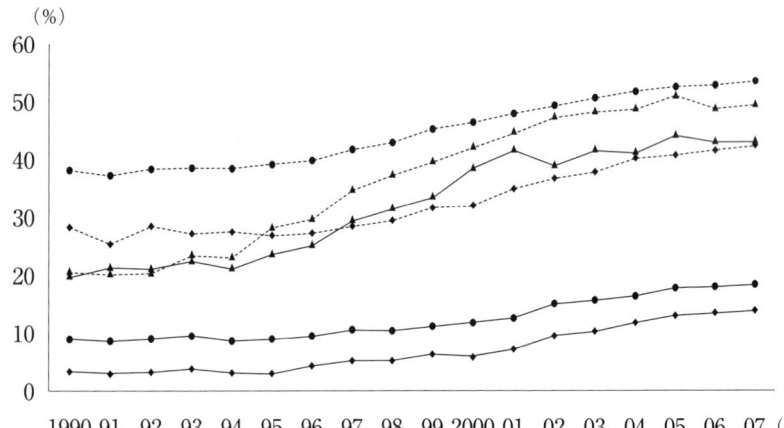

図5-3 非正規の職員・従業員の割合

注： ―●― 男性（全体） ―▲― 男性（15～24歳） ―◆― 男性（25～34歳）
　　 ┄●┄ 女性（全体） ┄▲┄ 女性（15～24歳） ┄◆┄ 女性（25～34歳），をそれぞれ示す。
出所：2001年までは総務省『労働力特別調査』の各年2月のデータ，2002年以降は『労働力調査詳細集計』の年平均データ。

日本でも同様の事態が発生した。企業によるITの積極的な導入が正規雇用か非正規雇用かという就業形態の差を生むことに手を貸すこととなった。役員を除く従業員・職員のうち非正規での雇用者数は1,732万人である。日本ではこの非正規雇用労働者，なかでも定住場所をもたずネットカフェで寝泊りを繰り返す日雇派遣労働者は「ネットカフェ難民」とよばれ，日本における格差社会の象徴の1つとされる。図5-3からもわかるように，役員を除く従業員・職員全体に占める非正規雇用の割合は男女とも徐々に高まりつつある。1990年，1995年，2000年，2007年の男女それぞれの非正規雇用の割合は，男性が8.8%，8.9%，11.7%，18.3%，女性が38.1%，39.1%，47.9%，53.5%である。特に若年層でその割合が高まっている。2007年における15〜24歳の男性，女性それぞれの割合は43.3%（在学生を除けば26.7%），49.6%（同35.7%）であり，25〜34歳では男性が13.8%，女性が42.4%となっている。また図5-4は正規雇用労働者と非正規雇用労働者の年間収入の分布を示している。非正規雇用者の年間収入で最も多いのは100万円未満であり，その構成比は41.3%，ついで100万円台の33.8%である。ここからも明らかなように非正規雇用労働者の所得水準は正規雇用労働者のそれよりも低く，これが所得格差をもたらしている

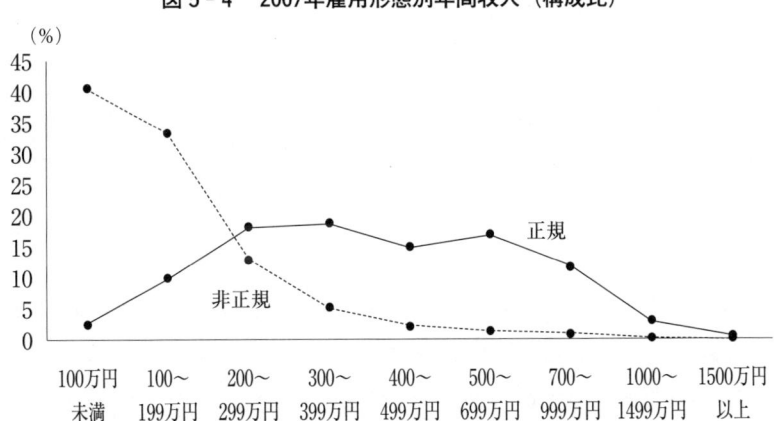

図5-4 2007年雇用形態別年間収入（構成比）

出所：総務省『労働力調査（詳細集計）』

ひとつの要因となっていると考えられる。

d．その他の要因

上では日本社会の高齢化と経済のグローバル化という観点から所得格差拡大の要因をみた。最後にそれら以外の要因としてどのようなものが考えられるかを指摘しておこう。

(i) 政府の公債発行と増税

政府の公債発行が何度も繰り返されると政府の財政赤字は累積する。実際，2007年度末時点での日本の累積債務残高は中央政府だけで約849兆円である。さらなる公債の発行が認められなければ，政府は増税による資金調達を行うことになるだろう。公債を保有し，政府に対する資金の貸し手となる資金余剰主体は，たとえ増税されたとしても政府から利子所得を受け取る。その一方で，政府に対する貸し手とならない経済主体は増税により所得を減らすだけであり，このようなことから所得分配に歪みが発生する。ちなみに日本では1998年度から一般消費税の税率は3％から5％に引き上げられた。

(ii) 合理的消費者と近視眼的消費者

N.G.マンキューによれば，社会は「貯蓄者」とよばれる合理的消費者と「支出者」とよばれる近視眼的消費者から構成されており，両者の減税に対する消費支出行動の違いから所得格差が発生する。近視眼的消費者は一時的な減税により可処分所得の増加があった場合，それとちょうど同じだけ消費支出を増加させる。これに対して合理的消費者は，政府が公債発行によって調達した資金を財源として現時点で減税をした場合，将来時点で予想される増税に備えて一時的に増加した可処分所得を貯蓄する。このため，増税時において合理的消費者は金融機関に預けていた貯蓄を取り崩して納税するだけであるが，これに対して近視眼的消費者は所得の一部を用いて納税しなければならなくなる。実際，日本にこのような2種類の消費者が存在することを支持している実証分

析の結果もある。

(iii) 最高税率の引下げ

日本では個人所得税と個人住民税の税率が大きく変更されてきた。たとえば個人所得税は1986年度時点で税率は所得水準に合わせてきめ細かく15段階に分けられ，最高税率は給与収入が8,775.2万円を超えた場合に適用される70％であった。これに対して2008年度時点での税率は6段階に減り，最高税率は給与収入が2,380万円を超えた場合に適用される40％である。日本では所得水準の上昇とともに課税率も上昇する累進課税制度を採用している。最高税率の引下げは日本の個人所得税の累進度が低下し，全般的には高額所得者にメリットのある累進課税制度となってきたことを意味する。

e．政府の役割

(1) 生活保護費の受給審査緩和

日本国憲法第25条で，「国民は健康で文化的な最低限度の生活を営む権利を有する」と書かれている。日本には社会保障制度の1つとして生活保護制度がある。これは所得水準がある水準以下の生活困窮者に対して現金給付を行うものである。生活保護制度では受給資格があるかを審査する際にミーンズ・テストが行われ，所得水準が調査される。これは個人のプライバシーにかかわるものであり，生活保護受給資格がありながらも申請をためらう人がいる。反対に，本来は受給資格がないにもかかわらず不正に受給したり，自治体が財政事情の悪化を理由に「水際作戦」と称して有資格者に対して給付しないケースも指摘されている。政府は憲法で保障された国民の権利を無視した支給拒否や不正受給を厳しく取り締まりつつ，本来受給されるべき個人が受給申請を行えるよう資格審査を簡易化し，支給条件を緩和すべきである。

(2) 職業訓練

ITスキルにより雇用されるかどうか，雇用されるとしても正規雇用か非正

規雇用かが決まるとすれば，ITスキルを習得する職業訓練を実施すべきである。ただし，ITを使いこなせるようになる職業訓練は短期的には労働者に雇用を創出してくれるかもしれないが，それが正規雇用であることや永遠の雇用を保証するものではない。技術は陳腐化する。つまり，ITスキルを含めて技術は進歩するので，最新の技術もいずれ最新ではなくなる時が来る。したがってより高度な技術変化にも対応できる適応力を習得することが重要である。また，ITを使用して仕事をすることが賃金格差を発生させるのではない。技術変化に対応できる適応能力，ITであろうが電卓であろうが，それらを用いて得た情報や計算結果からどのように考え，何をつかみ取るかといった情報収集力や情報分析力が賃金格差を発生させるのである。長期的には，IT革命の次の技術革新を迎えたときにITスキルを習得する職業訓練の効果は失われるため，政府には職業訓練の質やあり方が問われることになる。

(3) ワーク・シェアリングと同一価値労働同一賃金原則

日本では非正規雇用の労働者が増加しており，すでに大きな社会問題にまで発展している。ひとたび非正規雇用労働者となると，職業上必要な技術を身につけたり，それを向上させる機会が乏しいため熟練労働者になれないことが多く，正規雇用労働者になる機会が乏しいのが日本経済の現状である。このような階層の固定化は日本社会を閉塞的で絶望的なものにし，時にそれが社会を震かんさせる事件へと発展させる。非正規雇用労働者の収入や賃金水準の低さはすでに指摘した通りであるが，第8章で述べられるように，このことが少子化現象にもつながっていると考えられる。

一方，日本では正規雇用労働者の労働時間が長時間化しているとしばしば指摘される。第7章で述べられるように，正規雇用労働者の長時間労働が家計にさまざまな弊害をもたらしている。その一例として，夫が家事・育児参加を制限的にしか実現できないことと，その結果として妻が家事・育児の多くを担い，家庭外での労働に従事するとしても非正規雇用による時間制限的な労働にしか従事できないことがあげられる。

このようなことから，ワーク・シェアリングと同一価値労働同一賃金原則の導入を求める声がある。ワーク・シェアリングとは，現在雇用している労働者の労働時間に制限を設け，その削減した時間分の労働を新たに他の労働者が行うものである。ただしその雇用は必ずしも正規雇用であるとは限らない。ワーク・シェアリングを導入している国としては，オランダやフランスが有名である。同一価値労働同一賃金原則とは，まったく同じ仕事をしたのであれば，その労働に対しては雇用形態や性別の違いに関係なく同一の賃金が支払われるべきであるとの考え方である。

　グローバル競争に直面している企業にとって，ワーク・シェアリングにより多くの非熟練・非正規雇用労働者を雇用することは全体の労働生産性を低下させかねないとの懸念をもつ。労働生産性とは，単位時間当たりに生産される付加価値のことである。企業の立場に立てば，ワーク・シェアリングに加えて同一価値労働同一賃金原則を導入するとしても，単に同じ仕事をするだけでなく，同じ労働時間で同じ成果を出さない限りは同一賃金を支払うことはできないと考えるだろう。また労働者側も，仕事以外の時間にゆとりが生まれるものの，自分の所得水準が低下することを恐れてやはり導入には消極的になる可能性がある。このためこれら両者の導入実現は困難であると指摘されることが多い。

　しかし本当にワーク・シェアリングや同一価値労働同一賃金原則を導入しなくてよいのだろうか。ワーク・シェアリングの導入は単に所得格差是正につながるだけではなく，夫婦間の家事・育児分担といった家計経済の諸問題に対する解決策となるほか，将来的な医療費抑制，男女共同参画社会の実現などさまざまな点で有効である。同一価値労働同一賃金原則の導入は次節で述べられるように男女間の賃金格差是正にもつながる。もし企業がワーク・シェアリングと同一価値労働同一賃金原則を導入するに当たって非正規雇用労働者の労働生産性の上昇を条件とするならば，教育・職業訓練投資を通じて非熟練・非正規雇用労働者の労働生産性を引き上げ，その上で両者の導入を実現することが政府の役割となる。

(4) その他

すでにみたように、高額所得者に対してはその最高税率が引き下げられ、累進度が徐々に弱くなっている。他方、そのような中で国民年金はその保険料の定額負担が求められているため、低所得層にとって逆進的な制度となっている。このようなことから政府は税制や社会保障制度を改め、低所得層に対する所得再分配機能を強化すべきであろう。たとえば税制においては、所得税の最高税率や高額な物品に対する消費税率の引上げ、課税最低所得の引上げなどを通じて低所得層に配慮すべきとの声がある。あるいは現在社会保険制度で運営されている医療や年金については、比較的累進性の弱い消費税による財源調達へ改めるべきとの主張がみられる。

また、政府の公債発行が所得格差を生み出すとの考え方から、政府は安易な公債発行を避けるべきである。ただでさえ財政赤字が累積しており、これ以上の発行は将来の国民への負担を増やすだけである。

5-2 男女間の経済格差

a. 雇用の男女間格差

日本では1986年からは「男女雇用機会均等法」が、1991年からは「育児休業法」が施行され、女性にとっては働きやすい環境が整備されてきたとされている。また女子の高学歴化が進み、女子の四年制大学への進学率は、男女間格差を残しながらも、1985年の13.7％（男子38.6％）から2006年には38.6％（同52.1％）まで上昇した。大学で学ぶ学部・学科・専門分野を別にすれば、学歴面（教育期間）では女性が男性に比べて圧倒的に劣るようなこともなくなってきたといえる。このことは女性も男性と同等の人的資本を蓄積して男性と女性がお互いに代替的な役割を担い、男性と女性がともに家庭外労働と家事・育児といった家庭内労働の双方に従事するようになることを意味する。

大学生の就職活動でも、均等法以前では「男性は四大卒で総合職」、「女性は

短大卒で一般職」というケースが多かった。しかし均等法施行後の就職活動では「女性も四大卒で総合職」というケースがかなり増えてきた。そもそも総合職と一般職とで男女別に募集予定人数を企業が公表すること自体が法律で禁止されるようになった。学歴（教育年数）と職種が同じであれば男性と同じ初任給が適用されるのは当然である。これにより，見かけ上は以前よりも多くの女性が男性と同じ高い賃金で働くことができるようになったはずである。

　ところで労働力とは，15歳以上人口のうち，就業者と完全失業者の合計を指す。ここでの就業者は，雇用形態が正規か非正規かは関係がない。15歳以上人口に占める労働力の割合は労働力率とよばれる。図5-5のように，日本では20代前半から後半にかけて上昇する女性の労働力率が結婚・出産・育児を契機として20代後半から30代前半にかけて低下し，育児に手がかからなくなる30代後半から40代前・後半にかけてそれがまた上昇する傾向がある。これは「女性の年齢階級別労働力率のM字曲線」とよばれ，日本の社会に性別役割分業意識

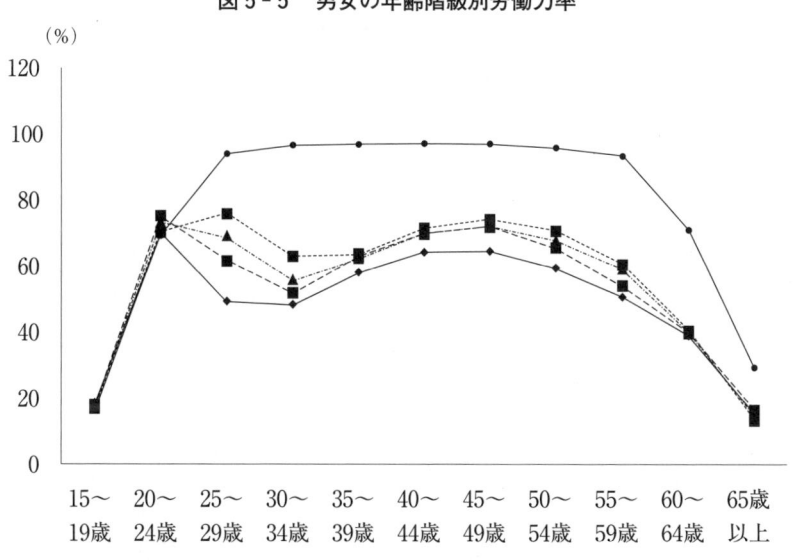

図5-5　男女の年齢階級別労働力率

注：──◆──1980年・女性　---■---1990年・女性　……▲……1998年・女性
　　----■----2006年・女性　──●──2006年・男性，をそれぞれ示す。
出所：総務省『労働力調査』

が根強く残っていることの1つの表れとして現在も多くの研究者によって指摘されるところである。30代後半から40代前・後半にかけて女性の労働力率が上昇するとはいえ、専門的な分野でない限りそこに正規雇用を選択できる自由が確保されているとはいえず、ほとんどの場合において女性の復職はパート労働などの非正規雇用であるのが現状である。

b．男女間賃金格差：企業はなぜ女性を差別するのか

　正規雇用であれ非正規雇用であれ、いまだ男女間賃金格差は残っている。たとえば森ますみによる日本の性差別賃金についての研究成果は、さまざまな賃金水準で日本にはいかに男女間格差が根強く残っているかを明らかにしている。その例として図5-6、5-7に所定内給与男女間格差と正規・パート間の所定内給与格差が示されている。

　では、なぜ企業はこのように女性を差別するのだろうか。それを経済理論から説明したのがベッカー（Becker, Gary）である。ベッカーによれば、女性差別は女性に対する差別的嗜好から発生すると説明される。企業は女性に対する差別的嗜好をもっているため、女性労働者を雇用することによって負の効用を得ることになる。効用とは、ある経済主体が欲求を充足することで得られる満

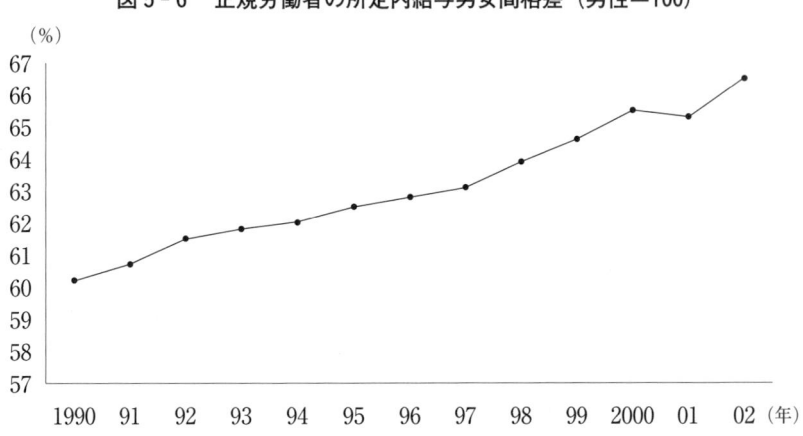

図5-6　正規労働者の所定内給与男女間格差（男性＝100）

出所：森ます美『日本の性差別賃金　同一価値労働同一賃金原則の可能性』有斐閣、2005年、p.24より

図5-7 正規・パート間の所定内給与時給格差（男性正規＝100）

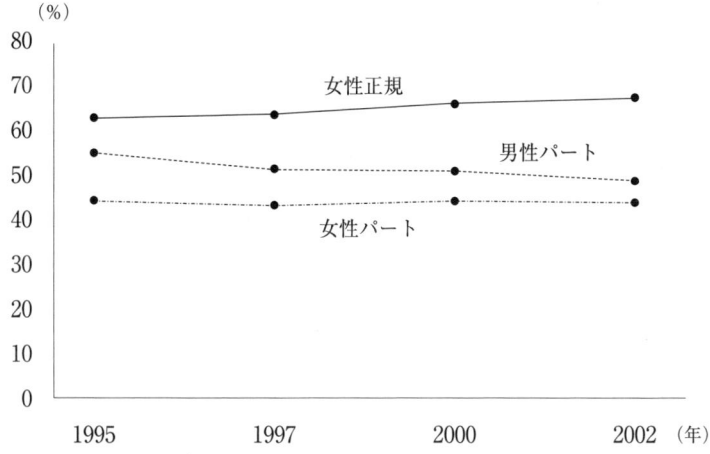

出所：森ます美『日本の性差別賃金　同一価値労働同一賃金原則の可能性』有斐閣，2005年，p.28より

足度である。女性労働者の賃金に対する，企業が女性労働者を雇用することによって得る負の効用を貨幣価値で表わしたものの比率は差別係数とよばれる。ここでは差別を意味する英語 discrimination の頭文字をとって d で表わしておこう。女性労働者の1時間当たりの賃金を1,000円，この企業が女性労働者を雇用することで得る負の効用を200円とすれば，$d = \dfrac{200円}{1,000円} = 0.2$ となる。この差別係数をもつ企業が男性労働者を1時間当たり1,200円の賃金で雇っているとき，この企業は1時間当たり1,000円を超える賃金を支払って女性労働者を雇用することはない。なぜなら，同じ労働者1名を雇用するという欲求を充足できたとしても，女性労働者に1,000円を超える賃金を支払って雇用すれば，この企業はその差別的嗜好からあたかも $1,000円 \times (1 + 0.2) = 1,200$ 円を超える賃金を支払ったかのように感じられるからである。したがってこの企業は，女性労働者が1時間当たり1,000円を超える賃金を要求すれば男性労働者しか雇わない。反対の見方をすれば，差別的嗜好をもつこの企業は，女性労働者に対しては男性労働者の賃金の $\dfrac{1}{1+d}$ 倍の賃金以下しか支払わない。よって女性労働者の均衡賃金は男性労働者の賃金の $\dfrac{1}{1+d}$ 倍の賃金になる。

さて，市場には差別的嗜好をもたない企業と差別的嗜好をもつ企業が多数参加しており，後者の企業がそれぞれ異なる差別係数をもっているとしよう。差別的嗜好をもたない企業は男性労働者に対してであれ，女性労働者に対してであれ，同じ賃金で雇用しようとする。反対に差別的嗜好をもつ企業は男性労働者と同じ賃金では女性労働者を雇用しようとはしない。したがって差別的嗜好をもたない企業が女性労働者よりもはるかに多く存在すれば，すべての女性労働者は差別的嗜好をもたない企業を希望し，すべての女性労働者が差別的嗜好をもたない企業に雇用されることになる。このケースでは男女間に賃金格差は発生しない。しかし差別的嗜好をもたない企業が女性労働者の数に比べて少ない場合，女性労働者の側に超過供給が発生し，すべての女性労働者が差別的嗜好をもたない企業に雇用されないことになる。このとき女性労働者の賃金は，差別的嗜好をもつ企業が，男性労働者の賃金をそれぞれの差別係数 d で割り引いた分だけ，言い換えれば男性労働者の賃金を $\frac{1}{1+d}$ 倍した水準にまで低下する。女性労働者の賃金が低下するにしたがって，差別的嗜好をもつ企業のうち差別係数の小さな企業から順番に女性労働者を雇用していく。このようなことはすべての女性労働者が雇用されるまで続く。この最後の女性労働者が雇用されたときの賃金が女性労働者の均衡賃金となる。最後の女性労働者を雇用した企業がもつのよりも大きな差別係数をもつ企業は男性労働者しか雇用しない。差別的嗜好をもたない企業は差別的嗜好をもつ企業よりも，そして差別的嗜好をもつ企業の中でも差別係数が小さければ小さいほどより大きな利潤を獲得できる。この結果，競争により差別的嗜好をもつ企業のうち，利潤の小さな企業から順番に市場退出を余儀なくされ，最終的には差別的嗜好をもたない企業だけが市場で生き残ることになる。

　女性差別は企業の差別的嗜好以外によっても発生する。川口章はこのベッカーの嗜好による差別理論を一般化し，「非合理的差別」という概念を用いている。この非合理的女性差別の類型は表5－1に示されている。そこに示されている6つの非合理的女性差別を行う企業は，いずれも非効率的な経営によって女性労働者が活躍できる職場環境が実現できていないと川口は分析している

表5-1 企業による非合理的女性差別の類型

番号	差別の類型	原因	例
1	嗜好による差別	女性の雇用によって雇用主が被る負の効用	同じ賃金,同じ能力であれば,男性を好んで雇用する
2	固定観念による差別	固定観念に基づく規範意識	女性には,本人の意向にかかわらず深夜業をさせない
3	偏った認識による差別	偏った認識	経営者が女性の離職確率を実際より高いと思い込んでいる
4	セクシュアル・ハラスメント	セクハラを生む職場環境を放置する	セクハラが原因で辞める女性が多い
5	不十分なWLB施策による差別	WLB施策が効率的に実施できない	育児休業制度があっても利用できない雰囲気がある
6	情報不足による差別(統計的差別)	労働者の能力や就業意欲を正しく計測できない	人事考課では,男性のほうが高い評価を受ける傾向がある

注:1) WLBはワークライフ・バランスの略である。2) 第6類型の「統計的」には,合理的側面もある。
出所:川口章『ジェンダー経済格差 なぜ格差が生まれるのか,克服の手がかりはどこにあるのか』勁草書房,2008年,p.60.

(川口章『ジェンダー経済格差 なぜ格差が生まれるのか,克服の手がかりがどこにあるのか』勁草書房,2008年, pp.58-68)。

c. 政府の役割

男女間の賃金格差を是正するものとして,前節で述べた同一価値労働同一賃金原則の導入がある。政府が企業に導入を義務付けることで男性労働者と女性労働者との間の賃金格差を是正するものと期待される。

また,雇用における女性差別を撤廃する取組みとしてポジティブ・アクションがある。ポジティブ・アクションとは社会のあらゆる分野における活動に参画する機会に関して男女間の格差を改善するための積極的改善措置のことであり,男女共同参画社会を形成するための重要な概念である。具体的には,企業による女性の採用・職域の拡大,女性管理職の増加,女性の勤続年数の伸長,

職場環境・風土の改善などである。しかし，女性のキャリア形成が男性と同程度に進んでいるとはいえないのが現状である。女性のキャリア形成を阻害する要因として，職場に女性差別的環境があることと，仕事と家庭の両立が困難であることの2点があげられる（金井篤子「日本における女性のキャリア形成とポジティブ・アクション」田村哲樹・金井篤子編『ポジティブ・アクションの可能性　男女共同参画社会の制度デザインのために』ナカニシヤ出版，2007年，pp.118-120）。）。前者は女性のキャリア形成意欲を低下させ，職場から退出させる。グローバル競争に直面する企業にとって優秀な女性労働者が職場から退出することは，当該企業にとっても大きな損失となる。後者についてはファミリー・フレンドリー施策が求められる。ファミリー・フレンドリー施策とは，たとえば就業時間のフレックスタイム制度，短時間正社員制度，在宅勤務の導入や，職場に託児施設を設けて従業員・職員がそれを利用できるようにするなど，家事・育児や介護といった家庭と仕事の両立を促進する制度や取組みである。政府はこのようなファミリー・フレンドリー企業を表彰したり，その活用などについての情報を提供したりしているが，十分な対策が取られているとはいえない。法律を整備するなどより積極的な推進が政府には求められる。

　このようなポジティブ・アクションとファミリー・フレンドリー施策を効果的にするものとして，ワークライフ・バランス（仕事と生活の調和）の実現がある。これは長時間労働や女性に偏った家事・育児といったさまざまな問題を解決するものとして期待されている。これらの諸問題については第7章で述べられる。このワークライフ・バランスの実現は女性だけでなく，男性も含めたすべての労働者について求められるべきである。

5-3　情報化時代の格差問題：デジタル・デバイド

a．日本のIT政策

　アメリカでは1993年にクリントンが大統領に就任したが，同年にそのIT国

家戦略である「NII (National Information Infrastructure：全米情報インフラ) 構想」で全米の家庭，研究所，学校教室，企業を光ファイバーで接続することを発表した。また，1994年にはそれを世界規模で拡大することを目指すとした「GII (Global Information Infrastructure：グローバル情報インフラ) 構想」を発表した。インターネットの商業利用も開始され，アメリカでは企業を中心としてIT投資が活発に行われるようになった。その結果，1990年代半ば以降，アメリカでは「IT革命」とよばれる大きな変化が生まれた。それはアメリカ経済に持続的な経済成長，労働生産性の上昇，そして失業率とインフレ率の低下をもたらすこととなった。IT生産産業とIT利用産業の拡大は世界の投資資金をアメリカの株式市場に流入させて「ITバブル」とよばれる長きにわたる株価の上昇をもたらし，それを背景とした資産効果から個人消費が伸びてIT投資とともに需要面から景気拡大を支え，法人税を中心とした大幅な増収は，1980年代以降定着してきたアメリカ連邦政府の財政収支赤字を黒字に転換するまでになった。

日本経済は1990年代初のバブル経済崩壊，1990年代半ばの「超円高」による輸出不振とグローバル競争の激化，さらには1997年・1998年の金融システム不安と1998年の消費税率引上げにより，「IT革命」と「ITバブル」に沸くアメリカとは対照的に景気の長期低迷を経験することになり，日本は経済・社会におけるITの普及という点でアメリカに大きく出遅れることになった。

日本政府が本格的にIT国家戦略策定に腰を上げたのは2000年になってからであった。同年7月にはIT戦略会議，IT戦略本部を立ち上げ，11月にIT基本法（高度情報通信ネットワーク形成基本法）を成立させ，2001年1月にようやくIT国家戦略「e-Japan戦略」を決定し，同年3月にそのアクション・プランとして「e-Japan重点計画」を発表した。「e-Japan戦略」はその後2006年に「u-Japan戦略」へと発展的に移行し，現在日本政府はブロードバンド・ネットワークだけでなく，携帯電話を利用したモバイル・ネットワーク，デジタル放送ネットワークを活用し，「いつでも，どこでも，何でも，誰でも」がこのネットワークに接続して，情報の自由なやりとりを行えるユビキタス・

ネットワーク社会の構築を目指している。

b．デジタル・デバイド（情報格差）

(1) デジタル・デバイドの定義

アメリカであれ日本であれ，その経済・社会にITが普及するなかで企業はもちろん，家庭・個人や学校のパソコン保有率，パソコンのインターネット接続率，あるいはインターネット利用率は短期間で上昇することとなった。

そのなかで，特定の地域，所得水準，あるいは性といった属性をもつ集団がITを利用する機会に恵まれなかったりする事態も発生した。このようなITツールへのアクセス機会やインターネット利用に関する，異なる社会・経済水準にある個人，世帯，企業，地域での間の格差はデジタル・デバイド（情報格差）とよばれる。

アメリカでは当初，誰もが利用しやすい料金で利用できる電話サービスを全米に拡大する目的でユニバーサル・サービス政策が始められた。1990年代に入り，パソコン，インターネット，電子メール，ブロードバンドといったサービスが登場すると，デジタル・デバイドは電話サービスに関するユニバーサル・サービス政策の延長線上で取り組むべき課題として扱われるようになった。

今，AとBという2つの社会集団が存在し，ある年のインターネット利用率がAについては90％，Bについては70％，翌年のそれがAについては98％，Bについては75％だとしよう。この場合，AとBとの間でデジタル・デバイドが存在する。Bについては5％上昇しているが，Aは8％も上昇しているため，デジタル・デバイドは拡大したことになる。反対に，時間の経過を伴ってこのような格差が縮小している場合，それはデジタル・インクルージョン（情報格差の縮小）と呼ばれる。

(2) 日本のデジタル・デバイド

アメリカではこのデジタル・デバイドの現状を把握すべく，商務省電気通信情報庁（NTIA）がデジタル・デバイドを調査し，1995年からその報告書を公

表している。2000年に出された報告書では，ブロードバンド利用率や障害者のインターネット利用率についても明らかにされるようになった。

日本では総務省が平成16年版の『情報通信白書』で日本におけるデジタル・デバイド問題を扱うようになり，世代，性，都市規模，世帯年収といった属性別にインターネット利用率や携帯インターネット利用率に関する調査結果などを明らかにするようになった。またこの平成16年版の『情報通信白書』では克服すべき課題として過疎地での高速・超高速インターネット・アクセス網の整備，高齢者や障害者のIT利活用支援といった情報バリアフリー化をあげている。近年ではブロードバンドに関する地域間デジタル・デバイドの解消に力点が置かれている。政府は2010年度までに光ファイバー等の整備を推進し，このブロードバンドに関するデジタル・デバイドを解消するとの目標を掲げている。

日本における世代別および所属世帯年収別ブロードバンド利用率に関するデジタル・デバイドの現況は図5-8および図5-9に示されている。世代別でも

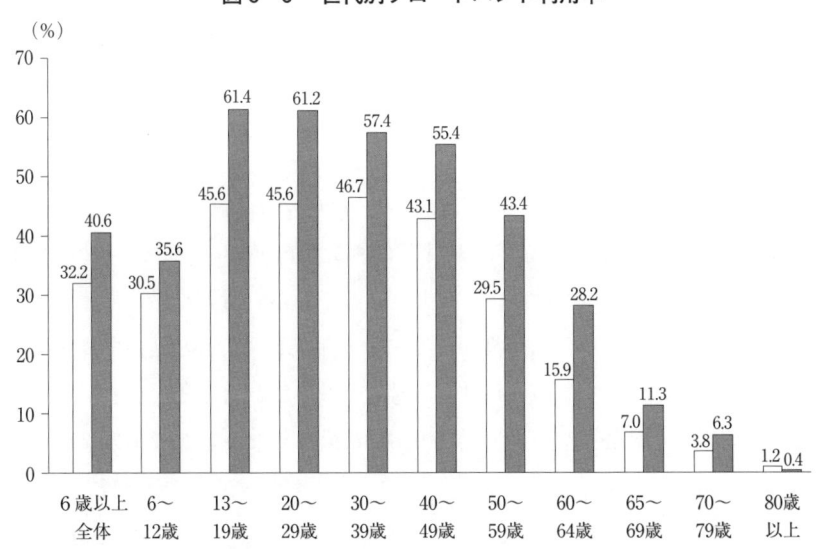

図5-8 世代別ブロードバンド利用率

世代	2004年末	2007年末
6歳以上全体	32.2	40.6
6〜12歳	30.5	35.6
13〜19歳	45.6	61.4
20〜29歳	45.6	61.2
30〜39歳	46.7	57.4
40〜49歳	43.1	55.4
50〜59歳	29.5	43.4
60〜64歳	15.9	28.2
65〜69歳	7.0	11.3
70〜79歳	3.8	6.3
80歳以上	1.2	0.4

注：□2004年末 ■2007年末，を示す。
出所：総務省『平成20年版 情報通信白書』p.90

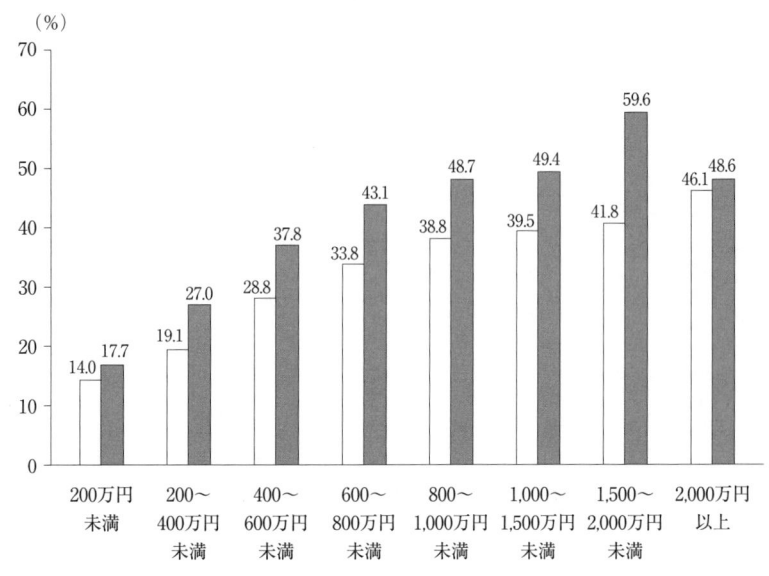

図5-9 所属世帯年収別ブロードバンド利用率

(%)

年収区分	2004年末	2007年末
200万円未満	14.0	17.7
200～400万円未満	19.1	27.0
400～600万円未満	28.8	37.8
600～800万円未満	33.8	43.1
800～1,000万円未満	38.8	48.7
1,000～1,500万円未満	39.5	49.4
1,500～2,000万円未満	41.8	59.6
2,000万円以上	46.1	48.6

注：□2004年末　■2007年末，を示す。
出所：総務省『平成20年版情報通信白書』p.90

　所属世帯年収別でもデジタル・デバイドは存在している。世代別では，2004年末時点で最も利用率が高かったのは46.7%の30～39歳で，2007年末時点にその利用率は10.7%上昇している。2004年末から2007年末にかけてこの上昇率を上回った13～19歳，20～29歳，40～49歳，50～59歳，60～69歳と30～39歳との間でデジタル・インクルージョンが実現している。なかでも13～19歳と20～29歳の利用率は，2007年末には30～39歳を上回っている。所属世帯年収別では，2004年末時点で最も利用率が高かったのは2,000万円以上の世帯であるが，2007年末時点にかけてその利用率はわずか2.5%しか上昇していない。この2,000万円以上の階級を除くすべての階級で2004年末から2007年末にかけて2.5%を上回る上昇率を達成してデジタル・インクルージョンが実現している。中でも所属世帯年収800～1,000万円，1,000～1,500万円，1,500～2,000万円の利用率は2007年末時点で2,000万円以上のそれを逆転している。

c．政府の役割：デジタル・デバイド対策

　かつて日本政府は「IT 講習券」を配布したことがある。これは各自治体がIT 講習会を開催し，IT スキルが十分でない国民にそのスキル向上の機会を与えるものであった。しかしその内容や講習会自体が単発的であったこと，あるいは1名あたり2,000円の「予算ばらまき型政策」であったことなどからデジタル・デバイド対策としては評価が低かった。そもそも政府には，日本におけるデジタル・デバイドの現状を調査・認識し，そこからあるべき対策を考えようとする姿勢がなかった。これに対してアメリカではクリントン政権の1990年代後半には人種や所得水準，あるいは公立と私立の学校などでのパソコン利用率やインターネット利用率に違いがあるか，障害者のそれら利用率はどうかなど数年にわたって調査し，問題解決にさまざまな取組みが実施された。また，CTCs（地域技術センター）が中心になって，地域におけるマイノリティや低所得者が無料で IT にアクセスできる機会を確保していった。翻って日本はどうだろうか。家庭，企業，学校などに IT は普及していったが，IT 講習会以降にそれに続く技術習得の機会や，無料で IT にアクセスできる機会が設けられただろうか。総務省も「次世代ブロードバンド戦略2010」を策定してはいる。しかし，ブロードバンドに関する政府のデジタル・デバイド対策はどちらかといえば情報インフラの整備による格差是正を目指しており，そこから先はほとんど利用者任せで，低所得者や外国人，あるいは地方の小規模自治体に住む人たちにどれだけアクセスできる機会を与えようとしているかは疑問である。日本では所得格差が拡大し，生活保護費受給者数も増えるなど貧困問題も拡大している。このような状況で，デジタル・ネットワークから取り残されてしまうであろう人々への配慮が必要である。

第6章　産業政策

① 産業構造は経済を構成する産業間の相対的関係および相互の結びつきを意味し，産業組織は産業内での企業間の関係を表す。
② 産業組織政策は料金・価格規制や参入制限など競争制限的な直接規制と独占禁止政策など競争促進的な間接規制を柱とする。
③ 構造改革をめぐる議論においては，既得権の維持に利用されて効率性を阻害する規制の抜本的な見直しとともに，競争促進の重要性が説かれる。
④ 構造改革とならんで経済の活性化に不可欠な技術革新を促す特許制度には競争促進的な側面と競争制限的な側面があり，また市場の競争性は技術革新の促進に複雑な影響を及ぼす。
⑤ 本章では，産業構造の変化と産業組織の活動に対する政府の産業政策について検討する。

6-1　産業構造と産業組織

　国民経済の中で産業という部門は大きな部分を占め，その盛衰は一国の経済の質的発展と深くかかわっている。同時に，産業内の個々の組織が効率的に活動しているかどうかも，経済の効率性と成長には重要である。

(1)　産業構造の概念と産業構造の変化
　産業とは需要面あるいは生産面からみて同質の財・サービスを生産する企業の集合的概念である。1つの経済は何種類もの産業から成り立っており，そこでの産業間のつながりや相対的な構成を産業構造という。産業構造は需要構造，生産要素の賦存状況，技術的要因などによって規定されるが，経済成長の過程においてこれらは変化するため，産業構造は経済成長に伴って変化する。その一方で産業構造の変化が経済成長を促すなど，両者は相互に影響しあっている。

日本の国民経済計算の集計では，農林水産業からなる第1次産業，鉱業，製造業，建設業からなる第2次産業，これら以外の産業と政府サービス生産者および対家計民間非営利サービス生産者からなる第3次産業という産業分類がなされる。これらの間の相対的な関係を表す産業構造は，各産業の実質GDPや就業者数が産業全体に占める割合で観察することができる。経済発展に伴う産業の構成比の変化について，W.ペティは農業，製造業，商業の間での産業別所得の相対格差の存在を指摘し，C.クラークはこの格差が産業間の労働移動を誘発すると考えた。それによれば，経済成長に伴って労働力の構成比は第1次産業で減少し，第2次産業，第3次産業で増加する傾向がある。この経済成長と産業構造の趨勢的な変化に関する一般的な傾向をペティ＝クラークの法則と呼ぶ。一方，第2次産業内の産業の間でも構成比の変化は生じており，経済発展に伴う産業構造の変化をみると，同じ第2次産業の中でも軽工業から重化

表6-1　産業別就業者数の推移

暦年 産業	第1次産業	第2次産業	軽工業	重工業	素材型	加工型	第3次産業
1955	3836.3	1679.5	1011.3	459.0	287.5	179.4	567.1	1376.5
1960	4258.8	1493.9	1379.7	573.3	441.1	251.7	762.7	1664.7
1965	4604.6	1233.6	1701.8	673.3	578.4	305.8	945.9	2024.1
1970	5052.9	1073.6	1920.8	726.5	726.4	358.7	1094.1	2449.1
1975	5139.8	861.8	1968.1	697.8	725.0	359.1	1063.7	2767.5
1980	5412.4	759.1	1963.7	690.7	665.6	338.4	1017.9	3143.3
1985	5633.0	661.6	1992.5	693.7	737.0	327.0	1103.7	3448.8
1990	5940.6	565.1	2118.5	716.0	772.4	332.6	1155.7	3743.4
1995	6161.8	479.3	2080.9	661.3	714.5	312.4	1063.4	4113.2
2000	6188.5	423.3	1938.2	583.3	665.0	283.9	964.4	4299.5
2003	6060.3	388.2	1771.8	513.4	619.7	258.9	874.3	4349.1

注：単位は万人。軽工業は食料品，繊維，その他製造業，パルプ・紙，窯業・土石の各産業の合計。重工業は化学，石油製品・石炭製品，一次金属，金属製品，一般機械，電気機械，輸送用機械，精密機械の各産業の合計。素材型はパルプ・紙，窯業・土石，化学，石油・石炭製品，一次金属，金属製品の各産業の合計。加工型は食料品，繊維，その他製造業，一般機械，電気機械，輸送機械，精密機械の各産業の合計。なお1975年以前は平成2年基準，1980年以降は平成7年基準であり，系列は連続しない。
出所：内閣府『国民経済計算年報』および『長期遡及主要系列国民経済計算報告』

学工業へ，さらに知識集約型産業へという変化がみられる。あるいは消費財産業と投資財産業という分類を行う考え方や，製造業を生活関連型，加工組立型，素材型の各産業に分類するという方法もある。

戦後の日本の就業者数の推移をみると，高度成長期には製造業への労働力の移動を反映して，第1次産業の就業者数比率が一貫して低下する一方で第2次産業の就業者数比率が大きく伸びている。後者の伸びは第1次石油ショックによって停滞し，以降の経済成長の鈍化に対応する。一方，第3次産業の就業者はこうした第1次，第2次産業の就業者数の変化を吸収する形で一貫してその比率を高めている（表6-1）。経済成長の進展に伴う労働力などの生産要素の農業から製造業への流入という現象は，高生産性産業への資源配分のシフトによって生産性が向上し，成長に寄与したという点から注目される。

なお，1960年代の高度経済成長期において重化学工業の付加価値構成比が上昇し，軽工業のそれが低下するという産業構造の重化学工業化が進展した。1970年代以降，経済成長率が低下すると，高い付加価値を追求する加工組立型の産業が主役になり，さらに情報化社会の進展につれて，情報生産部門や情報関連部門が注目を浴びるという経済のソフト化が生じている。また，高度経済成長期から近年に至る期間において第3次産業の就業者比率が大きく伸び，とりわけ石油ショック後の雇用拡大の中心となったことは，戦後の日本経済においてサービス経済化が進展したことを意味している。

(2) 産業組織の概念とその指標

産業構造が経済における産業間の関係を意味するものであるのに対して，産業組織はその産業の構成員である企業間のつながりや分布という，産業内の関係を意味する。産業組織を観察する指標の1つに常用雇用者数や資本金，売上高で測った企業規模の分布がある。また，各産業の上位企業の総資産占有率で表される指標を一般集中度という。同様に各製品ごとに売上高や出荷額が上位企業に集中している程度は市場集中度と呼ばれる。

市場集中度はその市場がもつ構造の競争性を測る指標である。市場における

売り手が少ないほど独占的,多いほど競争的な市場であるとされるが,そこには企業数の多少だけでは測れない要素もある。たとえば,企業数が同じでも各社の売上げがほぼ等規模な場合と1社の売上げが突出して大きい場合とでは,後者の方が競争性は小さい。ある商品の第 i 企業の生産量を q_i,総生産量を Q として,マーケットシェア (market share, 市場占有率) $s_i = q_i/Q$ を用いて,$s_1 \geqq s_2 \geqq \cdots\cdots \geqq s_n$ となるようにシェアの大きい順に並べたとき,上位 k 社の合計,

$$CR_k = \sum_{i=1}^{k} s_i \qquad (k=1,2,3,\cdots)$$

を生産の k 社集中度と呼ぶ。

また,k 社集中度と並んで広く使われる集中度の指標にハーフィンダール指数がある。これは全企業のシェアの2乗和であり,次式で計算される。

$$H = \sum_{i=1}^{n} s_i^2$$

この指標はシェアの分布の不均等度を表し,独占の場合に $H=1$,n 個の企業のシェアが完全に均等である場合に $H=1/n$,完全競争で各社のシェアが無視できるほど小さい場合に $H=0$ となる。

これらの指標に基づいて,売り手の数が少数であるほど,また売り手の規模分布が不均等であるほど,特定の売り手に市場支配力が集中しているとされ,独占禁止政策の際の判断材料とされる。

(3) 産業政策とは

現実の市場は,しばしば効率的な資源配分に失敗する。市場において効率的配分の条件が失われたとき,それを回復する措置ないしそれに代わる措置が政策に求められる。これは産業部門の競争の状態への政府の介入を正当化する。

このうち産業組織政策は,産業内部の産業組織に介入して資源配分を変更するもので,独占禁止政策による競争促進と直接規制政策による競争制限の両面がある。一方産業構造政策は,各産業の生産や雇用などの構成比あるいは産業

の成長や衰退の過程に介入することによって産業間の資源配分を変更し，産業の保護・育成や産業構造の転換を促す。

ペティ＝クラークの法則の成立の背景に高報酬を求めて高生産性分野へ資源が移動する現象があることが示すように，市場メカニズムは一国の産業構造を変化させる原動力である。今後も，たとえば少子高齢化の進展，情報化社会の進展，国際化の進展とそこにおける競争の激化，資源価格の変化や技術革新によって誘発される生産構造の変化などによって，産業構造は自律的に変化し続ける。これらは同時に，資本集約度が低いサービス産業の比率が高まることによる市場構造の競争化や，反対に国外の生産拠点からの逆輸入品を供給する大企業による寡占化の進行などの形で，産業組織のありようも変化させうる。

産業構造の転換は，政府主導の産業政策が意図するものでもある。たとえば，石油危機や円高に直面して企業の国際競争力を高めるべく政府が主導した産業の合理化と再編や，エネルギーや宇宙開発など民間だけでリスクを負うことがむずかしい分野での技術開発への支援などが行われてきた。また，新しい経済成長のけん引役となる産業の拡大を政府が支援することもある。そのためには市場メカニズムが十分機能して産業構造の転換が進むような市場の環境を整備することも必要となる。たとえば，いっそうの貿易・資本の自由化や各種の規制緩和などの産業組織政策によって，資金や労働力など経営資源の円滑な移動と効率的な利用を進め，新しい産業の発展を促すことが求められる。

6-2　産業組織政策

(1)　市場構造，市場行動，市場成果

産業政策の主要な部分をなす産業組織政策においては，産業組織論の分析方法に従って市場構造（market structure），市場行動（market conduct），市場成果（market performance）の3点に注目して対象とする産業を評価する。市場構造は売手集中度，買手集中度，製品差別化の程度，新規参入の容易さなどを指標とし，企業間の競争関係がどのようなものであるかを示す基本的な要因で

ある。市場行動とは，各企業が市場の需給条件や他企業との関係を考慮してとるさまざまな行動で，製品の種類やその価格と生産量，設備投資行動，広告・販売促進活動，研究開発活動などに関する意思決定や，協調や敵対的行動など競争相手に対する戦略的行動を指す。市場成果については，効率性，進歩性，安定性，公正性など経済政策の目的が実現されているかに注目し，生産の技術的効率性，資源配分効率，技術進歩率などが評価の基準となる。これらの望ましい水準が達成されていないとき，経済政策の目的は達成されていないと判断され，政策的介入が行われる。

J.S.ベインなどハーバード学派と呼ばれる伝統的な産業組織論の立場をとる人びとが用いる基本的な分析の枠組みはSCPパラダイム（SCPアプローチ）と呼ばれる。このパラダイムを特徴づけるのは市場構造，市場行動，市場成果の3者の間での因果関係の方向に関する仮定である。彼らは，市場構造が市場行動と成果を規定し，市場行動が市場成果を決定するという因果関係の存在を主張し，望ましい市場成果の達成のために独占禁止政策や公的企業，政府規制などの形で市場構造や行動へ介入することが必要であるとし，戦後アメリカの反トラスト政策の基礎となった。

(2) 独占の非効率性

市場における競争の展開と価格の形成は，資源配分の効率性と関連する。資源配分の効率性を分析し，産業政策の判断基準に用いられる基本的な概念に消費者余剰と生産者余剰がある。2つの余剰の和は完全競争均衡すなわち需要曲線と限界費用曲線の交点で価格と数量が決定されるとき最大となり，完全競争が社会的に最適な生産水準を達成するよう資源を配分することを意味する。

しかし，完全競争とは理論的な極限条件であり，何らかの理由で価格のパラメータ機能が損なわれて即時的に市場が調整されない場合には実現されない。SCPパラダイムにおいては，許認可によって参入が制限されたり，売り手が少数で大規模であったり，製品がいちじるしく差別化されるなどの独占的な市場構造の結果，独占的な市場行動と独占的な市場成果がもたらされると考える。

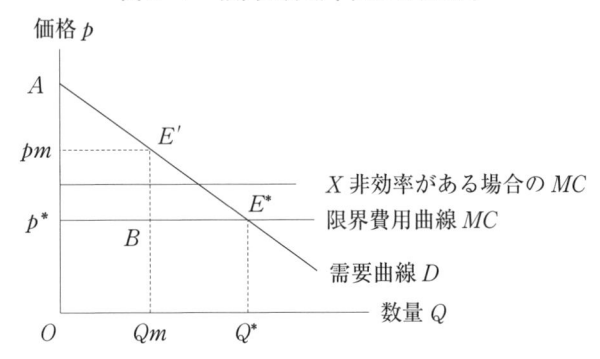

図6-1 独占の非効率性とX非効率

価格 p

A

pm ..... E'

X非効率がある場合の MC

p^* ..... E^*

限界費用曲線 MC

B

需要曲線 D

O Qm Q^* 数量 Q

注：企業が最小費用で操業していると仮定して、競争均衡点 E^* で競争価格 p^* が成立するとき消費者余剰 AE^*p^* は最大化されている。一方、独占価格 pm が設定されたとき消費者余剰は $AE'pm$、超過利潤は $pmE'Bp^*$ となり、両者の和は競争均衡点における消費者余剰よりも $E^*E'B$ の大きさだけ小さい（独占の死重損失）。またX非効率が存在する場合は最小費用よりも高い限界費用となるため、その分さらに非効率性が強まる。

　独占によって生じる非効率性としては、まず、独占による資源配分上のロスがある。すなわち、独占下で成立する価格と生産量では完全競争下と比較して独占利潤の発生を上回る消費者余剰の低下が生じる（図6-1）。次に、独占市場ではX非効率が発生する。企業組織内の慣例やルーチンに基づく意思決定、組織の惰性、契約の不完全さなどによって生じるX非効率の大きさは、市場の競争の程度と密接に関連する。すなわち、独占利潤が存在する場合には、競争市場であれば是正されるはずの企業内の不適切な行動や監督の弛緩による作業効率の低下などが存続し、資源配分効率を低下させる。この現象は参入規制と公正報酬で正常利潤が保証され、内部の効率化の誘因が小さい公益事業において深刻である。第3に、独占市場には独占を維持するためのレントシーキングが存在する。これは、独占利潤が存在する限り、独占を維持するための過剰な設備や政治献金、規制産業における行政手続き上の費用、監督官庁からの天下りの受け入れなど、本来支出しなくても良い費用にそれが使いつくされるので、完全な浪費であるという考え方である。

(3) SCPパラダイム批判

ハーバード学派のSCPパラダイムには次のような問題点が指摘される。

まず，1960年代後半以降における，G.スティグラーらを中心としたシカゴ学派による批判がある。これは市場の競争メカニズムによる最適化を強調する考え方で，80年代のアメリカにおける政策に大きな影響を及ぼした。彼らは，市場は独占価格の成立や非効率性の存在など好ましくない市場成果を放置せず，参入など市場構造を修正する行動が生じる結果，市場構造が修正されるという，逆の因果関係を唱える。これについてW.バウモルなどによるコンテスタビリティ理論は，独占的な市場構造を持続させるものとして参入障壁の存在に注目し，たとえ1社の独占でも参入障壁が十分低ければ競争市場と同様の効率性が実現されるとみる。彼らは参入・退出に要するサンクコスト（埋没費用）が存在しない市場をコンテスタブルな市場と呼び，競争相手の参入の可能性にさらされる限り，独占企業も競争的価格決定から逃れられないと考える。

さらに，F.ハイエクなどに代表されるオーストリア学派は，静学的な均衡理論ではなく，動態的な過程としての企業間の競争に注目する。すなわち，競争によって独占や市場支配が生じることもあるが，それはその時点でのその企業の優位性によって生じた一時的な現象に過ぎず，他企業の参入によって支配力はいずれ失われる。その過程で自由な企業家精神が発揮され，非効率性が修正されるので，企業家精神を阻むだけの規制や独占禁止政策は不要であるという見方である。彼らによれば，独占が維持されるのは政府による参入規制や必須の資源の占有，特許などが存在する場合であり，本来生じるはずの動態的な競争を通じた効率性の追求を妨げるものとして規制を批判する。

(4) 有効競争の概念

実際の政策の適用に際して，仮想的な完全競争は政策目標として適切ではない。なぜなら消費者が多様な製品を求める以上，財の差別化の回避は望ましくなく，企業の関係が常に変化するものである以上，均衡は一時的現象であり，一時的均衡を目標とはできないからである。そこで，ある基準を満たす場合に

市場は有効競争であるとみなして，仮想的な完全競争にかわってこれを産業組織政策の目標とするという考え方がある。

有効競争論では，①現実の産業はシェアの大きな少数企業からなる，②財は完全には同質ではない，③現実には完全競争ではないが競争的な力は作用している，の３点を前提として，有効競争が実現されたといえる市場とはどのようなものかを論じる。

前述のSCPパラダイムによる見方はその１つの方法である。そこでは，ある産業が有効競争であるかどうかを判断するために次の３点に注目する。

①　構造基準：これは市場構造が競争的であるかどうかを基準とする。E.S.メイスンの定義では，どれも市場の大きな部分を占めない多数の売り手と買い手が存在し，新規参入が可能である場合に，構造基準に照らして有効競争であるとみる。これは，市場構造が行動と成果を決めるとして実際の企業行動や結果にかかわらず判断を下すもので，集中度や市場シェアなどから客観的測定ができるので運用しやすい半面，大企業にとっては厳しい判定となる。

②　行動基準：これは市場行動が競争的であるかどうかで有効競争であるかどうかを判断するもので，市場において寡占価格やカルテル，暗黙の協定の形成，排他的取引協定などの行動が排除されるとき，市場は行動基準にしたがって有効競争とみなす。これは，市場での独占的行動が問題であり，市場構造自体は独占の可能性に過ぎないとする見方である。

③　成果基準：これは市場成果が競争的かどうかに注目する方法で，技術的効率性，利潤性，販売費用の大きさ，進歩性などの指標が競争的市場の場合と同様であれば有効競争であるとみなされる。たとえ市場構造が独占的であったり，独占的な行動がとられていても，結果的に競争的な成果を得ていれば規制や制限は不要と判断されるので，企業への規制は前２者よりも緩やかなものとなる。

(5)　政策の体系

産業組織政策は市場における資源配分の効率性の実現による経済的厚生の増

大を目標とする。この政策には，独占市場の非効率性という観点から競争の維持・促進を図る独占禁止政策という競争維持政策としての面と，ある種の市場で発生する過当競争や破壊的競争による弊害を取り除くことを目的とする競争規制政策という対照的な面がある。

　独占の弊害を排除するための競争維持政策は，法的規制として私的独占の禁止によって独占による弊害を除去するという手段を用いる。そこでは企業間協定による価格決定や取引相手の制限行為などのカルテルの禁止，持ち株会社や企業の買収・合併などのトラストに関する制限，不当廉売や不当な取引拒絶などの不公正取引の禁止などが中心となる。

　これに対して競争規制政策は，過剰な競争の存在や競争が公共性を脅かすような場合に，競争の維持という目的を放棄して直接的な規制を行うものである。そこでは，過当競争や破壊的競争の制限，電力やガス事業など公共性が強い部門における競争への介入などが行われる。

　さらに，消費者や労働者の保護という観点から，独占的行動をとる企業に対して力をもたないこれらの人びとにかわって制度的・構造的規制によって対抗する，対抗力政策もある。

6-3　直接規制と規制緩和

　日本経済の特徴として，官民協調の体制を用いて効果的に経済発展を達成してきたことがしばしば指摘され，日本の産業は何らかの形で政府の規制下にあるものが多い。規制緩和が進んでいる今日においても，政府による産業の活動への関与はさまざまな形で行われている。

(1)　直接規制と間接規制

　公的規制とは，何らかの行政目的を実現するために国や地方公共団体が企業や国民の活動に対して関与，介入することであり，根拠となる法律や政省令の規定に基づいて個人や法人の申請，出願に対して行われる許認可や，参入や価

格・料金等の規制という方法がある。これらを直接規制という。このうち許認可には，当該企業に業務に関する権利などを認める許可，認可，免許，承認，指定などの強い規制や，その企業が業務に必要な基準を満たしていることを証明する認定，証明，検査，検定，登録などの他，さらに弱い規制として届出や報告の義務付けなどがある。

　一方，参入や料金規制の対象となる産業分野は第3次産業を中心に電力・ガスなどの公益事業，通信，放送，運輸，金融，建設，不動産，農業，流通，一部製造業など多岐にわたる。なお，各業種を所管する政府官庁（監督官庁）による通達や口答指導，助言，協力要請，訓示，警告などの行政指導も広く行われている規制の一種であるが，行政の裁量や指導の不透明さを解消するために行政手続法によって改革が進められた。

　一方，間接規制は独占禁止法，商法・会社法，民法などに基づく不公正競争の制限を目的とする。規制の緩和が求められるのはもっぱら直接規制であり，むしろ間接規制については，規制緩和が行われた後の市場においてルールや秩序を維持し，公正な競争条件の実現を目指すなどの重要な役割がある。

(2) 経済的規制と社会的規制

　直接規制はその目的によって経済的規制と社会的規制に分けられる。経済的規制とは，公益事業や通信，鉄道などの自然独占性が存在する分野や，金融，運輸，建設，不動産業などの情報の偏在がみられる分野において，非効率な資源配分の防止や消費者保護を目的とし，企業の参入・退出，価格，サービスの量と質，投資などのさまざまな項目について規制を行うものである。

　一方，社会的規制は，消費者や労働者の健康や安全の確保，環境の保全，災害の防止などを目的として，商品やサービスの品質に基準を設けたり，その供給に関する活動を制限するものである。これは，たとえば情報の非対称性を利用した消費者の健康や安全を損なう商品の販売や，優越的な立場を利用した労働者や周辺住民の健康や安全を損なう事業所の操業に関して，直接規制によって被害の発生を未然に防止しようというもので，保健や衛生の充足，公害防止

や環境保全，危険物や防災対策，建築や開発の規制，労働者の雇用と待遇の改善，商品の品質や取引内容の適正化，各種の資格の創設などがある。

　しかし，現実の規制にはさまざまな目的が混在，複合しているため，社会的規制と経済的規制の区別にはあいまいな部分もある。このため，規制緩和の流れの中でも必要最小限の社会的規制が容認されることを利用して，企業の権益維持のための参入退出，価格，数量の直接規制が図られることもありうる。一方で，医療，介護，労働，教育など社会的規制が当然であるとされてきた分野でも，規制緩和による競争の促進がこれらのサービスの提供を促すということも考えられる。

(3) 規制の根拠

　規制が必要とされる理由として，市場の失敗の是正と過当競争の防止がある。
　市場の失敗とは，以下の理由から市場メカニズムが効率的な資源配分を行わず，政府が規制などの形で経済主体の行動に介入することによって改善される可能性がある状況を意味する。
　第1に，公共財の存在がある。公共財とは多数の人が他人の利用を妨げることなく同時に消費可能であるという非競合性と，利用に際して対価を支払わない人たちを消費から排除することが不可能であるという非排除性が存在する財のことで，一般道路や消防，警察，国防などのサービスが該当する。これらは市場を通じた供給が困難であるため，政府によって供給される必要がある。
　第2に，経済活動の外部性の問題がある。これはある経済主体の財・サービスの生産や消費行動が市場取引を経ずに直接他の経済主体に影響する現象である。たとえば大気汚染などの公害問題は，その原因者である経済主体が代償を払うことなく他の経済主体に高いコストを課すという負の外部性（外部不経済）を生じさせるが，公害防止に関する直接規制はその解決法の1つである。
　第3に，自然独占の発生という問題がある。固定費用が大きいために規模の経済が生じ，その結果，複数企業が並存して市場を分け合うよりも単一企業が供給する方が平均費用を小さくできる費用逓減産業においては，規模拡大競争

の結果1社のみが市場に残り,自然独占が形成される。このとき,規制当局は,事業免許や許可によってこの1社による独占を容認し,代わりに公正な報酬が生じる程度に料金を直接規制するという方法をとる。代表的な例は電力,ガス,水道などの公益事業であり,多くの場合その特徴として,範囲の経済の存在を活かして物資の生産から末端の需要者への供給ネットワークに至るまでの一貫したシステムを構築し,企業や消費者など多様な顧客を含み,収益的部門と非収益的部門の間で内部補助が行われているという性質がある。

第4に,情報の不完全性という問題がある。個々の消費者は企業と比較して,取引に際して情報の収集能力で劣ることが一般である。たとえば個々の保険加入者はその保険が自分にとって有利な保険かどうかの判断材料を十分もたない。契約者の一方が他方に比べて情報をもたないという情報の偏在が存在するとき,政府は消費者にかわって企業に対する対抗力となりうる。そしてそのための手段として消費者保護を目的に企業に対する規制を行う。金融・保険,運輸,建設,不動産などの業界や弁護士などのサービスの規制がこれにあたる。

一方,規制を行う根拠としては過当競争の防止もある。複数の企業が生産規模の拡大による費用の低下というメリットを受けようとして生産の増加を図ると,結果的に共倒れとなって製品の安定的な供給に支障をきたしたり,品質,信頼性,安全性が低下するなどの問題が生じる恐れがある。また,拡大競争によって二重投資の発生という非効率も発生する。これらは航空やトラック運送などの免許・路線権,タクシーの台数規制,銀行の店舗規制,電波の事業者に対する割り当ての規制などの妥当性を主張する根拠とされる。

(4) 規制緩和の背景

1980年代のアメリカやイギリスの改革をはじめとして,近年は規制緩和が世界的な流れであり,日本においてもその必要性が強調されている。規制緩和が求められる背景の1つに,社会・経済情勢の変化によって従来のような公的規制が本来の意味を失ったことがある。今日許認可の対象となっている事項の中には,経済や社会の変化の結果,もはや規制の意味が失われたにもかかわらず

存続しているものも多い。これらには本来の趣旨から離れて既存企業や業界の既得権益の維持に用いられているものもあり，そのような規制はかえって経済や社会の硬直性を強め，産業組織や構造の変化を妨げる。これ以外にも，技術革新が進むことで規制の前提となる条件が変化すると，当初は意味があった直接規制でも時代とともにそれが薄れることもある。たとえば電気通信事業に関しては，情報の処理やデータの伝送に関する技術革新によって必要とされるインフラへの投資規模が低下した結果，自然独占を理由に参入や料金などを規制する必要性が薄れ，参入自由化と競争の促進で利用者の利便を高めることのほうが重要になった。また技術革新は異なる産業どうしの関係を大きく変え，たとえば放送と通信の融合のように，以前は独立していた産業の間に競争関係を発生させ，規制の枠組みにも変化を生じさせた。

　また，近年では日本経済の低成長化が定着する中，新しい経済成長の芽を育てる必要性が高まっている。民間部門の活性化によって成長を促すためには政府の介入を最小限とする小さな政府を実現する必要があり，政府組織の簡素化などの行政改革とともに過剰な規制の撤廃が求められる。そこでは過剰な社会的規制が企業の負担を重くしているということも指摘される。

(5) 政府の失敗

　このように市場の失敗はしばしば公的規制の根拠とされるが，市場メカニズムが最適資源配分を行わないということがただちに規制を正当化するわけではない。規制には政府の失敗という弊害がありうるからである。従来は規制が必要とされた分野でも，市場や技術の変化によって政府の失敗が生じた場合，規制緩和が必要となることもありうる。

　政府の失敗の原因として，まず，規制当局は産業や企業の情報を常に正しく知っているわけではないというものがある。情報収集は大きな費用を必要とし，また企業は自身に不利と知りつつ規制当局に常に正しい情報を提供するとは限らないからである。不適切な情報に基づく規制は市場の失敗以上に不適切な資源配分を生じさせる。また，企業によるロビー活動などのレントシーキングが

行われる結果，規制は企業の利益を代弁する政治家によってゆがめられ，資源配分の効率化に反する既得権益の維持に使われるという見方もある。さらに，たとえば許認可の申請や規制の実施には費用が伴うが，これは規制がなければ本来発生しないはずのものである。また，規制は企業の間に歪んだ競争を引き起こし，それを抑えるために新たな規制が必要になる場合もある。

(6) 規制緩和がもたらすもの

1980年代以降の行政改革の中で，第二次臨時行政調査会（1981年）や臨時行政改革推進審議会（1983年）の提言などに基づいて一連の規制緩和と公企業の民営化が進められた。その狙いは行政事務の簡素化と合理化，国民負担の軽減，民間活力の活用，国民生活の質的向上，産業構造の転換，国際的調和，公平性と透明性の確保などであった。一方，経済成長率の低下や外国との経済摩擦の激化に直面すると，経済対策の観点からも規制緩和が期待され，公企業の民営化と参入の自由化および競争条件の整備や，保険・金融部門での自由化など，参入規制や料金規制の弾力化につながった。

規制緩和の達成の程度は，価格低下や料金体系の弾力化，サービスの多様化による消費者の選択の幅の拡大，規制産業の効率性の向上，サービスの改善，投資の活発化と内需拡大による成長率の上昇，行政手続きの簡素化によるコストの削減などがどのくらい実現されたかによって判断される。その達成の効果は，特にインフラとして機能する産業の場合，広く全産業に波及する。

既存の事業者にとって不都合な規制の緩和は企業活動の活性化に資する効果をもつが，好都合だった規制の緩和は企業にとっては負担となる。一方で，規制緩和による競争のメリットはすべての利用者に等しく発生するとは限らない。規制緩和によって特定の収益的な事業に限った新規参入者が現れ，競争が発生した場合，規制緩和は内部相互補助の解消につながる。その結果，既存企業は価格引き下げ競争の原資として非収益的事業での価格の引き上げやサービスの縮小などを図るため，規制緩和で利益を得る利用者が生じる一方で，負担の増加を求められる利用者が発生することもある。

規制緩和政策がこれらの効果をあげるためには，規制緩和に伴って市場において事業者間の公正で自由な競争を確保し，維持することが重要である。たとえ法改正によって許認可の根拠が失われても，依然として行政指導が競争を制限したのでは，直接規制が温存される。また規制緩和後に業界団体が協調行動をとったのでは，公的規制が自主規制に取って代わられたに過ぎず，実質的な効果は生じない。競争制限的な協調行動に対しては，直接規制の緩和とセットになった厳格な独占禁止政策の適用が必要となる。一方，規制緩和によって情報の非対称性から生じる消費者の不利益が拡大することが懸念される場合，市場メカニズムが消費者の利益を確保する方向に働くよう，消費者に対して適切な情報が提供される仕組みを作ることが不可欠となる。

(7)　新しい規制の方式

　このように規制の弊害が指摘され，また規制産業を取り巻く環境が変化すると，規制の方法の見直しが必要になる。

　公益事業に対する直接規制である料金規制においては，適正な原価に適正な報酬を上乗せした総括原価を補償する水準に料金を決定するという，平均費用価格形成原理に基づく公正報酬率規制が行われる。これは自然独占下で市場支配力をもつ事業者を規制する方法であり，いくつかの問題点が指摘される。

　まず，規制当局には事業者の本当の費用の大きさやどの程度効率化の余地が残っているかなどの情報が完全にはわからず，申告したコスト水準が認められがちであるため，費用に利潤を上乗せする方式ではコスト削減の経営努力が働きにくい。また料金決定における規制当局の裁量が大きく恣意的になりやすい。さらに経営者が規制の範囲内でしか経営戦略を考えない傾向が生まれ，新しいサービスや技術革新が採用されにくい。また規制者の情報収集や事業者の手続きに要するコストは実は大きいという問題もある。

　1980年代に入ると，従来の料金規制に代わる方式として，事業者にコスト削減や技術革新のインセンティブを与え，効率化を促すインセンティブ規制が注目されるようになった。たとえば，類似した企業の中でコストやサービスの質

の面で優良な企業を基準尺度として規制をすればこれを下回る水準の企業は不利な状況に直面するので，この水準に追い付くための努力が期待されるというヤードスティック規制がある。また，料金そのものの規制ではなく料金上昇率に上限を設け，この上限以下での料金設定を柔軟に認めるというプライスキャップ規制（上限価格規制）がある。この場合，たとえば当局が5％の物価上昇率の想定と3％の生産性上昇の努力目標を定めた場合，企業は上昇率2％以内ならば自由に料金を設定できる。3％を超える生産性上昇で得られた利益の増分は企業の報酬となるので，合理化のインセンティブが生まれる。

規制に必要な情報を収集することの困難さという問題は残るものの，規制の方式を改善することで価格戦略の利用と技術革新のインセンティブを企業に与えるとともに，規制に関する手続きの簡便さや透明性の改善が期待される。

6-4　産業政策としての特許と技術革新

(1) 技術革新とは

財・サービスの供給に関して，主として企業や研究機関において行われる新製品や新しい生産方法，新しい原材料の開発を通じた変革を技術革新（イノベーション）と呼ぶ。新製品や新生産方法の登場は既存のものを置き換えたり費用条件を変化させることによって，企業間の競争関係や産業間の関係を変化させる。したがって技術革新の過程に介入して産業構造や産業組織のありように影響を及ぼすことも産業政策の1つである。その一方で，技術革新による産業組織や産業構造の変化に対応して，産業政策も変化する。

J.A.シュンペーターはイノベーションを，①生産要素を新しい方法で結合する新結合，②新結合を利用した発明の事業化，③これらの過程で絶えず古いものを破壊し，新しいものを創造し，経済構造を内部から変革する創造的破壊の過程と定義した。このための活動に研究開発活動があり，金銭的な支出および人的資源の投入という指標や，特許などの形をとる技術知識やそれを利用した生産方法や製品の事業化という指標によって測られる。

(2) 産業政策の対象としての技術革新

　研究開発活動の成果である無形の財としての技術知識には，産業政策の対象となる以下のような性質がある。

　まず，技術知識には複数者による同時消費が可能であるとともに，消費に際して対価を支払わない者が排除されないという公共財としての性質がある。ここからは，新しい知識を用いた事業の成功による収益を得るために対価を支払わず，他者の活動にただ乗りするフリーライダー問題が発生する。新しい技術知識の獲得そのものに費用がかかるにもかかわらずその成果を無料で利用できる場合，そこには外部経済効果が発生している。このスピルオーバーの部分について適正な費用を支払う市場は成立しないため，発明者はこの部分のコストを回収できず，市場全体で研究開発は過少となる。

　また，技術知識の生産は不確実性を伴う。研究開発活動を行っても新知識が得られないかもしれず，得られても事業化する使い道がないかもしれない。したがって研究開発活動は企業にとって通常の生産活動よりもリスクが大きい。

(3) 技術革新と産業組織

　こうした技術革新活動については，研究開発能力と資金の点で有利な大企業や独占企業ほど活発であるという見方がある（「シュンペーター仮説」）。これは，技術革新活動を推進するためにはある程度の企業規模と市場支配力が必要であることを意味する。しかし，過剰な市場支配力は競争の誘因を低下させて研究活動の活発化を阻害し，また過度の規模拡大は組織の効率性を低下させうる。以下に述べるように，技術革新と市場構造の関係は単純ではない。

　まず，独占的で新規参入の見込みが小さい市場の場合には新たな費用を支払って新技術を導入するメリットは小さいかもしれないが，競争的な市場では新技術の導入に関して他社に先行されることを恐れて企業がこれに積極的になるため，競争的な市場ほど技術革新の誘因は大きいとも考えられる。しかし，ともに豊富な能力と資金を有する大企業どうしが技術革新で相手を打ち負かそうと競い合う寡占市場においてこそ，活発な技術開発競争が生じるとみること

もできる。また，独占的市場においても，時間の経過とともに技術や需要構造の変化による技術の陳腐化が発生したり新たな競争者が参入すれば，技術開発競争は活発になると考えられる。

(4) 特許制度の役割

前述の性質により，技術知識の生産は市場の失敗に陥る可能性をもち，産業政策として公的介入を行う根拠が生まれる。この市場の失敗を解消するためには革新者がこの利益を専有できる程度（専有可能性）を確保することが重要であり，そのための方策の1つに特許制度の活用がある。

特許とは，産業にとって利用価値のある発明を独占的に利用する権利を発明者に対して付与する制度であり，近年はビジネスモデルや科学的発見そのものにまで対象が拡大される傾向がある。発明者は発明によって得られる自身や所属組織の経済的利益を求めるので，ライバルにその技術を利用されることで利益が低下すると発明の動機付けが低下する。一方，社会の関心は発明を幅広く速やかに利用できることにあるので，両者の利害はしばしば対立する。特許制度にはこの利害の調整による発明の促進が期待される。すなわち，発明を独占的に利用する権利を発明者に与えて利益を一定期間法的に保護する代わりに，特許に関わる情報を出願とともに社会に公開する。そして利用者は対価を支払って新しい情報を事業に用いることができるようにし，一定期間の後には，特許制度が保護していた技術を自由に利用できるようにする。これによって，発明者に対して発明の誘因を維持し，同時に社会的利益も最大限生み出されるようにバランスをとることが期待される。

かくして特許には新しい技術知識の速やかな普及を図り，過剰な研究開発の無駄を回避して経済全体でのコストを削減するという側面がある。これは新技術の公開を通じた競争促進と資源配分の効率を目指す。一方，追随者の技術利用や類似製品の製造販売を禁止するという競争の制限によって新技術開発を促進するという二面性が存在する。

なお，新しい技術を生み出した企業は必ず特許を出願するとは限らず，企業

機密としてそれを非公表にする場合もある。その場合他社の模倣の阻止や特許使用料の徴収はできないが，自身の技術的戦略に関する情報流出を避けることができる。しかし，発明内容が公開されないので他企業による重複した技術開発が避けられず，資源配分の効率は低下する。反対に発明者が特許制度を過剰に利用すれば，ライバル企業の将来の製造販売活動を過剰に規制，阻止する結果になるため，やはり非効率性が生じる。

第7章　グローバル経済における家計経済

① 原油価格と食糧価格の高騰，そしてそれらを背景として発生し，家計が直面することになった世界的インフレーションについて，資本移動のグローバル化から考えること。
② 日本への食料輸入の増加を食料安全保障，食品の安全性および地球環境問題から考えること。
③ 夫婦間の家庭外・家庭内労働分担の公平化，女性の就業継続や再就職という点からグローバル競争下での長時間労働について考えること。
④ 以上の点を中心に，政府の役割について考えること。

7-1　グローバル経済下における物価問題と家計経済

a．資本移動のグローバル化

　経済のグローバル化とその背景については第1章ですでに説明した。その中で特に1980年代になるとアメリカの連邦財政収支赤字と経常収支赤字のいわゆる「双子の赤字」，日本と西ドイツ（当時）の経常収支黒字という構図が定着した。
　マクロ経済における国内の主な経済主体は家計，企業，政府である。これら経済主体は所得を上回る消費や投資を行った場合，その金額にちょうど等しいだけの資金を金融市場で調達しなければならない。アメリカ連邦政府が計上する巨額の財政収支赤字を穴埋めするだけの貯蓄がアメリカ国内にない場合，その不足分は海外の経済主体から調達しなければならないことになる。これはアメリカの個々の経済主体をすべて合わせ，あたかも1つの経済主体「アメリカ」として見た場合にも同様である。経常収支が赤字であれば「日本」や「西

ドイツ」といった他の経済主体から資金を調達しなければならないことになる。このような事情から，国際的な資本移動の自由化が徐々に進展し，本格化し始める。電気通信技術の進歩もあり，世界の三大金融市場となったニューヨーク，東京，ロンドンの各金融市場は国際金融ネットワークを形成するようになった。

　1990年代に入って東西冷戦構造が崩壊し，旧社会主義国は経済改革の名のもとに自由主義・市場経済を導入していったが，そのためには金融市場を整備して国際的な資本移動の自由化を実現する必要があった。また，1980年代末から1990年代前半にかけて，タイやシンガポールといった東南アジア諸国がアジアにおける金融センターを目指して国際金融市場を整備しつつ，資本移動の自由化を進めた。このような結果，資本移動はグローバルな規模でその自由度が増していったのである。

　アメリカでは1990年代に入り，連邦政府の財政収支赤字はIT革命によってもたらされた税収増により大幅に削減されていったが，経常収支赤字についてはむしろ拡大する傾向をみせ，世界中にドル資産が増加していった。世界の高額資産家はこのような技術を駆使するヘッジファンドといった投資家に資産運用を任せるようになった。ITと金融技術の進歩，旧社会主義国や東アジア諸国といった新興経済国での経済成長への期待がグローバルな金融投資を拡大させたのである。ヘッジファンドを含む国際的投資家が高額資産家から預かった資産運用資金，あるいは世界の金融機関から借り入れた資金は，時に金融市場以外の市場にも流入する。その代表例が原油市場や穀物市場である。

b．原油価格の高騰

　2008年は原油価格が1バレル＝100ドルを突破して始まった。先進工業諸国にとってその大規模な経済活動を支える原油の価格高騰はその活動水準に大きな打撃を与える。経済学は限られた希少な資源をいかに効率的に配分するかを扱う学問であるが，その代表的な資源の1つが，いずれ枯渇するのではないかといわれている原油である。

　原油価格は原油市場での需要と供給で決定される。需要には原油に対する実

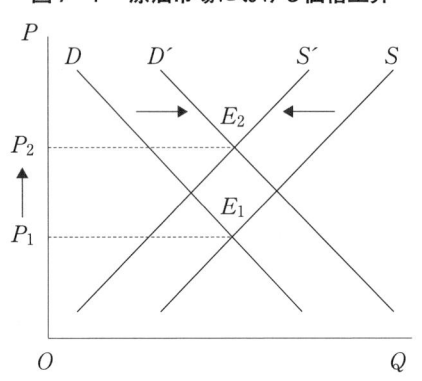

図7-1　原油市場における価格上昇

需と，安く購入して高く売ることで利益を稼ぐための手段として原油市場を利用する仮需の両方がある。後者の需要を支えるのは資産運用を目的とする投資資金である。市場では需要が増加（減少）するか，供給が減少（増加）するか，あるいはその両方が起こるとすれば，市場での均衡価格は上昇（低下）する。2008年の原油価格上昇は需要の増加による需要曲線の右シフトと供給の減少による供給曲線の左シフトによりもたらされた。これは図7-1に示されている通りである。需要側の要因としては，中国やインドといった新興経済国の経済活動水準の上昇による実需の増加がある。供給側の要因としては中東産油国による産油量制限と，中米諸国で相次いで誕生した反米左派政権による原油の国家管理に伴う供給の減少がある。2007年夏にアメリカで発生したサブプライム・ローン問題を端に発した金融システム不安は投資資金をアメリカの金融市場から逃避させた。グローバル経済の中で財の輸出入を中心とする各国間の経済取引は拡大し，緊密の度を増している。そのため，一国経済の景気減速は世界経済に飛び火する。ましてやその出発点が世界最大の経済大国アメリカであれば，その影響が大きくないはずがない。このような状況で投資資金は安定的に運用が期待できる原油市場に向かった。図7-2に示されているように，この仮需が加わって原油価格はいっそう上昇したのである。

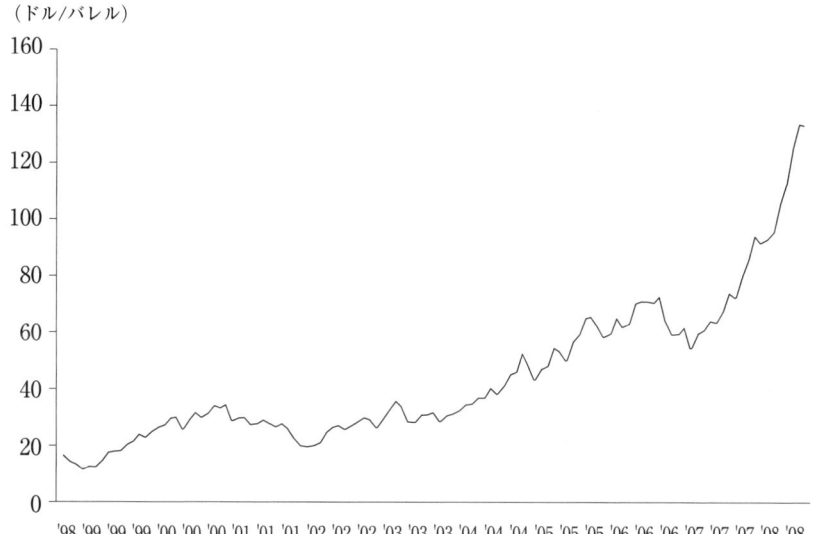

図7-2 原油価格（ニューヨーク商品取引所・WTI現物）

（ドル/バレル）

注：横軸はそれぞれ年・月を示す。
出所：『日経テレコン21』日本経済新聞社

c．穀物価格の高騰

　株式市場をはじめアメリカの金融市場に流入していた国際的な投資資金は穀物市場にも流入した。これも原油市場と同様に実需と仮需の増加と，供給の減少から説明される。需要側の要因をみておこう。移民の増加によって人口を増加させているアメリカを除けば先進国では人口減少傾向がみられる。これに対して発展途上国では反対に人口増加が続いており，これが穀物に対する実需増加をもたらした。なかでも中国やインドといった巨大な人口を抱え，グローバル市場経済の恩恵を受けて所得水準を上昇させた新興経済国の登場が穀物需要の増加に拍車をかけた。牛肉，豚肉，鶏肉といった動物性たんぱく質の消費が増加し，家畜に与える飼料への需要も高まったからである。さらに石油に代わる新たなエネルギーとして期待されるバイオエタノールの原料となるトウモロ

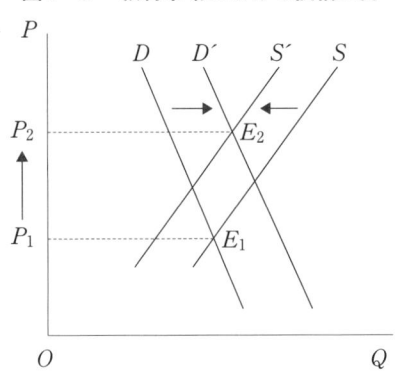

図7-3　穀物市場における価格上昇

コシなどの需要を増加させ，穀物市場での価格をさらに引き上げることになった。供給側の要因はどうだろうか。小麦の生産大国オーストラリアでは干ばつによる供給減少が起こった。アジアを襲ったサイクロンの被害によって穀物生産が減少した。農産物は必需品であるため，価格が上昇しても一般の財ほどには需要が減少しないと考えられる。したがってその需要曲線は傾きが急である点に特徴があり，供給側の要因により価格の急上昇や暴落が発生しやすいとされている。図7-3に示されているように，このような需要と供給の変化は穀物価格の急上昇をもたらした。さらにこの安定的な穀物需要と不安定な穀物供給という需給関係，そしてそれがもたらす穀物価格の上昇は今後も続くと考えた投資家は資産運用資金を穀物市場にも流入させた。さらに価格高騰と供給不足を受けて，各国が穀物の禁輸や輸出税といった輸出制限措置をとったことが穀物のさらなる供給不足をもたらし，穀物価格のいっそうの上昇につながったのである。

d．世界的インフレーション

インフレーションとは持続的な物価の上昇であり，通貨価値の下落を意味する。世界経済はこれまでにも二度，大幅な原油価格の高騰とそれを端に発したインフレーションを経験している。1970年代前半の第一次石油危機と1970年代

末から1980年代初にかけての第二次石油危機である。日本もこれら二度の石油危機を経験し，家計を直撃した。

　原油価格の高騰は経済の供給側を通じて我々の生活にさまざまな影響を与える。たとえば工業製品を生産している企業は，生産コストの上昇から販売価格を引き上げるだろう。航空機，自動車，船は人だけでなくモノも運ぶ。このため，たとえば物流産業では輸送・運搬コストが，漁業では出漁コストが上昇し，卸売物価の上昇を通じて最終的には消費者物価の上昇をもたらすだろう。このような結果，経済全般でインフレーションが起こり，家計は消費者物価の上昇に直面することになる。

　さらに世界的な穀物価格の上昇が物価上昇要因として作用した。現代のわれわれの食事は生鮮食料品だけでなく加工食品にも支えられているため，石油価格と穀物価格の高騰は食料品の値上げとなって，われわれの食生活を直撃する。

図7-4　消費者物価上昇率（対前年同期比，2005年＝100）

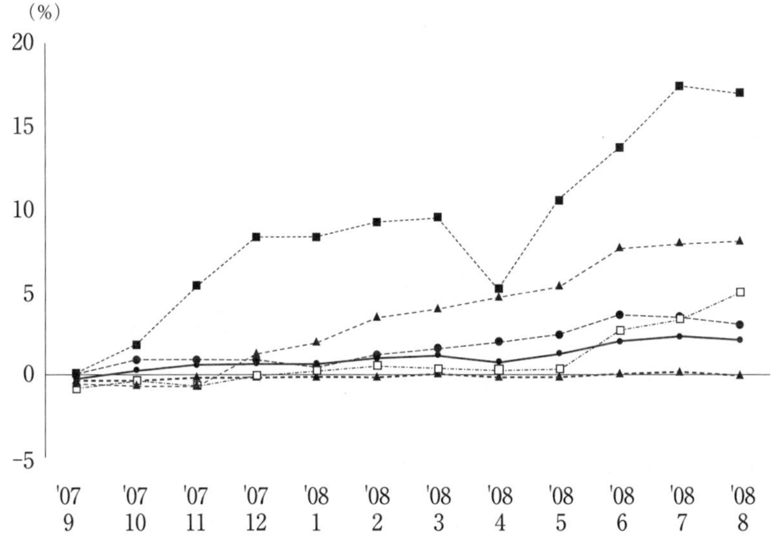

注：——● 全般　--▲-- 全般（食糧・エネルギーを除く）　--●-- 食料
　　--▲-- 穀物　--□-- 魚介類　　　　　　　　　　　--■-- エネルギー，をそれぞれ示す。
　　横軸はそれぞれ年・月を示す。
出所：総務省『消費者物価指数』

また穀物価格の上昇は畜産業にとって飼料価格の高騰を意味する。このため，コストの大幅な上昇は畜産業経営を悪化させて廃業者を増やし，牛乳やアイスクリームなどの商品の供給不足と価格の上昇をもたらした。

　この世界的インフレーションの影響を最も受けているのは主に発展途上国の人たちである。世界ではいまだ多くの人が1日1ドル以下で生活することを余儀なくされ，そのような貧困に苦しむ人々が生命の危機にさらされ，2008年にはいくつかの発展途上国で市民による暴動が発生し，ハイチでは政権が倒れる事態にまで発展した。

e．世界的インフレーションと政府の役割

　第一次・第二次石油危機でみられたインフレーションと今回の世界的なインフレーションとの違いは何であろうか。第一次・第二次石油危機で物価が上昇したことはいうまでもないが，労働者の賃金も上昇した。1990年代に入って企業が直面してきたグローバル競争の激化は日本経済に長い景気低迷と低成長をもたらし，企業の収益悪化は労働者の賃金を抑制し，これが家計所得の伸び悩みにつながっている。また，経済のグローバル化は貿易をはじめとして各国・地域経済のつながりを緊密にしており，一国・地域経済の景気減速は他の国・地域にすぐさま影響を及ぼす。その景気減速が特にアメリカや日本といった経済活動規模の大きな国や地域からもたらされた場合，それが世界経済に与える影響は大きなものとなる。

　経済学では，インフレーションが発生すると中央銀行は通貨価値下落を防ぐために金融引締政策を行うと教えられる。実際，二度の石油危機では金融引締政策が実施されたが，これにより生まれた高金利は預金者と年金生活者に名目利子所得の増加をもたらした。しかし2007年夏以降のアメリカ経済の景気減速は中央銀行に金融引締政策の実施を躊躇させている。もしそのような政策をとれば，世界的同時不況をもたらすのは明らかだからである。実質上昇率は名目上昇率から物価上昇率を差し引くことにより求められるが，家計はこのような金融政策からインフレーションによる実質的な所得水準の低下を受け入れざる

を得なくなっている。

　そもそも原油価格や穀物価格の高騰をもたらしているとされているのは国際的な投資資金である。生活者保護の観点から，政府は他の国・地域政府とも協力しながら，このような投機資金の市場への流入の監視を今まで以上に強めるべきである。

　また次節で述べることであるが，食料安全保障の観点から日本の食料自給率向上と穀物の国家備蓄は日本政府の重要な役割である。ただし，世界的な人口増加を背景に，食料分配が今後も世界経済にとって大きな課題であり続けると思われる。2008年，主要国は食料サミットを開催して発展途上国への食料援助を決めた。各国・地域政府によるこのような国際協力は今後も継続していく必要がある。

7-2　「食」のグローバル化と家計経済

　前節でもみた穀物価格の高騰をはじめ，輸入食品の安全性，日本国内における食品偽装など，われわれの「食」を揺るがす問題が相次いでいる。日本の食料自給率は低下を続けているが，このことから生じるさまざまな問題は日本だけの問題にとどまらず，世界の問題にも通じる。本節では経済のグローバル化という観点から，われわれを取り巻く「食」に関する政府の役割について考察する。

a．日本の食料自給率と食料安全保障

　日本の食料自給率は図7-5に示されている。2006年における概算での日本の食料自給率は供給熱量ベースでついに39％になった。穀物の自給率に至っては27％である。つまり，われわれは食料のほぼ60％を海外からの輸入に依存しているのである。日本の食料自給率が約40％であるということは，何らかの特別な事態が発生して食料輸入が完全に停止したときに，自国で生産される食料だけでは現在私たちが日本でとっている食事を供給熱量ベースで40％程度しか

図7-5　日本の食料自給率

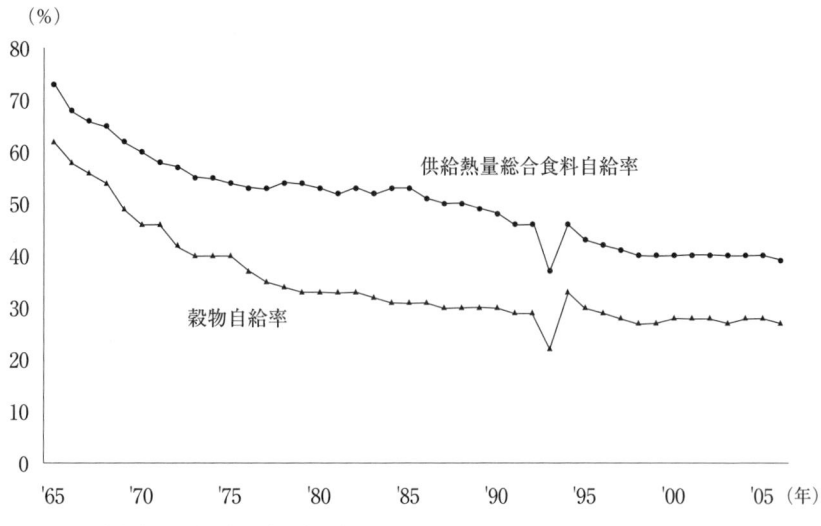

出所：農林水産省『平成18年度食料自給率レポート』

保障できないということである。

　安全保障という用語は防衛に関して使用されるのが一般的であるが，食料についても使用される。日本のような所得水準の高い国における食料安全保障とは，異常気象による大凶作が発生した場合，あるいは外交関係の悪化や戦争によって貿易が停止された場合に，国民が生きていくために必要な食料を保障することを意味する。

　食料安全保障政策の手段としては，国内生産，備蓄，輸入の安定化の3つがあげられる。食料安全保障の基本問題は食料安全保障の水準をどの程度まで求めるかと，それにかかる費用をどう評価するかである。国内生産で保障するに越したことはないが，日本のように農業生産に適した土地が非常に限られた国ではそれにも限界がある。また，国内農業を保護して自給率を向上させるとしても，それはWTO（世界貿易機関）に加盟する日本が自由貿易の原則に反することになる。備蓄は食料の一時的な不足に対応できるが，それがいつどの程度の規模で発生するか不確実であるため，備蓄する期間が長ければ長いほど，

そして備蓄する食料が多ければ多いほど費用は大きくなる。輸入先がいつ大凶作に見舞われるか，いつ戦争が起こって輸送や輸出が不可能になるかは不確実である。したがって輸入の安定化には輸入先をできるだけ多くしてリスク分散を図ることが必要である。もっとも，2008年の穀物価格高騰時にみられたように，各国政府は異常事態の発生に際しては輸出制限措置をとって自国民への食料供給を優先する可能性が高い。また各国での安全基準の違いと検査体制の限界から，輸入された食料に有害な化学物質が含まれている可能性も否定できない。このようなことから輸入の安定化が必ずしも食料安全保障を盤石なものとするとは限らない点には注意が必要である。

b．食料自給率低下の背景

(1) 日本の比較優位

なぜ日本はここまでの食料輸入大国になってしまったのだろうか。財の生産にはさまざまな生産要素が投入されるが，それらの賦存量は各国によって異なるため，各国が比較優位をもつ産業も異なる。日本は国土のうち農業に適した平野はわずか30％であり，農業はアメリカやオーストラリアといった広大な平野をもつ国とは違って，小規模で非効率的な生産を余儀なくされる。また，日本では高度経済成長期に第一次産業から第二次産業への労働力シフトが起こったこともあり，日本は農業に比較劣位を，工業に比較優位をもつようになった。

(2) 日本における食生活の変化

日本の食料輸入増加の背景を食生活の変化からみておこう。戦後の経済発展により所得水準を上昇させた日本では食料消費が増加するとともに，食生活が成熟化した。米の消費量は減少し，代わってパンやパスタの消費量増加を通じて小麦の消費が増加した。しかし，日本の気候条件は小麦生産に適さず，その輸入を増加させていったのである。また食料消費の成熟化は牛肉や豚肉といった肉類の消費を増やし，それに伴ってトウモロコシといった飼料の輸入が増加した。特にGATTウルグアイ・ラウンド以降の農産物輸入の規制緩和は食料

輸入を増加させた。さらに,「食」のグローバル化と高級化・高付加価値化が進んでワインやウイスキーなどのアルコール飲料の輸入が増加している。食料安全保障という観点からみて,非常時における国民の生存に最低限必要な食料は穀物であって,このようなアルコール飲料ではない点には注意が必要である。

(3) 食料の内外価格差

　市場メカニズムが十分に発揮されていれば,ある財の価格は1つに決定される。これは一物一価の法則とよばれる。グローバルな規模での自由主義・市場経済の拡大はこの市場メカニズムをより発揮させるものと考えられているが,実際には同じ財であっても国・地域によって価格が異なる。これは内外価格差とよばれる。

　この内外価格差はどのようにして発生するのであろうか。第1の要因は為替レートである。為替レートは一物一価が成立するよう決定されるはずである。たとえばアメリカと日本でまったく同一のコメが販売されていたとすれば,このコメを介して日本の円とアメリカのドルの為替レートが決定されるはずである。しかし,国際資本移動の自由化が進み,ITが進歩した現在のグローバル経済では,為替レートは経済成長率や金利などの違いから短期的な国際資本移動によっても決定される。第二次世界大戦後,趨勢的には円高・ドル安が進んだが,特に1985年のプラザ合意以降,外国為替市場では円高が進行し,1990年代半ばには1ドル=80円を超える円高も経験した。このような円高は輸入物価を低下させる。

　第2の要因は1人当たり所得水準である。日本のそれは戦後の経済発展により上昇してきたが,ドルで計算した場合,円高によりその上昇はさらに押し上げられる。所得水準の上昇は所得効果を通じた日本の輸入増加と日本国内における労働者の賃金上昇をもたらす。賃金上昇は穀物の生産費に直結するため,これが日本国内の穀物価格を引き上げて内外価格差を拡大させる。日本の場合,穀物生産が狭小な土地で行われているため,広大な土地で生産する国に比べて効率性が低く,労働時間が長くなる。これら高い賃金水準と長い労働時間が穀

物の生産費に反映されてしまう。

　そしてこれら2つの要因に農業保護政策が加われば，その国の穀物価格は相対的に安くなる。アメリカやEUは農業保護政策をとっている。またこのような内外価格差は穀物だけではなく，現代の食生活に欠かすことのできない加工食品についてもいえる。企業活動のグローバル化が進んだ現在では，海外の安価な食料と労働力を用いて低価格の加工食品を生産することができる。

c．食料輸入の増加による問題点

(1) 「食」の安全

　食料安全保障の観点から食料自給率を向上させるとしても，このように内外価格差を解消するのはなかなか容易ではない。家計は国内で生産された高価格な食料を食料安全保障のコストとして受け入れる必要があるとの考え方がある。

　しかしながら，日本経済は今，大きく変化している。グローバル競争の激化を背景とした非正規雇用労働者の増加などから所得格差は拡大し，物価上昇により家計の実質所得は減少している。このような中，必ずしも高い食料安全保障のコストを受け入れることができる家計ばかりではなくなってきている。また女性の社会進出も進み，労働者の就業時間は変化している。これらを支えているものは安価な冷凍食品と中食・外食産業の拡大である。24時間営業のファミリーレストランやファーストフード店で提供される料理，スーパーやコンビニエンスストアで売られている冷凍食品は加工品も含めて海外から輸入されてくる安価な食料にかなり依存しており，これらは現代の日本経済において，家計を助けている側面もある。食料安全保障は食料自給率向上だけでなく，やはり安価な食料の輸入にも頼らざるをえない部分もある。そこで問題となるのが「食」の安全である。

　21世紀に入ってからも家計の食生活の安全を脅かす事件が続いている。BSE（牛海綿状脳症）問題では2003年に米国産・カナダ産牛肉の輸入が禁止され，2004年には国内・国外を問わず高病原性鳥インフルエンザ事件が広範囲にわたって発生した。2008年に発生した「毒入り冷凍ギョーザ事件」はまだ記憶

に新しい。このような「食」の安全問題は何も輸入された食料だけに発生してきたのではない。農林水産省および厚生労働省の「食」の安全に対するより厳しい対応が求められる。

(2) 発展途上国への影響と地球環境問題

次に食料輸入が他国の食料事情や地球環境に与える影響を中心に考えてみよう。日本の食料自給率の低さは特に発展途上国に犠牲を強いることにもなる。第1に,特に世界的な供給不足が発生し,農産物価格が高騰している状況で市場を通じて高所得国の日本が大量の食料を購入して輸入すれば,食糧不足で苦しんでいる発展途上国の人々に十分食料を分配することができず,最悪のケースとして餓死者を発生させる。ところで現代の食料経済では家事労働の変化や中食・外食産業の発展を背景に食生活の外部化が進んでいる。このため,食料が農水産業で生産されてから最終的に消費される家計に至るまでに,食品工業,加工食品流通業,あるいは飲食店などが複雑に入り組んでいる。このような仕組みはフード・システムとよばれる。フード・システムが複雑に入り組み,確立された現代の日本では多くの食品廃棄物が発生している。われわれはこのような日本国内の食料需給のミスマッチも含め,世界の食料分配問題を考える必要がある。

第2に,海外で生産された穀物には現地で貴重な水が大量に使用されているが,これは日本が穀物輸入を通じて水の輸入大国となっており,世界的な水資源の枯渇に一層「貢献」していることになる。このような考え方は仮想水(バーチャル・ウォーター)という発想に基づく。これは穀物輸入だけの話ではない。昔から日本では「水と安全はただ」と思われてきたところがあるが,日本がすでにミネラル・ウォーター大量消費国になっていることは読者もご存じのことであろう。世界の水資源枯渇は私たちが考える以上に急速に進んでいる。付け加えるならば,日本を含む先進工業国は経済発展と引き換えに地球環境にさまざまな問題をもたらしてきた。その1つが世界的に発生している気候変動であり,これにより多くの国や地域で降雨量を減らして食糧生産に大きな影響

を与えてきたといわれている。経済大国の1つである日本の大規模な経済活動と食料輸入は地球環境問題と密接な関連性をもち，特に発展途上国で多くの人の生命や健康を犠牲にしていることを忘れてはいけない。

　第3に，穀物の輸入には航空機や船舶が用いられる。これは日本が穀物を輸入することで多くのエネルギーを使用し，地球環境を悪化させていることをも意味する。フードマイレージは農産物輸入量に輸出国から輸入国までの距離をかけたもので，農産物を輸入することでどの程度のエネルギーを使用し，二酸化炭素を排出しているかを表す1つの指標である。日本の食料輸入に伴うフードマイレージは他国に比べて飛びぬけて大きい。これは日本が農産物を輸入することで，いかに希少な化石燃料を大量に使用し，地球環境に負荷をかけているかを意味する。

　地球環境問題は将来の水産資源の確保にまで及ぶ。その1つがマグロである。日本での外食産業の発展による需要の増加と，地球温暖化や海洋環境の悪化を背景とした日本近海でのマグロ資源の減少による供給不足から，日本のマグロ輸入が増加している。それは一方では，日本国内市場におけるマグロの安定供給と日本食文化の持続を支えているが，他方では，日本食が世界に伝播・普及したことも手伝って，世界の海洋における乱獲が海外での将来的なマグロ資源の枯渇問題を発生させている。その結果，たとえばEU（欧州同盟）では将来的な資源の管理と確保の目的でクロマグロの漁獲規制が行われるようになった。地球環境や生態系の破壊は海洋でも発生する。われわれは自らの「食」に対する過度な欲求にも目を向けるべきである。

d．政府の役割

　政府の役割としては，第1に，食料安全保障の強化という点からも，また地球環境保護の観点からも食料自給率の向上があげられる。そのためには農業後継者不足とそこから発生する農地面積の減少を解消することである。前者は少子高齢化時代における特定産業の労働供給不足にどう対応するかということでもある。後者については，異常事態が発生したときに生産できる潜在生産力の

確保という点からも重要である。また化石燃料の消費節約と温暖化ガス排出量削減のためにも，日本政府には食料自給率の向上とともに，国内で地産地消を推進することが求められる。

　第2に，食品安全行政の強化があげられる。食品の安全性はわれわれの生命に直結するため，安全な食品の供給は政府の重要な役割である。食品安全行政ではリスク分析が重要である。FAO（世界食糧機関）はリスク分析を「リスク評価，リスク管理，リスク・コミュニケーションの3つの独立かつ統合した要素からなる解析」と定義している。日本では2003年に食品安全基本法が制定され，翌年には食品安全委員会が政府内に設置された。食品安全行政に科学的なリスク分析手法が導入されるようになり，この食品安全委員会はその第1段階であるリスク評価を担い，特定食品を摂取した場合に想定される危害の特定と危険度を科学的に評価する。これを受けて第2段階として農林水産省と厚生労働省がリスク管理を行い，第3段階で行政，消費者，食品関連業者がリスク評価やリスク管理に関する情報を共有しつつ意見交換を行うもので，情報の透明性と情報公開を高めるものとして期待されている。ただし，食品安全委員会は委員会メンバーが行政主導で選ばれるなど課題を残している。また，リスク管理についても農林水産省と厚生労働省による縦割行政型の体制であり，消費者保護や食品安全管理を重視する総合的な省庁創設の必要性も指摘されている。また食品の安全性を脅かす事件が発生した場合に期待されるのがトレイサビリティ・システムの構築である。トレイサビリティとは，事件の対象となった食品がどこで生産され，どのような流通経路をたどってきたかを遡ることにより，事件の被害拡大を食い止めるシステムである。ただしこのシステム構築には供給者と需要者の双方で追加的なコスト負担が発生する。生産者と流通業者はこれまで以上に資金と時間をかけなければならないし，消費者もそれを価格の上昇というかたちで受け入れなければならない。さらには，日本の食料輸入の現状に鑑みれば，貿易相手国との間で食品の安全性確保のための協働リスク分析システムの構築が求められる。

　最後に，水産資源の確保と国際的な管理があげられる。日本食の世界的な伝

播・普及と新興諸国で新たな需要が生まれたことにより，マグロに代表される日本の伝統的な食文化を支えてきた一部の水産資源が価格を上昇させている，特に寿司に代表されるような日本の伝統的な食文化の国内でのサステイナビリティを脅かす可能性が徐々に高まりつつある。政府は，一方では長期的かつ世界的な水産資源の確保と生態系の維持を目的に他国・地域政府と協力して漁獲・取引規制を行いつつ，他方では食文化保護の観点からも，一部水産資源については国家による確保と国内での安定的流通を考えるべきである。

7-3　経済のグローバル化と家庭外・家庭内労働

a．日本における夫の家事・育児分担

　日本には性別役割分業意識が強く残っているといわれている。このことはすでに第5章で指摘した。その1つに夫と妻の時間配分の違いがあげられる。表7-1をみよう。そこには妻の働き方別に，「通勤・通学」および「仕事」という家庭外労働と，「家事・育児」という家庭内労働への夫と妻それぞれの分担比率が示されている。妻がどのような働き方をしているかに関係なく，夫は長時間を家庭外労働に配分し，わずかな時間しか家事・育児という家庭内労働に配分していない。反対に妻は多くの時間を家事・育児に配分し，夫に比べ相対的に少ない時間を家庭外労働に配分している。当然ではあるが，妻が無職の専

表7-1　妻の働き方別にみた夫の家庭外・家庭内労働時間分担比率（％）

妻の働き方		自営	長時間常勤	短時間パート	長時間パート	無職
平日	家庭外	62.8	53.5	65.4	55.8	100.0
	家庭内	9.5	17.5	6.2	13.4	5.0
休日	家庭外	67.5	68.7	83.7	85.6	100.0
	家庭内	26.3	26.7	22.2	20.5	25.6

出所：村上あかね「有配偶女性の労働時間・働き方と暮らし」『季刊家計経済研究2007 AUTUMN No.76』家計経済研究所，2007年，p.22から筆者が作成。

業主婦の場合にはその傾向が顕著になる。

　なぜ夫婦間でこのような仕事と家事・育児への時間配分の非対称性が生じるのだろうか。夫の家事・育児分担を規定する要因に関してはさまざまな仮説が考えられている。その主な仮説としては，家事・育児に参加するには一定の時間が必要であり，夫婦のうち時間に余裕のある方が家事・育児に多く参加するとする「時間制約説」がある。伝統的な性別役割分業意識をもつ夫は家事・育児への参加時間を減らし，逆に性別役割分業に否定的な考え方をもつ夫は家事・育児への参加時間を増やすとの考え方は「イデオロギー／性役割説」とよばれる。たとえば結婚後に家事・育児分担に関して夫婦間で話し合いが行われる場合，男性主権的な結婚では夫は妻よりも強力なその交渉力を発揮することで自らの家事労働時間を減らし，妻の家事労働時間を増やすことが考えられる。このようにして増加した妻の家事生産は，「過剰家計サービス (excess household services)」とよばれる。その他の有力な仮説としては，夫婦のうち収入や教育などの資源を多く有している方が家事・育児への参加を減らすとする「相対的資源説」がある。過去の日本に関する研究事例の多くは時間制約説を支持しており，夫の長時間労働や帰宅時間の遅さがその家事・育児参加を減らしていることが明らかにされている。夫婦が親と同居している場合，長時間労働により時間的資源を減少させた夫の代りに，同居している親が家事・育児に参加することも指摘されている。これは「代替的マンパワー説」とよばれる。イデオロギー／性役割説と相対的資源説についてはその仮説を支持する研究成果と支持しない研究成果がある。

b．グローバル競争と家計：長時間労働の弊害

　グローバル競争の激化は企業にどのような影響を与えているだろうか。グローバル競争に直面し，それまでよりも利益の確保が困難となった企業はコスト削減を追求するようになった。それは第1に，正規雇用労働者の削減と非正規雇用労働者の増加となって表れている。しかもそれは家計の所得格差を生む1つの要因となっている。第2に，正規雇用労働者の削減はその一人が負担し

なければならない仕事の量を増加させ，これが賃金不払残業を含めた長時間労働となって表れている。さらに企業活動と経済取引のグローバル化は，就業時間に変化を与え，深夜労働を増加させている。第3に，企業は少しでも優秀な人材を求めるようになっている。このような変化は家計経済にさまざまな問題をもたらしている。

(1) 夫の家事・育児参加への影響

日本の労働者の長時間労働はしばしば指摘されるところである。この労働の長時間化はさまざまな影響をもたらす。第1に，性別役割分業意識が強いとされる日本では「夫は家庭外労働，妻は家庭内労働」という役割を固定化させ，夫の家事・育児への参加時間と妻の家庭外労働時間を限定的なものとする。特に子どもがいる家庭では，たとえ夫に育児への参加の意思があったとしても，勤め先で長時間労働を強いられることで帰宅時間も遅くなり，育児にかかわることができる時間も少なくなる。また妻が家庭外労働に限定的に従事するとしたら，時間の制約から正規雇用ではなく非正規雇用となる可能性が高い。図7－1からもわかるように，休日に夫が家庭内労働を負担する比率が高くなるとはいえ，せいぜい5分の1から4分の1程度にとどまっている。おそらくこれは平日の長時間労働の疲れと，性別役割分業意識がその要因であると思われる。

(2) 肉体的・精神的健康への影響

第2に，長時間労働は労働者に肉体的疲労と精神的疲労をもたらし，体と心の健康問題を発生させ，最悪の場合には自殺や過労死に至らせる。これは家庭外で働く者だけに起こる事態ではない。家事・育児・介護を主に担っている妻はその精神的ストレスを夫とのコミュニケーションで軽減しようにも，夫は夜遅く，しかも疲れ果てて帰宅するため，夫婦間でのコミュニケーションに割くことができる時間は短くなる。また，日本では核家族化が進んできたため，夫以外に相談する相手が家庭内にいない場合も多い。比較的近くに親などが住んでいるなど精神的ストレスを解消できるパーソナル・ネットワークをもってい

れば，妻も精神的ストレスをかなり解消することもできるだろうが，転勤などをきっかけに新しい土地で生活を始めた場合，必ずしもそのようなネットワークをもっているとはいえず，精神的ストレスは解消されない。日本ではうつ病に代表される心の病を抱える人が男女を問わず増加しており，家庭内外での労働がその一因となっている。

(3) 将来の国民医療費への影響

第3に，生活習慣病の増加が潜在的な国民医療費増加要因となる。従来の労働はその多くが朝始まり，夕方あるいは夜に終わっていた。しかし経済のグローバル化はそのようなパターンを崩してきた。日本が夜だからといって世界中が夜ではない。日本の労働者の就寝時間にも世界のどこかで経済活動は行われている。担う仕事の内容によっては，たとえ日本では深夜であっても他の国や地域の就業時間に合わせてそこで働く人たちと連絡をとったり，情報を入手したりしながら働かなければならない人もいる。このような就業時間の変化は食生活にも大きな影響を与える。夜遅くに帰宅してからの食事や職場で夜中にとる栄養バランスを欠いた食事を増やすだけでなく，睡眠時間を優先するあまり朝食を抜くことや運動時間の減少にもつながる。このような労働時間の長時間化や深夜化に伴う食生活の変化は潜在的な生活習慣病患者を増やし，将来の国民医療費増加要因となる可能性がある。第8章でも述べられるが，日本では国民医療費抑制，なかでも老人医療費の抑制が大きな課題とされている。高齢者だけでなく若・中年層が国民医療費を増加させるとすれば，現在の日本の医療保険制度は崩壊の危機に立たされる可能性がある。

c．日本における女性のライフステージと就業

ここでは日本の女性労働の特徴についてみておこう。すでに第5章でみたように，日本の女性労働の特徴として，「年齢階級別労働力率のM字曲線」がある。これは女性の労働者が結婚や出産を機に離職するため，労働力率が20代後半から30代前半あたりにかけて低下し，育児がひと段落して復職する30代後半

から40代前・後半にかけて再度上昇するというものである。

　結婚や出産・育児を機に離職した女性が復職するときに，自分の望むような再就職先を見つけることができるのだろうか。横山由紀子は財団法人家計経済研究所による第1～第8年度（1993～2000年）実施『消費生活に関するパネル研究』で継続調査の対象となった25歳から41歳までのデータを用い，婚姻状態を未婚女性，既婚女性，離婚経験のある独身女性の3つのグループに分けて，婚姻状態と就業状況，そして婚姻状態別に見た離職理由について詳しく分析を行っている（横山由紀子『女性の婚姻状態と転職・再就職行動』橘木詔俊編『現代女性の労働・結婚・子育て　少子化時代の女性活用政策』ミネルヴァ書房，2005年，pp.150-161）。

　まず既婚女性694名（新婚132名，継続婚562名）のうち，1年以内に仕事を辞めた人の離職理由で最も多いのは，「出産・育児のため」で全体の19%，次に「結婚のため」「労働条件が悪かったから」がともに同15%で続く。新婚女性に限れば「結婚のため」が圧倒的に多く，全体の77%を占める。結婚を継続している女性では「出産・育児のため」が21%で最も多い。この調査結果からも，いかに結婚・出産・育児が女性を離職させる大きな契機となっているかが理解できる。

　未婚者のうち72.7%が常勤で雇用されており，最も多い。パートは13.3%である。ところが既婚者では無職の人が51.8%と最も多く，次いでパート22.1%，常勤18.3%となる。さらに1年以内に新規就職した女性に限ると，未婚者のうち常勤雇用で就職した人は49.4%，これに対して既婚者では常勤雇用で就職した人はわずか15.5%（つまりパートが84.5%）である。既婚女性が何らかの要因で新しい職に就く場合，常勤雇用で採用されるのは非常に困難であることがわかる。これら新しく就職した既婚女性の雇用形態の履歴をみると，1年前に無職だった400名のうち常勤になったのは32名，1年前にパートだった200名のうち常勤採用されたのは35名，1年前に常勤で雇用されていた59名のうち常勤で採用されたのは32名で，残りの27名はパートでの採用である。既婚女性では離職前に常勤で雇用されていなければ，次に新しく雇用されるとしても常勤で

採用されることはかなり困難なのである。常勤であった人でさえ半数をわずかに上回る程度しか常勤で採用されていない。現代日本における既婚女性にとっての労働市場の現状は，非常に閉塞的で厳しいといわざるをえない。

d．日本における女性の結婚（出産）ペナルティ

「結婚（出産）が直接・間接に及ぼす賃金への影響の総計を広義の結婚（出産）プレミアム／ペナルティ」と呼ぶ（川口章『ジェンダー経済格差 なぜ格差が生まれるのか，克服の手がかりはどこにあるのか』勁草書房，2008年，p.161）。ここで「プレミアム」は賃金を上昇させること「ペナルティ」は賃金を低下させることを意味する。結婚や出産は男性には結婚（出産）プレミアムをもたらすと考えられている。これを説明する仮説として「生産性上昇仮説」がある。これは，夫は，結婚や出産によって父親としての責任感や幸福感を得るため，働く意欲が増して仕事の生産性が上昇する，あるいは妻が家事労働の大部分を負担してくれるために夫は仕事に専念でき，多くの人的資本を蓄積できるので生産性が上昇する，というものである。このほかの仮説としては「補償賃金仮説」がある。これは，夫婦間で夫は仕事，妻は家事労働という分業を行っている夫は，結婚によって高い賃金を得る必要が生まれるので劣悪な労働環境の仕事でも引き受けるというものである。このほか，雇用主が独身者を差別するという「独身者差別仮説」もあるが，実証的な研究成果はない。他方，女性には結婚（出産）プレミアムをもたらすとの研究成果はほとんどなく，むしろ結婚（出産）ペナルティをもたらすと考えられている。これを説明する仮説として「生産性低下仮説」がある。これは，出産や育児による家事労働の負担がその期間の女性の生産性を低下させ，しかもその期間のキャリア中断が将来的な生産性をも低下させるとするものである。これ以外の仮説として「補償賃金仮説」がある。「夫は家庭外労働，妻は家庭内労働」という分業体制が確立している場合，賃金水準が低下しても，女性は家事・育児と両立できるような仕事を選択すると考えられる。他にも，雇用主が既婚女性や子どもをもつ女性を差別するという「既婚女性／母親差別仮説」があるが，これも実証的な研究成果

はない。

　川口章は日本のデータを用いて実証分析を行い，次のような結論を導いている。男性の結婚プレミアムは結婚11年目までは上昇するが，その後低下する。女性については，広義の結婚ペナルティが約7.5%，広義の出産ペナルティが0.4%強である。勤続年数と就業の経験年数を考慮すると出産ペナルティは消えるが，結婚ペナルティは低下するものの5.8%発生する。女性が常勤でしかも働き続けている場合には広義の女性の結婚ペナルティも広義の出産ペナルティも発生しない。パート・アルバイト・嘱託・その他の場合，常勤の女性よりも6.7%大きな結婚ペナルティが発生する。以上から，就業形態に関係なく出産ペナルティは女性が出産を機に就業を中断することから発生すること，常勤で働いていた女性が結婚や出産を機にパート等に就業形態を変更することでも結婚ペナルティが発生することを意味している。つまり，女性が結婚や出産を機にいかに就業を中断させないか，もし中断しても常勤（正規雇用）での復職の可能性をいかに高くするかが望ましいことを表している。なお川口は，常勤かパートかという就業形態の違いを含めても5%の女性の結婚ペナルティが存在することは海外の研究ではみられない特徴としている。

e．政府の役割

　政府の役割としては，第1に正規雇用労働者の長時間化する労働時間を削減することである。労働時間の削減は男性，女性に関係なく重要である。しかし性別役割分業意識が根強く残っているとされる日本では，労働時間削減が多くの夫の家事・育児参加時間を増加させるものと期待される。また食生活が改善され，夫婦間のコミュニケーションに割かれる時間をも増加させるため，夫婦の身体的・精神的な健康度を高め，これらが予防医療を通じて将来の国民医療費抑制にもつながる。夫の増加した家事・育児労働時間とちょうど同じだけの妻の家事・育児労働時間が削減されれば，妻の時間配分に自由度が増し，家庭外労働により多くの時間を配分することも可能になる。

　とはいえ，一度離職した既婚女性がそこに正規雇用で働けるだけの時間を配

分できるとは限らず，それだけの時間があっても正規雇用で復職できるとも限らない。結婚するかしないか，子どもをもつかもたないかと同様に，それらを機に離職するか就業を継続するか，復職するかしないか，復職する際に正規雇用を望むか望まないかは個人の自由ではある。しかし，女性が結婚や出産，そしてそれ以降の就業継続を希望するならば，政府は女性がそのようなキャリア形成を選択できる社会を構築しなければならない。女性に結婚ペナルティや出産ペナルティが発生しないよう，女性が結婚や出産によって就業を中断することなく，夫婦ともに家庭外労働と家庭内労働の両立を可能とするような政策が望まれる。また，結婚や出産・育児を機に離職した女性にも正規雇用での再就職の機会を増やすことが求められる。2001年10月の雇用対策法改正により労働者の募集・採用に年齢制限を設けてはいけなくなったにもかかわらず，法律を順守しない事業所がまだ存在するとの報告がある（脇坂明・奥井めぐみ『なぜ大卒女性は再就職しないのか』橘木詔俊編『現代女性の労働・結婚・子育て　少子化時代の女性活用政策』ミネルヴァ書房，2005年，p.185）。このような事業所に対しては法律で厳しく対処すべきであろう。

　経済のグローバル化が進展した現在の日本では，企業はそれまで以上に厳しい競争に直面している。企業はいかに事業のグローバル化に対応し，グローバル競争に勝てる優秀な人材を確保するかが課題となっている。優秀な女性が正規雇用で働き続けることは企業にとっても競争力向上という点でメリットが大きいのである。したがって，第2に，政府の役割として育児支援策を充実させることがあげられる。このためにはファミリー・フレンドリー企業の育成とワークライフ・バランスの実現とを同時に達成することが重要である。これら政府の役割は，すでに第5章で述べたことである。もっとも，長時間労働から解放された夫に性別役割分業意識が残っていれば，日本政府がいうような男女共同参画社会は実現できない。その意味ではなおいっそう日本社会に男女平等意識を根付かせることが政府の役割としては重要である。

第8章　少子高齢化と政府の役割

① 晩婚化・非婚化が進む日本社会における少子化の背景を経済学の観点から説明すること。
② 少子高齢化の進展に伴って生じている社会保険方式による社会保障制度から，公的医療保険制度の持続可能性を考察すること。
③ 介護サービス市場を例に，外国人労働者受入れ問題について考えること。
④ 本格的な少子高齢社会を迎えた日本経済が直面している以上のような課題に対して果たすべき政府の役割について考えること。

8-1　日本社会の少子高齢化

　2008年9月15日に総務省が国勢調査をもとに推計した65歳以上人口の全人口に占める割合は22.1%に達している。このような超高齢社会は第二次世界大戦後の衛生面での改善や医療の進歩を背景とした乳幼児死亡率の低下と平均寿命の延伸，そして出生率の低下に求めることができる。

　日本の少子高齢化が語られる際に必ずといっていいほど言及される合計特殊出生率についてその推移を図8-1でみておこう。合計特殊出生率とは，一人の女性が生涯で産む子どもの数の平均である。合計特殊出生率は1975年に2を割り込み，2005年には1.26まで低下した。久しぶりに2006年に1.32，2007年には1.34と2年連続でその上昇がみられたものの，低水準で推移している。

　この少子化はすでに日本経済にさまざまな点で影響を及ぼしているが，その影響は今後ますますその程度を強めながら各方面に現われてくるといわれている。以下では「結婚の経済学」を中心に少子化をもたらしたとされる要因について考えてみよう。

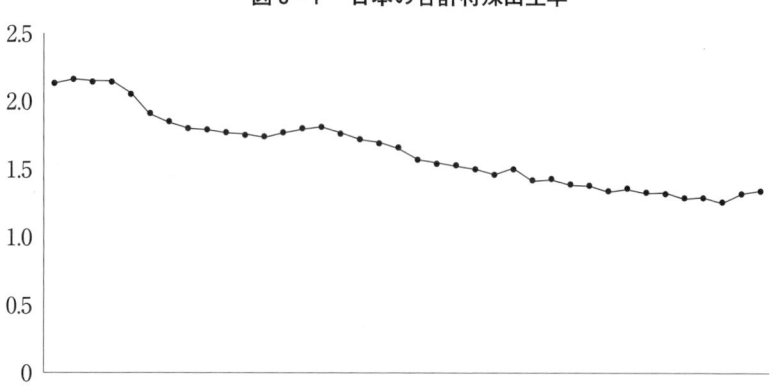

図8-1　日本の合計特殊出生率

出所：厚生労働省『平成19年　人口動態統計（確定数）概況』

8-2　日本の少子化現象と経済理論

a．「結婚の経済学」と晩婚化・非婚化

(1)　「結婚の経済学」

　日本の少子化の原因は主に晩婚化・非婚化という結婚の減少と，結婚した夫婦の間の出生数の減少の2つから説明される。

　人はなぜ結婚するのか。ベッカーによる「結婚の経済学」からは当時の社会状況をふまえて次のように説明される。男性と女性では全般的には男性の方が学歴が高い。なぜなら男性は男性中心社会の中で女性よりも教育投資や職業訓練を多く受けるからだ。その結果，男性は女性に比べて人的資本をより多く蓄積し，家庭外での労働生産性で女性のそれを上回る。労働生産性とは，労働を1単位投入したときに生み出される付加価値のことである。企業は労働の限界生産物価値，つまり労働を追加的に1単位投入したときに追加的に生産される付加価値の金額に等しくなるよう賃金を決定する。よって家庭外労働の生産性

が高い男性に対して女性よりも高い賃金を支払われることになる。この結果，単身の男女が同居した場合，男性は家庭外労働に，女性は家事労働に比較優位をもつようになる。このような場合，男女はそれぞれが比較優位をもつ労働に特化して生産活動を行えば，結婚せずに男性も女性もこれら2つの労働を行う場合に比べ，生産される家庭外労働と家事労働それぞれの産出高は増加する。ここで男性が家庭外労働の成果たる賃金の一部を女性が生産した家事労働サービスの一部と交換したとき，あるいは女性が家事労働の一部を男性の賃金の一部と交換したときに，男女ともに賃金と家事労働サービスの消費量が単身でいる場合よりも多ければ，両者に結婚のメリットが発生する。このとき，この男女は結婚することになる。

(2) 非婚化と女性の経済的自立仮説

ところが最近では女性の高学歴化が進み，雇用機会の点でも賃金水準の点でも男女間格差が縮小してきた。これは，第1に，女性にとって結婚，出産あるいは育児を機に離職することから発生する機会費用が大きくなったことを意味する。つまり，女性は離職してそのまま専業主婦に専念し続けた場合，離職せずに働き続けた場合に得られるであろう賃金総額を失うことになるが，その金額がより大きくなったのである。またこれら男女間格差の縮小は，第2に，女性が結婚や出産を機に離職した場合，女性が独身でいるよりも生活水準が低下するようになったことを意味する。女性が必ずしも男性と結婚して男性の稼ぐ所得に依存しなくても独身で豊かな生活を送ることができるようになったことから非婚化が進んだとするこの考え方は，女性の経済的自立仮説とよばれる。ただし，この仮説では晩婚化を説明することはできない。

日本ではどうか。女性の高学歴化が進行している。法律や制度面でも変化があった。1986年からは「男女雇用機会均等法」が施行され，その後も改正が重ねられ，少なくとも法律上や制度上は女性も男性と同一水準の給与が与えられ，賃金格差も縮小してきた。日本では婚外子が認められていないため，非婚は出生数に大きな負の影響を与えることになる。

実際，男性も女性も初婚年齢が高くなってきている。1980年では男性が27.8歳，女性が25.2歳であったが，2007年には男性が30.1歳，女性が28.3歳まで上昇している。この現象は東京など大都市圏で特に顕著である。晩婚化は第1子出産年齢を高くし，産む子どもの数を減らす要因として作用する。

(3)「乗り換えモデル」

しかしながら，日本の晩婚化・非婚化や少子化といった現象をベッカー理論から説明するには限界がある。それが男性側からみた経済理論であるというだけでなく，それが「結婚する男女はともに単身である」と仮定している点である。地域にもよるが，日本の未婚者は結婚するまで親と同居しているケースが多い。これは性別役割分業意識が残る日本では，多くの場合において未婚者たる子どもが所得については父親から，家事労働については母親からメリットを受けているということである。女性について注目すれば，単身のときには家事労働の比較的大きな割合を特に母親に依存するが，結婚後は圧倒的に本人が負担するようになるとの調査結果がある。このことは，ベッカーによる結婚の経済学が主張するような結婚のメリットが発生しているかどうかが疑わしいことを表している。

結婚を機に，夫となる男性にとっては家事労働を負担してくれる主体が母親から妻に変わるだけであるが，女性にとっては所得についてのメリットを提供してくれる主体が父親から夫に，家事労働については母親から本人に変化することを意味する。このような点から女性の結婚行動を説明する際に用いられるのが「乗り換えモデル」(小川浩『少結婚化と賃金・雇用制度』高山憲之・斎藤修[編]『少子化の経済分析』東洋経済新報社，2006年，p.117)である。もし女性の結婚行動がこの乗り換えモデルで説明できるとすれば，夫となる男性の賃金に対する女性の父親の賃金の比率が大きければ大きいほど，また夫となる男性が女性に提示する結婚後に自分が引き受ける家事分担比率が小さければ小さいほど，女性の結婚は抑制されることになる。もっとも，男性の家事分担比率は男性が結婚前に女性に対して提示した比率よりも，男性が結婚後に実際に負担す

る比率の方が小さくなる傾向があるとすれば，そしてその情報が女性の間で浸透していれば，結婚前に提示される男性の家事分担比率は女性の結婚行動には影響しないかもしれない。小川浩による実証分析の結果からは，20代前半の女性の結婚行動は乗り換えモデルによって，20代後半の女性のそれは乗り換えモデルと女性の経済的自立仮説によって説明されることが，そして30代の女性の結婚行動はこれら2つの仮説からは説明されないことが明らかにされている。

b．「出生の経済学」と日本の少子化

(1) 「出生の経済学」

上では少子化に大きな影響を与える晩婚化と非婚化の背景について経済学的な観点からその説明を行ってきた。ここでは少子化そのものの背景について，経済学的に考えてみよう。ベッカーやライベンシュタイン（Leibenstein, Harvey）は夫婦の出産選択問題について経済理論から分析を行ったが，現代ではそれは「出生の経済学」として確立されている。そこでは夫婦が子どもをもち，そして育てるのは出産・育児の便益がその費用を上回るからであると説明される。

まずその便益としては，第1に子どもをもつことから得られる幸福感・満足感があげられる。たとえば子どもに着せる服や子どもが遊ぶための玩具など子ども用品を消費することから得られる満足度である。第2に子どもの所得稼得能力がある。かつての日本でも見られたことであるが，1人当たりの所得水準が低い国などでは稼ぎ手としての子どもは貴重な存在である。第3に子どもが老後の世話をみてくれることから得られる満足度があげられる。社会保障制度が十分整備されていない国では子どもは親にとって貴重な保障機能としての役割を果たす。

費用としては次のようなものがある。出産・育児費用として，第1にそれらに直接かかわる費用，たとえば出産費用や子どもの衣服，食事，教育などにかかる費用があげられる。第2に，子どもを出産し育てることを選択することから発生する機会費用があげられる。働いていた女性が出産や育児のために一時

的もしくは永久に離職すればその期間に得られていたであろう所得を失うことになる。この離職しなければ得られていたであろう所得が出産・育児の機会費用である。

またベッカーは「子どもの数」と「子どもの質」を区別し，先進国のような高所得国では，子どもを少なく産み，子ども一人当たりに多くの育児費用をかけて，多くの子どもをもつことから得られる満足度よりも，少ない数の子ども一人ひとりから得られる満足度を重視するため，少子化現象が生まれると主張する。

(2) 日本における出産・育児の便益と費用

この「出生の経済学」から日本の少子化現象はどのように説明できるだろうか。まず便益について考えてみよう。戦後の経済成長と経済発展は日本の国民1人当たりの所得水準を世界的高水準にまで引き上げた。このことから日本では子どもが働き手として所得を稼ぐ必要性はすでに低下している。また社会保障制度については1961年度から公的年金制度や公的医療保険制度で皆年金・皆保険制度を導入しており，2000年度からは公的介護保険も実施されている。このようなことから，日本では便益の面において子どもを産むインセンティブはかなり前から低下していたといえる。

費用については，直接的費用と機会費用に分けて考えてみよう。昔と比べて高校生の大学進学率は大きく上昇した。また，大学・学部・学科の新設が増加したこともあり，全体での合格倍率は低下した。つまり，大学や学部・学科を選ばなければ大学への入学は以前に比べて容易になったのである。定員数では国公立大学よりも私立大学の方がはるかに多い。そのため，自分の子どもが大学進学を希望した場合，その子どもが私立大学へ進学する確率が高まっている。さらに親が特定の大学に子どもを進学させたいと考える場合，その親は子どもが浪人して予備校の授業料を支払わなければならなくなる確率が高くなる。これは，男女が結婚して子どもをもち，自分の子どもを大学へ進学させたい，あるいは自分の子どもが大学進学を希望すればそれを認めようと考えている場合，

将来時点でこの親に相当な教育費の負担が発生することを意味する。つまり以前よりも直接的費用は増加しているのである。また，男女間賃金格差の縮小や雇用機会均等法などの法整備もあり，女性が結婚や出産で離職することから発生する機会費用が大きくなっている。このようなことから，日本の少子化現象は，子どもをもつことから得られる便益よりも，発生する費用の増加によって説明されるであろう。

c．政府の役割

結婚するかしないか，あるいは子どもをもつかもたないかは個人の自由である。しかし結婚や子どもをもつことを希望しているのにそれをかなえることができない人には，その希望がかなえられるような対策を政府は取らなければならない。

「女性が結婚や出産を機に離職する機会費用が大きくなったことが非婚化が進む原因である，だから女性の賃金水準を男性に比べて引き下げるべきだ」ということには当然ならない。政府の役割として求められるのは，男女間賃金格差を解消することと，結婚してもそれを機に離職しないようにすることの同時達成である。この重要性については第7章で述べた。これは女性に結婚を促すだけでなく，出産を促すという点でも有効である。それには性別役割分業意識を撤廃すること，ファミリー・フレンドリー企業を増やし，ワークライフ・バランスを実現すべく正規雇用労働者の労働時間を削減して夫婦間で家事・育児分担の公平化を可能にすることである。これらについては第5章，第7章で説明した通りである。

1991年から育児休業制度は導入されているが，その取得率は圧倒的に女性が高い。『平成19年版　厚生労働白書』では男性が育児休暇を取得しなかった最も多かった理由として，職場の雰囲気をあげている。また有期契約社員の取得率が低いことも問題である。非正規雇用労働者は雇用主との雇用契約上，圧倒的に弱い立場に立たされており，育児休業制度を利用するのをためらって離職することが多い。男性であれ女性であれ，正規雇用労働者であれ非正規雇用労

働者であれ，誰もが誰かに気兼ねすることなく育児休暇を取得できるよう政府は企業をはじめとする雇用主に積極的に働きかけていく必要がある。

　乗り換えモデルからは若年労働者の雇用創出と賃金引上げという点に政府の役割が求められる。特に非正規雇用の場合，男性の賃金水準は女性の父親のそれよりも低い場合が多いと考えられる。非正規雇用労働者が正規雇用労働者となれるよう職業訓練を行うなど政府は積極的対策を講じるべきである。また，最低賃金を引き上げることも重要である。ただし，職場での賃金引上げが男性だけでなく女性についても等しく実施されなければならない点には注意が必要である。これらは所得格差の是正と密接に結び付いている。少子化対策としてもワーク・シェアリングや同一価値労働同一賃金の原則を実施することが重要になってくる。

　「出生の経済学」から導出される少子化対策としては，出産・育児に関する費用の引き下げが必要になる。機会費用については上で述べた通りである。もしベッカーの主張するように，親は子どもの質を重視して少ない子どもにある水準以上の教育投資を行うとすれば，子どもの数が増えるほどにその倍数分の教育費がかかることになる。したがって，子どもに投入する教育費の水準を引き下げるか，よほどの所得の増加がなければ，子どもの数を増やそうとするインセンティブは働かなくなる。所得水準の大幅な上昇はグローバル競争下にあってなかなか期待できない。よって，直接的な費用の引下げという点から教育費の負担軽減策が望まれる。具体的には公的教育を充実させて塾などの学校外教育への支出を抑えたり，奨学金制度を充実させるといった対策が求められよう。これは日本において所得格差や貧困が拡大している中で，高等教育を受ける機会をより多くの子どもに提供するという点からも望まれる。

　なお，経済学以外の分野では，主に社会学において少子化現象に関する多くの研究が行われてきた。そこでは性別役割分業や家制度といった伝統的な価値観が女性に出産をためらわせていることを明らかにしていることを付け加えておく。

8-3 日本の少子高齢化と社会保障制度

a．社会保険

　日本の公的医療保険制度，公的介護保険制度や公的年金制度は社会保険方式で運営されている。人は常に偶発的に健康を損なうとか生命を失うとか，あるいは火事で家を失うといった万が一の事故に遭遇するリスクを抱えながら生きている。そしてそのリスクが偶発的にも発生したとしよう。貨幣経済の中で生きているわれわれはそのとき，失われた健康や家などを取り戻すのには貨幣が必要となり，生活上の困難に直面する。そしてすべての人がこのリスクを抱えながら生きている。このリスクがそう頻繁に発現しなければ，そしてこのリスクが発現した場合にどれくらいの金額の貨幣が必要となってくるかが事前にわかっていれば，このような事態に備えて同じリスクを抱えている多くの人たちで少しずつ資金を出し合っておき，このリスクが発生したときには，出し合っておいた資金から必要な金額だけをリスクが発生した当事者に支払えばよい。
　これは保険制度と呼ばれる。上で説明に用いた万が一の事故は保険事故，この出し合う資金は保険料，保険料から支払われるのが保険金であり，保険金を支払うことを保険金の給付という。保険制度は保険契約者，保険者，保険契約の三大要素から成り立っている。保険契約者とは保険契約の当事者の一方で，自らの名前で保険者と保険契約を結び，保険料の支払い義務を有する者である。保険者とはやはり保険契約の当事者の一方で，保険契約者の相手となって保険契約を結び，保険事故が発生した場合に保険金を給付する義務を負う。さらに被保険権利をもち，保険者に対してこの保険給付を請求する権利をもつ者は被保険者とよばれる。
　社会保険とは「社会構成員に対し，その生活を脅かす事故が発生したばあいに，社会的考慮に基づく特定基準の給付を支給し，その生活を保障するための保険」である（近見正彦ほか『現代保険学』有斐閣アルマ，p.211）。通常この社

会保険は，年齢上の条件を満たせば保険契約者として強制的に加入させられる皆保険制度となっている。その費用は被保険者だけでなく，被保険者を雇用している事業主や政府も負担する場合がある。保険金給付のための財源を調達する方法は財政方式とよばれ，主に積立方式と賦課方式の2つがある。前者は将来支払う保険金の給付を加入期間の保険料などにより調達する。これに対して後者は，各年度といった一定の短い期間に支払われる保険金の給付をその期間に徴収する保険料により調達する。日本における主な社会保険である公的医療保険制度，公的介護保険制度，公的年金制度の財政方式は賦課方式を基本にしながら積立方式も取り入れている。これは修正積立方式とよばれる。

b．公的医療保険制度

日本の公的保険制度は職域保険と地域保険に大別される。職域保険は主に被用者保険と公務員や私立学校教職員が加入する共済，船員のための船員保険から構成され，本人とその家族が被保険者である。被用者保険には組合管掌健康保健と政府管掌健康保険とがある。前者は主に大企業の被用者が加入し，その保険者は健康保健組合で，その組合数は2006年度末時点で1541組合である。後者は主に中小企業の被用者が加入し，その保険者は国である。地域保険には主に自営業者や被用者保険退職者が加入する国民健康保険があり，その保険者は市町村もしくは国民健康保険組合である。2007年度末までは，基本的に各医療保険制度に加入する70歳以上の者と65歳以上70歳未満の寝たきり状態などの者には老人健康保健制度が用意されていた。これは2008年度より後期高齢者医療制度（「長寿医療制度」）に改められた。

c．グローバル競争と少子高齢化時代における社会保障制度

(1) 公的医療保険財政

保険財政は支出と収入の2つに大別される。支出面からみよう。いうまでもなく，高齢者の増加に伴って公的年金制度，公的医療保険制度ともに支出額は増加している。国民医療費はすでに33兆円を突破し，高止まりの状態が続いて

いる。その約3分の1を占めるのが，65歳以上が対象となる老人医療費である。人間の疾病リスクが発現する確率は加齢とともに高くなる。したがって高齢者が増加している現在，高齢者による医療サービス需要が増加するのはやむをえない部分がある。政府はこれまで高齢者に対し，制度変更による負担増加を求めることや公的介護保険を創設することで老人医療費の抑制を図ってきたが，その抑止効果も限界を迎えつつある。被用者保険の加入者は退職・退官に伴い，国民健康保険へと移行する。このことから国民健康保険の65歳以上の老人加入率が政管健保や組合健保よりもはるかに高く，2005年で24.2%に達している。

　2008年3月31日まで75歳以上の高齢者には老人保健制度が設けられ，70歳以上の高齢者と65歳以上の寝たきりの人がその対象となっていた。この老人保健制度では高齢者が使用した医療費は公費，高齢者本人の窓口負担，そして各保険者からの老人保健拠出金で賄われていた。その大部分を支えていたのは老人保健拠出金であり，なかでも被用者保険に比べて老人加入率の高い国民健康保険の負担は大きく，これが保険者の支出を大きく増加させる要因となっていた。2008年4月1日から後期高齢者医療制度が導入された。これまで国民健康保険もしくは被用者保険に加入していた75歳以上の高齢者を独立させて1つの保険グループとしたことや，その名称，あるいは受給した公的年金から保険料を天引きする制度などが批判の対象となり，今後同制度が改正される可能性は残る。ただ，この制度においても「支援金」という名称で，旧制度の老人保健拠出金が実質的に残っており，各保険者の保険財政支出面に大きな負担を与え続けている。このようなことから国民医療費，なかでも高齢者の医療費をいかに抑制するかが重要であるとされている。

　次に保険財政の収入面をみておこう。公的医療保険の収入は主に2つある。1つは加入者自身と被用者保険における雇用主が拠出する保険料である。もう1つは国や地方自治体からの公費である。国民健康保険も被用者保険も，少子化により新しく公的医療保険に加入する現役世代を減少させている。バブル経済崩壊後の長期にわたる景気低迷とグローバル競争の本格化によって多くの企業が倒産したこともあり，被用者保険における保険者の保険料収入は厳しい現

実に直面している。公費は保険者により投入される規模が異なるが，国も地方自治体も巨額の累積財政赤字を抱えている状況で，政府がどこまで公費を投入できるかがすでに大きな問題となって浮上している。

(2) 保険料未納問題

社会保険方式で運営され，加入が義務づけられている公的医療保険制度であるが，国民健康保険加入者は技術的には保険料を納付しないことが可能である。厳しいグローバル競争に直面する企業はコスト削減による競争力維持を目的として非正規雇用での労働者を増やしてきた。低所得水準にあるこのような非正規雇用労働者が目先の生活を重視するあまり，保険料を納付しないケースが増加している。これは自営業者にもいえる。企業活動のグローバル化と大規模小売店舗法の改正により国内・国外を問わず進出してきた大資本が，それまで同種の財・サービスを提供していた自営業者の売上を奪うことになった。また地方では少子高齢化の急進展により，いわゆる「シャッター通り商店街」が出現し，閉店・廃業に追い込まれた自営業者もいる。このような自営業者のなかにも保険料納付を滞らせることになったケースが増加した。また勤め先を解雇されるなどして失業者となった人や非正規雇用労働者も基本的には被用者保険から国民健康保険に移行するため，同様の問題が発生する。定住場所のない「ネットカフェ難民」のような人たちは，納付先となる自治体さえもつことができず，やはり保険料未納問題が発生する。

(3) 無保険者問題

このような保険料の未納はどのような問題を生むだろうか。公的医療保険制度においては，民間保険会社の医療保険に加入していなければ加入者及びその被扶養家族に無保険者を発生させることにつながる。医療保険の無保険者は原則的に医療費を全額自己負担しなければならない。特に疾病リスクが頻繁に発現して医療費の支出が増加する老齢時に無年金者となったり基礎年金支給額を減額されたりした人は，たとえ無保険者でなくても医療費の個人負担は重くな

る。ましてや無年金者や基礎年金支給額を減額された人は医療費を全額自己負担できるはずもなく，医療機関に行くこともできず健康の悪化と寿命の短縮をただただ受け入れざるをえなくなる。またこの無保険者問題は被扶養家族にも及び，高齢者や乳幼児など「健康弱者」もまた保険診察が適用されなくなる。実際，2008年10月30日，厚生労働省は公的医療保険制度において全国ですでに無保険者となった児童が3万人を超えると発表した。

　この無保険者問題は国民健康保険だけから生まれる問題ではない。被用者保険では雇用主も保険料を負担している。さらに2008年度より導入された前期高齢者医療制度では，老人加入率の低い組合健保と政管健保から老人加入率全国平均との差を平均化するよう拠出の増加が求められているため，それらの保険財政を悪化させるものと考えられる。ただでさえ医療費が高止まりしている中で，グローバル競争に直面した企業が今以上にコスト削減を求められたとき，その矛先が保険料の拠出負担に向けられることも考えられる。また財政赤字の現状から，国庫からの支出金や補助金にも限度がある。つまり，最悪のケースとして，国民健康保険だけでなく被用者保険も含めた現行の公的医療保険制度が崩壊し，日本に多くの無保険者を生むことになる可能性がある。

d．政府の役割

(1) 老人医療費の抑制

　国民医療費のほぼ約3分の1を老人医療費が占めている。人は加齢とともに健康を害するリスクが発現する確率が高まる。したがって高齢者が増加すれば高齢者が使う医療費が増加するのは当然である。公的介護保険が導入された2000年度に一時的に抑制されたとはいえ，老人医療費の増加傾向は続いている。

　その増加要因の1つに社会的入院がある。社会的入院とは，介護サービス施設の供給不足から入所を希望しても入所できなかったり，家族介護をしようにも家族の中に介護の担い手がいなかったりすることから，やむをえず発生する医療機関への入院のことである。

　社会的入院を抑制・削減することは政府の役割として重要である。その大部

分は本来，公的介護保険制度によって解決されるはずである。それが解決しないのは主に介護サービス施設の供給が不足しているからである。公的介護保険制度導入にあたっては，公的部門による介護施設の供給不足を補ってくれることを期待し，民間業者の介護サービス市場への参入を認めた。しかし，民間業者の一部は，すでに利益の上がらない地域から撤退し，当初の目的は達成されていない。民間部門だけでは十分な財・サービスの供給が行われないとき，そこに政府の役割が生まれる。一方では要介護者を入所させるに十分な介護施設を公的部門が供給することが重要である。しかし，介護サービス施設での労働は過酷を極めており，離職者が相次いでいる。したがって，他方においては介護サービス従事者の待遇改善にも政府の役割が求められる。同時に，少子化による今後の労働力減少から，介護サービス事業のような特定の産業で労働力不足が発生する可能性がある。このような特定の労働市場に外国人労働者を受け入れるべきとの考え方がある。これについては次節で述べられる。

(2) 後発医薬品の利用促進

　日本の医療制度では，医療機関において行われた診察，治療や投薬はすべて点数化され，その点数に応じて診療報酬が医療機関に支払われる。つまり日本の診療報酬制度は出来高払い制度により運営されている。これに薬価差益という問題が加わる。医療機関が使用する薬剤の価格は医療制度審議会で決定され，公定価格とよばれる。しかし実際には医療機関は公定価格よりも低い価格で薬剤を購入する。その差は薬価差益とよばれている。この結果，医療機関は薬剤を使用すれば使用するほど薬価差益を手にすることができるため，過剰投薬が国民医療費を押し上げる大きな要因となっているとの見方がある。なかでも新薬は薬価基準で高く評価されているため，大きな薬価差益をもたらすことから，医療機関がそれを使用する誘因となっている。

　薬価差益についてはかつてほどの差益はなくなったとの指摘もある。だからといって現在の国民医療費は薬価差益を放置しておいてかまわないような水準にはない。そこで注目されているのが後発医薬品（ジェネリック医薬品）であ

る。医薬品には新発医薬品と後発医薬品がある。前者は巨額の研究開発費がかけられて開発されるため，公定価格でも高く評価される。後発医薬品は「コピー医薬品」とも呼ばれ，基本的に新発医薬品と同じ効果が期待される。新発医薬品の特許が切れてから臨床実験などを省いて生産されるため，新発医薬品に比べて低価格である。現段階では医師・医療機関はその使用には慎重ではあるが，国民医療費と患者の窓口負担抑制の観点から，後発医薬品の利用を促進することが政府には求められる。

(3) 予防医療

予防医療は国民医療費抑制に重要な役割を果たすと考えられている。第7章でも述べたが，比較的若い世代で，長時間労働の影響からか，朝食を抜いたり夕食を深夜にとったりするといった食生活の変化や運動不足がみられる。それら以外にも食事の高カロリー化，ファーストフードの普及，あるいは栄養の偏った食事の増加などが指摘されている。このようなことが糖尿病や高脂血症といった潜在的な生活習慣病患者を増加させ，将来の新たな国民医療費増加要因となるのではないかと危惧されている。

予防医療には適度な運動が有効とされる。しかし，長時間労働がその時間的な余裕を奪い取っている。やはりここでも政府の役割として，前章でも述べた労働時間の削減があげられる。

(4) 食　育

また食事の面からも予防医療を推進する必要がある。食生活ガイドラインの作成と浸透が予防医療につながるとの考え方がある。ノルウェーは1970年代半ばからそれに取り組み，一定の成果を上げたといわれている。日本でも2000年3月に新しい「食生活指針」が出されたものの，成果は出なかった。このことからもわかるように，日本のような食生活が成熟化し，フード・システムの存在が大きな国では政府がいくら訴えかけても限界があるのかもしれない。そもそも食事は何を食べようが個人の自由である。

その中で期待されているのが教育現場での指導である。2005年4月から栄養教諭制度が導入されているが，これは給食の時間だけでなくさまざまな教科や学校行事で児童生徒に正しい食生活の知識と習慣を指導する制度である。もう1つは2005年6月に制定された食育基本法に基づく食生活指針の普及と啓発活動である。われわれの健康や生命の源泉は食事である。したがって幼少時からの教育・指導を行うことは重要であり，児童生徒が成長したときにその効果を発揮するかもしれない。しかし，家に帰れば食事を作るのはほとんどの場合親であることを考えれば，親の指導についても同様に考える必要がある。

　また，食育の重要性がさまざまな人によって語られるとき，しばしばその背景として現代における食生活の「乱れ」が指摘される。もしそうであるとするならば，そもそもなぜ食生活は「乱れ」るようになったのだろうか。その認識がないまま食生活の「乱れ」が語られるとすれば，性別役割分業が残る日本ではその「責任」がこれまで家事・育児労働の多くを負担してきた女性に向かうことになる。食生活は国民の生活の中で勝手に「乱れ」たのだろうか。食育は，政府が日本経済のグローバル化，核家族化や少子化の進展，女性の社会進出，離婚や父子家庭・母子家庭の増加，中食・外食産業の発展といったフード・システムの形成，所得格差の拡大や貧困層の増大といった日本の経済・社会の変容を十分認識し，ポジティブ・アクションの推進とワークライフ・バランスの達成を通じた男女共同参画社会を実現したうえでその効果を発揮する。政府の役割はこのような点にも求められる。

(5) 無保険者への対応

　扶養者が国民健康保険料未納のため無保険者となった子どもが全国で3万人を超えると判明した今，政府にはその対応が求められる。子どもは健康を害するリスク，そして病気から命を失うリスクが発現する確率が高い。特に乳幼児ではその確率は非常に高い。このようなことから，無保険者となった子どもについては特別に保険診察を行っている自治体もある。その一方で，このような特別扱いをしていない自治体もある。所得格差が拡大する中でこのような対応

が続けば，よりいっそう日本の少子化は進むものと考えられる。政府は年齢制限を設けるなどして無保険者となった子どもの保険診察を認めるべきである。

このような無保険者が現れるのは，日本経済の変化，特に長期にわたって景気低迷と低成長が続いて失業者を増加させたことと，非正規雇用の増加がもたらした所得格差拡大と貧困層の増加という変化に，現行の社会保険方式による公的医療保険制度が十分機能しなくなってきていることが主な原因である。グローバル競争が激しくなっている現在では，程度こそ多少改善されることはあるだろうが，今後も企業による非正規雇用の積極的な活用は続くだろう。また，少子高齢化の進展は，国民医療費抑制に成功しない限り現行方式では現役世代の負担をますます増やすだけである。したがって，政府は税方式による医療サービスの提供も検討する必要が出てくるだろう。年金についても同様である。その際，政府は国民に対して税負担の増加を求めることになると考えられている。もし社会保障制度を充実させるために増税するのであれば，政府は無駄な財政支出を削減しつつ，なぜ税の負担増を求めなければならないのかを国民に十分に説明し，納得させる責任がある。

8-4　少子化時代における外国人労働者受入れ問題

a．少子化と労働力

少子化が進むことによって，将来労働力人口が減少していくことは誰の目にも明らかである。これは高齢化の進展とも結びついて日本経済全体の生産性が低下することを意味する。また，特定の産業における労働市場では労働供給の不足が発生する可能性がある。なかでも高齢者の増加とその労働の過酷さから最も需給のミスマッチが発生すると懸念されているのが介護サービス事業である。その労働の肉体的・精神的な負担の重さから，日本では介護サービス従事者が離職するケースが増えている。前節でも述べたように，介護士の賃金引上げなどによる待遇改善は重要であるが，要介護者の増加から介護施設が増加し

た場合，介護士の待遇改善だけではこのミスマッチは解決しない可能性がある。

そこで注目されているのが外国人介護士・看護師の受入れである。日本政府はフィリピンおよびインドネシアとのEPA（経済協力協定）で両国から介護士・看護師候補を受け入れることで合意に達している。本節では，この介護士・看護師を例に，外国人労働者受入れ問題について考えてみよう。

b．日本政府の対応

日本では1988年に政府が「外国人労働者受け入れに関する基本方針」を発表し，専門的・技術的分野の労働者受け入れには積極的な姿勢を示す一方，いわゆる単純労働者の受け入れには消極的な姿勢を示した。「3K（きつい・汚い・厳しい）労働」での労働力不足を背景に，中小企業が研修生・技能実習生を受け入れることができるよう1993年に技能実習制度が導入されたことを機に外国人単純労働者が増加することとなった。グローバル競争に直面し少しでも人件費を削減したい一部企業は主に発展途上国から外国人研修生・実習生を受け入れたり，時に不法滞在外国人を低賃金で雇用したりするようになった。

現在，世界では地域経済統合を目指す動きがある一方で，多国間で行われるがゆえに地域経済統合はその実現までに時間がかかっていることから二国間による自由貿易協定（FTA）の締結が増加している。FTAが主に財の貿易を自由化しようとするものであるのに対して，EPAは労働力移動の自由化までをも含んでいる。日本も主にメキシコや東アジア諸国との間でFTAやEPAを締結している。その中で介護士・看護師候補の受入れにまで進展しているのがフィリピンとインドネシアである。日本政府とフィリピン政府とは2006年にこの受入れに関して合意に達しており，インドネシアとも今後最終的な合意に至る予定である。

c．外国人労働者受入れに関する課題

(1) 介護サービス事業従事者受入れに関する課題

外国人労働者の受入れと派遣は，肉体的にも精神的にもきつい特定の産業で

の過酷な労働を自国労働者が拒否する先進国側と，雇用を創り出せない発展途上国側との思惑が一致して合意に至ることが多い。日本政府とフィリピン，インドネシア両政府との間で合意に達した介護士・看護師派遣・受入れもこのような両者の思惑の一致によるところが大きい。

　さて，この介護サービス事業従事者の受け入れについて，その問題点を整理しておこう（安里和晃『日比経済連携協定と外国人看護師・介護労働者の受け入れ』久場嬉子［編著］『介護・家事労働者の国際移動　エスニシティ・ジェンダー・ケア労働の交差』日本評論社，2007年，pp.27-50）。第1に，言語の違いである。まず，日本人スタッフとの間でスムーズにコミュニケーションが図れるかである。日常会話はともかく，特に細かい専門的な用語について十分に伝わるかどうかが問題である。これは，研修時における日本人スタッフの語学力についてもいえることである。また，ちょっとした言葉遣いの違いからサービスを受ける入所者の人権を侵害しかねない。

　第2に，地位の低下と差別・偏見の助長があげられる。自国で看護師の資格を取った外国人看護師が日本では介護士の仕事しかさせてもらえないことから看護師から介護士への地位の低下が発生する可能性がある。これが使用者側との待遇改善を巡る労使紛争につながったり，発展途上国から来た労働者に対する差別や偏見を生むのではないかとの懸念がある。特に後者については，過去の歴史から，日本人は発展途上国，なかでもアジアから来た労働者に対して侮蔑的な接し方をすることも考えられる。

　第3に，階層の固定化があげられる。外国人介護士は就労当初の業務としてトイレ掃除，衣類の交換など身体介護以外の周縁的な業務になりがちである。もしこれが固定化されれば「日本人は身体介護」，「外国人は周縁的業務」という階層化を生む。

　第4に，福利厚生面での問題があげられる。外国人介護士は家族と離れて生活していることから，勤務にあたっては家族の事情を考慮されず，また労働意欲が旺盛である。このことから，家族と切り離されない日本人が嫌がるような休日や深夜の勤務を必要以上に受け入れてしまいかねず，日本人スタッフとの

間に福利厚生面で格差が発生してしまう可能性がある。

　第5に，労務管理の点で日本人スタッフに研修や教育スキルが求められることがあげられる。また外国人介護士は日本ではマイノリティとなるため，精神的なストレスを抱え込みやすく，それを日本人スタッフがケアできるかどうかという問題が発生する。ここでも日本人スタッフの語学運用能力とコミュニケーション力が問われる。

(2) 政府の役割

　外国人労働者の受け入れについては今後もその拡大をめぐって論議をよぶことになるだろう。本格的な移民の受入れに関しても一部で議論されている。今後労働力人口が減少することを考えれば，介護サービス以外の特定の産業でも労働市場で慢性的な供給不足が発生する可能性があり，外国人労働者の受入れを真剣に議論しなければならなくなる。

　日本政府がしなければならないのは，給与面などの待遇や労働環境の改善により，そのような過酷な労働の現場における労働供給を国内の労働者だけで確保することである。日本政府がその役割を忘れ，安易に発展途上国からの外国人労働者に依存し続けるならば，「過酷な労働は発展途上国からの労働者」，「過酷でない労働は日本の労働者」という構図を作り，そして固定化させかねず，これが日本国内での発展途上国の人たちに対する偏見や差別を助長しかねない。

　また，これまでにも外国人労働者と日本の住民との間でさまざまなトラブルが起こってきた。経済のグローバル化は進んでも日本社会のグローバル化が進まなければ同様のトラブルを繰り返すだけで，この問題の真の解決にはつながらない。民族，言語，宗教，文化といった点で異なる外国人を受け入れる異文化理解を推進し，より良い共生社会を構築することもまた政府にとっては重要な役割である。

　日本以外の諸外国では外国人労働者を受け入れるに当たってすでにさまざまな制度が導入されている。多くの国で導入されている制度として労働市場テス

トがある。これは一定の期間国内労働者を対象とする求人を行った後にそれでも国内労働者によって求人が満たされないことを確認してから労働許可や滞在許可を出す制度で，アメリカ，ドイツ，フランスなどで導入されている。韓国は職種によって在留資格を設定する在留資格制度を導入している。これら以外には数量割当やポイント制といった制度を導入している国もある。政府は慢性的な労働力不足がどの産業や地域で発生しているか，あるいは今後発生すると予想されるのかをまず認識しなければならない。その上で諸外国の制度も参考にしながら日本にとってより良い制度を導入していくべきである。

　すでに日本には不法滞在外国人が相当数にのぼっているが，不法に滞在する外国人労働者が病気やケガをした場合，公的医療保険制度の対象外となるので保険証が与えられないだけでなく，不法滞在が発覚するため医療機関に行けないことが多い。発展途上国から研修生として受け入れながら劣悪な環境と低賃金のもとで「外国人労働者」として扱う事態が一部で発生し，大きな問題となっている。これを放置することは一方では日本国内に賃金格差を発生させることにつながりかねず，他方では外国人労働者の人権侵害を生むことになる。政府は外国人労働者受入制度を整備し，外国人労働者の人権を無視する雇用主への罰則を強化するべきである。

第9章　経済発展と政府の役割

① 途上国で工業化を進める根拠を提示する。
② 途上国で工業化を進める有利な点について説明する。
③ 途上国で工業化を進める方法について考える。
④ 東アジアにおける顕著な工業化の実績のカギを探る。
⑤ 工業化が途上国の所得水準，経済構造，貿易構造に及ぼした影響について検討する。
⑥ 工業化が国際分業体制に及ぼした影響について検討する。
⑦ グローバル化時代における最貧国の工業化の現状について把握する。

9-1　経済発展と工業化

a．モノカルチャー経済と近代化

　発展途上国で経済発展を実現するということは途上国の経済や社会を近代化することと同じ意味であるとしばしば理解される。それは，先進国が産業革命を通じて生産様式や生活様式を一新し，社会や政治の仕組みを劇的に変化させ，合理的な世の中を構築して豊かな経済社会を形成したのと同じように，途上国もそれに習うものであると暗黙の内に了解されているかのようである。つまり，途上国の経済発展を実現するということは途上国を西欧化することに他ならないと思われているのであった。こうした考え方は初期の経済開発理論に強く反映されている。たとえば，ロストウ（W. W. Rostow）の経済発展段階説では，すべての国が「伝統的社会」から出発し，「自立成長への準備段階」，「離陸」，「成熟への過程」を経て，「大量消費社会」を実現している先進国へと順に発展していくと考えたが，ほとんどの途上国が「伝統的社会」ないし「自立成長へ

の準備段階」にあるとして，途上国は基本的には前近代的な状態にあると認識されていた。

　こうした認識にもかかわらず，現実には欧米列強の植民地支配下にあった第二次世界大戦終結前でも，多くの発展途上国で商業的な大規模生産を行う産業がないわけではなかった。というのも，宗主国は植民地支配を強化するために道路や橋，鉄道などのインフラストラクチャー整備を進め，植民地にある天然資源開発を行ったり，天然ゴムやコーヒー，バナナなどの換金作物の栽培を商業的に行うプランテーションを経営したりしていた。こうした一次産品生産および開発を実施するために大量の現地人労働者が雇われ，一次産品生産はもっぱら植民地経済を下支えする重要な産業となった。こうした経済構造はモノカルチャー経済と呼ばれる。

　一次産品開発は植民地経済のニーズに応じて進められたわけではなく，もっぱら宗主国の要請に基づくものであったため，植民地経済は商業的な生産を行う一次産品開発部門と自給自足を充足する伝統的な農業に従事する部門とに二分された経済構造であった。モノカルチャー経済では一国の経済がごく少数の産業に依存する状況であったため，途上国経済の盛衰は一次産品の輸入国である宗主国（あるいは先進国）の需要次第であるというきわめて脆弱なものであった。こうした不安定な経済構造は，第二次世界大戦が終結し，これらの地域が政治的な独立を果たした後も継続し，経済的には旧宗主国に依存し続けるという従属的な構造がかわることはなかった。そこで，真の独立を勝ち取るために，こうした従属的な経済構造からの脱却が途上国に求められるようになったのであった。

b．ペティ＝クラークの法則

　発展途上国の経済発展を実現するためには，経済・社会を近代化し，併せて工業化を推進していかなければならないが，なぜ工業化することが途上国の経済発展につながるといえるのであろうか。農業を重視することは経済発展につながらないのであろうか。この疑問に対する解答はすでに17世紀にペティ

(W. Petty) によって明らかにされている。ペティは17世紀における西欧諸国で所得水準に違いがあることに注目して，その原因は何かということについて研究した。その際に，ペティは一国の経済を担う産業を農業，工業，商業に三分割し，これらの産業が各国の所得を生み出すのにどのように貢献しているのかということに注目した。その結果，国によって産業構造が異なること，すなわち，各国で主力産業が異なることが所得水準の格差につながっていることが明らかになった。つまり，1人当たり所得水準は農業よりも工業の方が高く，工業よりも商業の方が高いことが突き止められたのであった。したがって，農業が主力産業である国よりも工業が主力産業である国の方が所得水準が高い，工業が主力産業である国よりも商業が主力産業である国の方が所得水準が高いことが明らかにされたのである。これがペティの法則と呼ばれるものである。

20世紀になると，この法則を再確認しようとした研究者が現れた。それがクラーク（C. Clark）であるが，彼は世界40ヵ国の長期統計を整理することによって，経済発展と産業構造の変化との関係について明らかにした。その結果明らかになったことは，国の経済発展は3つの段階をへて進行するものであるということであった。第1の段階は，本格的な経済発展が始まる以前の低開発状態であり，農業中心の経済構造である。この段階では1人当たり所得水準は低い。しかし，経済発展が進む第2段階にはいると，工業化がある程度実現する。そうすると，産業構造における製造業のウェイトが高まることによって，1人当たり所得水準が上昇する。さらに経済発展が進む第3段階にはいると，産業構造のウェイトが製造業よりもサービス産業の方にシフトすることになり，1人当たり所得水準は一層上昇する。すなわち，経済発展とは産業構造の農業から工業をへてサービス産業へのシフトを伴うこと，つまり，産業構造の転換を伴うことであることを明らかにした。こうして，ペティとクラークがそれぞれ明らかにした法則は併せて，ペティ＝クラークの法則とも呼ばれている。

c．ガーシェンクロン仮説

先進国が工業国として世界に君臨している中で，途上国があえて工業化を行

うメリットとは何であろうか。それを説明するのが，ガーシェンクロン（A. Gerschenkron）によって唱えられた仮説である。

　一国が経済発展を推進するためには，資本に加えて高度な技術が必要であるが，先進国の場合にはこうした要素は時間をかけて自ら開発し蓄積した。一方，発展途上国の場合には，先進国と同じように資本の蓄積と科学技術の開発を地道に行うことも可能であるかもしれない。しかし，それよりもむしろ，すでに先進国が開発した技術と先進国から資本を導入することによって，資本の蓄積や技術開発にかかった時間を圧縮する方がずっと効率的であるし，先進国に対する追い上げを実現する上でも望ましい。途上国の工業化はまったく未開の分野へ足を踏み入れるというものではなく，実はすでに工業化を経験して高度な経済水準に到達している先進国の経験を手本にすることができるというメリットがあるといえる。したがって，途上国において経済発展の程度が遅れていることは，その分一旦工業化が始まると経済発展のスピードは一段と速くなるということを意味する。これがガーシェンクロン仮説，あるいは，後発性の利益説と呼ばれるものである。

　この考え方に基づいて，ガーシェンクロンは発展途上国がまず着手すべき生産部門についても示唆している。それによると，途上国は固定資本設備がきわめて大きい重化学工業を設立することが望ましいとしている。それは，機械工業の発展には高度な開発技術と熟練とを要するという点で途上国には不利であるのに対して，重化学工業は設備の平均年齢の若さが高い生産性に直結するため，途上国で最新設備を導入すると先進国に対して優位性を発揮することが可能であるからである。まさに後発であることをメリットとして経済発展を始動させることができるのである。韓国や台湾，タイ，マレーシアなどの東アジアの新興工業国は後発性の利益をまさに受けて高度経済成長を実現してきた好例である。

9-2　工業化の方法

a．均衡成長論と不均衡成長論

　経済発展を実現するためには，農業中心の経済から工業中心の経済へ産業構造をシフトすることが必要であることが明らかにされたが，ではいかにして工業化を推進していけばよいのであろうか。工業化のための戦略について論じたのが均衡成長論と不均衡成長論である。

　まず，均衡成長論とは，さまざまな工業分野を一斉に発展させようという戦略である。この見解を唱えた代表的な研究者のヌルクセ（R. Nurkse）は，発展途上国が経済発展を実現できない原因を投資誘因が弱いことに求めた。そもそも投資というのは生産能力を拡大するために行われるものであるので，途上国で投資誘因が弱いということは，途上国には生産能力を拡大する必要性が低いということを意味するものであった。というのも，生産者は生産能力を拡大して，以前よりも多くの工業製品を生産したところで，そうした製品に対する需要が途上国では見込めないからであった。そこで，ヌルクセは，途上国の国内市場が小さいことが投資誘因の弱さにつながっていると考えて，積極的な投資を通じて，経済のさまざまな生産部門を同時に発展させることによって，国内市場を拡大させようとしたのであった。

　これに対して，不均衡成長論とは，発展させる製造業分野に優先順位をつけ，優先度に応じた工業化を進めていこうとするものである。この見解の代表的な論者であるハーシュマン（A. O. Hirschman）は，ヌルクセのいうような均衡成長論は，途上国では企業家能力や経営ノウハウなどが欠如していることから非現実的であるとし，さまざまな生産段階が及ぼす派生効果に注目して，発展させるべき製造業分野に優先順位を与えようとした。それによると，異なる段階の生産部門には2つの効果があり，一方を前方連関効果，他方を後方連関効果とした。前者は産出物利用効果とでもいうべきもので，自らが生産した製品や

中間財が他の製造業で使用される効果のことである。後者は派生需要効果とでもいうべきもので，自らの生産段階における生産活動がその生産段階に必要な投入物の供給を促す効果のことである。ハーシュマンによると，経済発展の初期では，前方連関効果よりも後方連関効果が大きい産業（たとえば最終財製造業）の発展をまず促すべきであるとしている。

b．輸入代替工業化と輸出指向工業化

　途上国は何を目指して工業化を進めるべきであろうか。工業化の方針には大別すると，内向き志向の輸入代替工業化と外向き志向の輸出指向工業化とに分けることができる。

　まず，輸入代替工業化（ISI）とは，自国の市場に流入してきている外国製品を国産品で置き換えようという目的でとられる工業化戦略である。この目的を達成するために，ISI戦略を採用する途上国では，外国製品の国内への流入を制限すると同時に，国家の強力な指導の下で国内産業の保護育成が推進されることになった。ISI戦略が途上国の間で広く採用されるのは1970年代を中心とした時期である。それには，プレビッシュ＝シンガー命題が途上国を中心に広く支持されたという背景があった。この命題は途上国が低開発状態にとどまっている理由を先進国と途上国との間の不平等な貿易関係に求め，それから脱却しない限り，途上国の経済発展はあり得ないとするものであった。これに加えて，ISI戦略は次の2つの根拠からも正当化された。第1は幼稚産業保護論である。これは，国内市場から外国製品を閉め出し，国内企業を保護育成することは，国内産業が国際競争力をもつまでの期間に限られるのであれば自由貿易の原則には必ずしも抵触せず，認められるべきであるというものである。第2は国内市場の保護は途上国の経常収支赤字の改善効果が見込まれるということである。国内市場を保護するために関税を賦課すると，それは国内企業の育成に加えて，途上国の国庫に関税収入をもたらす。これによって，多くの途上国が抱える慢性的な経済収支赤字の解消のために補填することが期待されたのである。

これに対して，輸出指向工業化（EOI）とは，輸出向けの工業生産に特化し，積極的な輸出を通じて経済発展を実現しようという目的でとられる工業化戦略である。この目的を達成するために，いくつかの途上国では経済特別区が設定されたり，経済開発区が整備されたりし，先進国の企業などが外国直接投資（FDI）を介して途上国に合弁工場を相次いで設立することになった。こうしたEOI戦略を採用する背景には比較優位論という理論的根拠があった。これは貿易を行う双方の国がそれぞれ有利に生産できる商品の生産に特化し，そして，国際貿易をすることによって，貿易にかかわる双方の国が互いに利益を享受することができるという考え方である。途上国が先進国に対して生産・輸出する商品には農産物から工業製品まであるが，EOI戦略では，需要の所得弾力性および価格弾力性が高い商品を輸出することが望ましいとしている。

　このように工業化を推進していくための方法は内向きと外向きとでまったく異なる戦略であった。したがって，どちらの戦略を採用したのかということによってその成果にも大きな違いが現れた。ラテンアメリカ諸国のように第二次世界大戦後にISI戦略をとった途上国では，幼稚産業が育たず，また，経常収支赤字は一層悪化することになり，1980年代の累積債務問題の勃発へとつながっていった。ISI戦略を通じた工業化の推進は失敗に終わったのであった。一方，アジアの新興工業経済群（NIES）（すなわち韓国，台湾，香港，シンガポールの4ヵ国・地域）のようにEOI戦略を採っていた国はいちじるしい経済発展を遂げることになり，工業製品輸出が盛んに行われた。特に1990年代におけるこの地域での活発な経済活動の実績は，「東アジアは世界経済の成長センターである」と表現されるほど目覚ましいものであった。

ｃ．権威主義開発体制

　数多くある発展途上国の中でも東アジアの途上国はいちじるしい経済発展を戦後のきわめて短い期間で達成したことから，こうした実績は「東アジアの奇跡」とも呼ばれている。もっとも，奇跡的な経済発展を遂げた諸国は東アジアのすべての諸国というわけではなく，韓国，台湾，香港，シンガポールのアジ

ア NIES を主に指している。これに，これらの諸国よりも一足先に高度経済成長を遂げて先進国入りしている日本を含めて，これらの東アジア諸国における高度経済成長の原動力はいかなるものであったのかということについて研究が進められた。その結果として出されたのは，経済発展を至上命題にした権威主義開発体制という体制の下でこれらの諸国が経済運営をしたことがいちじるしい経済実績に結びついたという見解であった。権威主義開発体制は開発独裁体制と呼ばれることもある。この体制は，これらの諸国が外向きの工業化戦略をとる際に，それがうまく機能して経済発展につながることを保証するために不可欠な要素であったとされる。

では，権威主義開発体制とはどのようなものであろうか。これには基本的に3つの構成要素がある。第1はエリート官僚制度の存在である。どのような国にも政府機関があり，そこで勤務する官僚が存在するが，アジア NIES のような諸国における官僚は厳しい採用試験を通じて官僚として採用されている点にまず大きな特徴がある。こうして採用された優秀な官僚は各省庁に配属された後，少ないポストを巡り競争を繰り広げ，官僚の中でもさらに優秀なものがさらに上のポストにのぼり，競争から脱落したものは民間部門へ再就職していく。こうして，これらの諸国の行政を担う人材はきわめて高い能力と経験，そして，献身的な勤務を通じて開発政策の策定および実施にたずさわった。

第2の要素は，行政機関の中に経済発展の行政をつかさどる指導的な組織が存在したことである。経済発展を実現するためには経済資源を総動員することが必要であるが，こうした指導的な行政機関は開発政策を策定し，その政策の実施にも責任をもつと共に，政策を実行していく過程でレントシーキングを排除し，クリーンで効率的な行政に徹した。たとえば，日本の場合では，当時の通商産業省が指導的な行政機関の例にあたる。通産省の組織は基礎産業局や機械情報産業局のような特定産業の行政を取り扱う縦割りの行政機構と，産業政策局などのように産業政策や国際貿易など産業全体に関わる横断面的な行政機構とが併存し，経済政策を策定する際に，関係組織で調整が図られるようになっていた。さらに，その調整は，通産省が設置した審議会や通産官僚が個人

的に構築したネットワークを通じて収集された各種の情報にも基づいて行われた。

　第3の要素は，経済活動に対する慎重な政府の介入である。東アジアの諸国では政府が頻繁に民間経済活動に介入した。しかし，その介入はレントシーキングが目的ではなく，経済発展を加速させるという目的を実現するために行われた。まず，政府による介入は金融部門に対して行われた。政府は民間商業銀行の融資先に大きな影響を与えた。また，政府は民間銀行による対外取引にも規制をかけた。さらに，政府系金融機関が設立され，政府による発展優先部門に長期金融を供与した。こうした政府系金融機関による融資先には民間銀行も追随して融資を行ったため，政府系金融機関による貸付行動は民間銀行の貸付にも大きな影響を与えるものであった。

　こうした政府による介入は金融部門にとどまらず，生産部門に対しても行われた。さまざまな介入の手段が試みられたが，たとえば日本の場合に有名なのが通産省など政府機関による「行政指導」である。この他，民間企業が加盟する業界団体を通じて政府の意向が加盟各社に伝えられ，政府による経済政策の実現が図られた。このような介入は強制力を必ずしも伴わない方法であったが，東アジアの諸国の中にはもっとあからさまな形態で政府の意向を民間企業に押しつける形態の介入方法も存在した。

d．開発独裁と東アジアの奇跡

(1)　生産部門に対する介入

　1960年代，70年代に高度経済成長を遂げていた韓国，台湾，シンガポールにおいても開発独裁体制の下で政府が民間経済活動に積極的に介入した。

　まず，これらの諸国に共通する特徴として，指導的な行政機関の存在があげられる。韓国では，複数の省庁に分散されていた機能を1つの組織に集約して経済企画院（当時）が設立され，長官は副首相を兼務した。シンガポールでは，直接投資の誘致と雇用に関する行政を集約した経済開発庁が貿易産業省の下部組織として設立された。台湾では，1つの組織が継続して経済運営に関する行

政を担ったことはなかったが，韓国やシンガポールの組織に準じた組織として国際経済協力開発評議会が設立され，副総理級が議長に就任した。これらの組織には，その他の経済官庁とは異なる特別な地位が与えられ，経済政策の策定と実施に加えて，予算編成の権限も与えられていた。

次に，工業化の進展と発展の方向を政府による介入で直接指導していたことである。これにはさまざまな方法があるが，まずはガーシェンクロン仮説が示唆しているように，重化学工業分野における国営企業の設立を通じた介入があげられる。韓国では1970年代に重化学工業化を推進することになったが，それを実現するために1973年に国営の浦項製鉄所（POSCO）が設立された。台湾では，経済活動の大部分が民間中小企業で担われていたが，それらに対する原材料や中間財の供給を担う製造元として国営大企業が設立された。シンガポールでも造船業が国家主導で進められた。

では，政府の介入は民間部門にどのような影響を及ぼしていたのであろうか。韓国では，現代（Hyundai）や三星（Samsung），LGなど財閥企業が韓国経済を独占しており，その存在はきわめて大きいが，こうした財閥企業は政府の優先開発分野への投資を条件に政府から財政支援を得て，規模を急拡大させてきたのであった。また，朴大統領時代（在任期間：1963年から79年）の韓国では，月例経済促進会議が定期的に開催され，出席した財界メンバーには政府の方針が周知徹底された。また，実績が顕著であった民間企業には大統領褒章も出された。シンガポールでは，経済発展の担い手は外資系企業であったが，いかなる外資系企業を誘致するのかということについては，産業振興に関する法律を制定して調整してきた。たとえば，1960年代末には，外国投資の受け入れを促進するために，経済拡大奨励法，雇用法，労使関係修正法が相次いで成立した。1979年にはシンガポール政府は労賃の上昇に対応し，産業構造の高度化を図るため，労働者の賃金を引き上げて，同国に立地する単純労働集約型産業の国外移転と資本集約型・技術集約型産業の誘致を促進した。このように，国によって介入の方法は異なるが，民間経済部門も従わせて，政府の政策方針に則った経済運営を，強制力を伴った介入によって実現しようとした。

(2) 金融部門に対する介入

　開発独裁体制下の政府による介入は金融部門にも及んだ。というのも，工業化の推進には資本が必要不可欠であるので，国内の金融部門をいかに国の管理下に置くかということがきわめて重要であったからである。

　そこで，政府は民間商業銀行に対する介入を行った。韓国，台湾，シンガポールにおける金融機関は政府よって手厚く保護され，新規参入は政府の許可制であったことに加えて，金利の設定や融資先およびその金額，人事なども程度の差はあれ政府の管理下に置かれた。韓国では，1961年に当時の五大銀行が国有化された。再び民営化された後も，人事は政府による認可を必要とした。台湾でも，民間銀行は事実上政府所有であり，民間銀行の頭取には財務省か中央銀行のOBが就任した。

　次に，政府系金融機関として開発銀行を設立し，これを通じて政府の優先開発部門に対して長期資金を優先的に供与できる仕組みを構築した。開発銀行を通じて融資される金額自体はそれほど高額なものとはいえなかったが，開発銀行の融資を受ける企業が関係する産業分野は政府が優先的に発展させようとしていることは誰の目からも明らかであった。そこで，民間商業銀行もこうした産業分野へ融資を振り向けることになり，資金面からも優先部門の発展がその他の部門よりも優遇されることになった。このような開発銀行によるシグナル効果は特に1970年代以降に韓国や台湾，シンガポールで始まった重化学工業化を促進する際に効果的であった。

　開発銀行による優先部門に対する融資の他に，産業振興のための資本の優先的な供与はさまざまな形態で行われた。1966年に韓国は外資導入法を改正し，国内の資本不足を補うため外資を導入したが，国内民間企業への外資の割り当ては国営銀行を通じてのみ実施された。1972年には，韓国政府は大統領緊急令を発動し，非公式金融からの借入を帳消しにし，銀行金利を引き下げ，短期借入を長期借入に変更させるという強制的措置もとった。こうした強引な措置は鉄鋼，機械，自動車など優先部門の発展にとっては大変有効であった。台湾では，開発基金が1960年代と70年代に設立され，国営企業や優先部門の民間企業

に対する融資や工業団地開発のために活用された。シンガポールでは，韓国や台湾と異なり，民間金融機関よりもむしろ公的貯蓄制度を通じて集められた資金を産業開発へ回す仕組みを活用した。

　最後に，貯蓄率の引き上げも重要な要素である。貯蓄率の引き上げのため，各国政府は民間金融機関の安定を第1目標に掲げ，不動産担保市場や消費者信用の発展のような消費者の消費を促す政策は後回しにした。その上で，各国独自の貯蓄引き上げ策がとられた。韓国では，1965年に金利政策の改革を行い，非公式な金融部門に流れている資金を吸い上げるため，定期預金金利が大幅に引き上げられた。台湾では郵便貯金制度が活用され，人びとの多くがそれを利用した。シンガポールでは，中央積立基金（CPF）が設立され，国民は一定水準の貯蓄義務を負った。この基金に蓄えられた資金は政府の優先発展部門への政府系融資や国営企業の投資資金に充当された。

(3) 労働分野に対する介入

　労働運動も開発独裁体制の下で政府の介入によって押さえ込まれた。韓国，台湾，シンガポールが本格的な工業化を始めたばかりの頃の強みは低賃金労働力の豊富な供給であったが，それは政府による威圧的な労働政策が労働運動を抑えたため可能になった。韓国では，労働運動は大いに政治的であるとみなされ，韓国の経済発展に致命的な影響を及ぼすとみなされた。そこで，政府はストライキを禁止し，労働組合の指導者の多くを逮捕した。また，韓国に存在するすべての労働組合は新しく組織された政府寄りの韓国労働組合総連盟（FKTU）の傘下に入り，労働者に規律を与えるように求められた。こうした傾向は1970年代にはいると一層厳しくなった。韓国の労働者は団体交渉権も剥奪され，劣悪な条件の下で労働することが強いられた。

　台湾においても，労働者の規律を守ることは自国の経済発展を進めていく上で不可欠のことであるとみなされていたため，1949年に敷かれた戒厳令はストライキや団体交渉を禁止するのに好都合であった。また，すべての労働組合は国民党の指導下に置かれ，労働組合の指導者の選任には党の意向が反映された。

シンガポールについても労働運動に対する規制は厳しいものであった。1967年には労働組合修正法が成立し，急進的な労働運動の指導者を処分した。そして，シンガポールで唯一の合法的な労働組合として，全国労働組合会議（NTUC）が政府主導によって設立された。1969年には，NTUCは労働者と政府，雇用者との間の三者間協調関係の構築の重要性を強調し，1972年に全国賃金評議会（NWC）が設立され，三者間の協力強化と賃金に関する度を超した要求を排除しようとした。その結果，シンガポールにおける賃上げはNWCがまず勧告を行い，それを民間企業が受け入れるという形で実現することになり，春闘のような労働組合と経営者との間の団体交渉は排除された。労働者の権利については，1968年に成立した雇用法で労働者の権利が限定され，標準労働時間が週39時間から44時間へと延長，年間の公休は15日から11日に削減させられた。有給休暇の取得については規律ある労働者として行動しているかどうかということが条件になった。また，同年に成立した労使関係法では，解雇と配置転換に関して交渉する権利が労働者から剥奪された。

9-3 工業化の結果と展望

a．1人当たり所得の上昇とクズネッツの逆U字仮説

　高度経済成長を開始する直前の1960年における韓国や台湾の1人当たりGDPはわずか100米ドル台でしかなかったが，1980年に入る頃には1,000米ドルを超える水準に到達し，工業化の成果は目にみえる形で現れた。工業化による所得水準の上昇が人びとの暮らしにいかなる影響を及ぼしてきたのかということについては，韓国や台湾のような目覚ましい経済発展の事例から直感的に類推できる。しかし，その実績を所得分配との関係で客観的に示したものに，S.クズネッツの逆U字仮説と呼ばれるものがある。

　図9-1は縦軸にジニ係数，横軸に1人当たり所得水準をとり，双方の関係を示している。なお，ジニ係数とは所得分配の状況を表す指標で，ゼロから1

図9-1　クズネッツの逆U字仮説

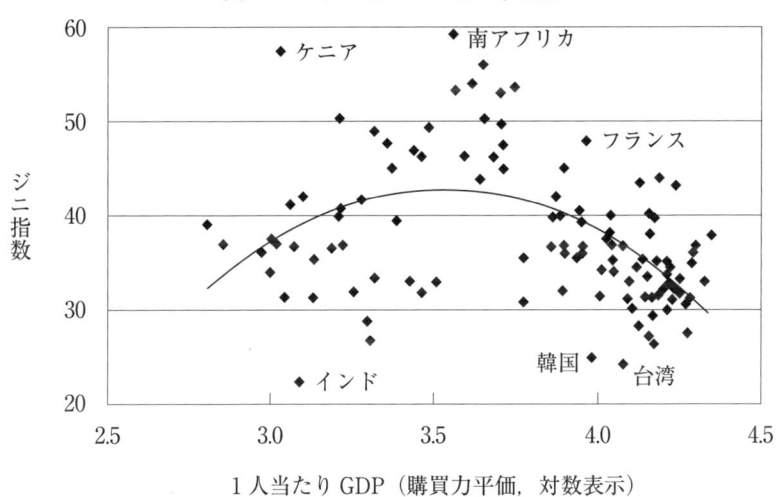

(図：横軸 1人当たりGDP（購買力平価，対数表示）2.5〜4.5，縦軸 ジニ指数 20〜60。ケニア，南アフリカ，フランス，インド，韓国，台湾などがプロットされ，逆U字の曲線が描かれている。)

出所：山下道子「経済成長と所得格差」『開発金融研究所報』2004年，第21号，p.87．

の間の値をとり，ゼロが所得分配が完全に平等，1が所得分配が完全に不平等を示す。そこで，クズネッツが世界の諸国の1人当たり所得水準と各国のジニ係数との関係を分析したところ，経済発展の初期段階から工業化を通じて経済発展が始まると，ジニ係数が上昇し，所得分配が悪化する。しかし，さらに経済発展が進むと，ジニ係数が低下し始め，所得分配が改善するという経過をたどることを明らかにした。一国が経済発展を始めるとGDPが増大することから，所得分配は改善の一途をたどるのではないかとの予想に反して，現実には1人当たり所得水準が中程度の水準で所得分配がきわめて悪い状況に陥ることが明らかとなったのである。

b．産業構造の転換とホフマン法則

　経済発展は途上国の産業構造にも変化をもたらすが，この関係を分析し，一定の法則をみいだしたのがW.G.ホフマンである。彼は，経済発展が進むと共に，投資財産業と消費財産業の比重がいかに変化するのかということに注目した。それによると，工業化が始動したばかりの段階では，投資財産業と消費財

産業の比率は1対4であり，消費財産業の比重が大きいが，経済発展が進行していくとその比重が変化し，結局は1対1になるとした。消費財産業は食品加工や繊維製造のような技術水準が低い軽工業であるのに対して，投資財産業は金属，鉄鋼，機械のような高度な技術を要する重工業である。すなわち，工業化の初期における途上国の主要産業は軽工業であるが，経済発展につれて，主要産業が重工業へ転換するという法則をみいだしたのであった。これがホフマン法則である。

では，現実にはどのようになっているのか。それを，韓国を例にとってみてみたい。韓国の工業化は当初はアメリカ軍による軍事物資の加工から始まり，その後，カツラやおもちゃなどの雑製品から本格的な工業化を手がけた。こうした状況を確認するために表9-1をみると，工業化初期の1960年代までは軽工業が工業部門の7割から8割という圧倒的な位置を占めていたことを明確にうかがい知ることができる。1960年代を通じて韓国は軽工業分野において確固たる地位を築いたが，1970年代にはいると，重化学工業化を推進することになる。その結果，1970年代以降，韓国の工業部門に占める重化学工業の比重が顕

表9-1　韓国における工業構造の変化

年次	軽工業（％）	重化学工業（％）
1953	78.9	21.1
1961	73.7	26.3
1966	65.9	34.1
1971	59.0	41.0
1976	50.6	49.4
1981	45.5	54.5
1986	40.0	60.0
1991	33.0	67.0

出所：奥田聡「韓国―開発独裁から民主主義下での持続的発展へ―」長谷川啓之編『グローバル化時代のアジア経済―持続的成長の可能性―』創土社，2004年，p.106.

著に高まり，1980年には双方の工業部門の比重が逆転し，これまでの軽工業中心の工業構造から重化学工業中心の工業構造へと変化した。まさにホフマン法則がみいだしたように，韓国でも工業構造の高度化が進んだのであった。

c．工業化と貿易構造の変化

　発展途上国における工業化は貿易構造にいかなる変化をもたらしたのであろうか。まず，表9-2によって，工業化の前後で途上国では国際貿易に対する関与がどれくらい変化したのかについてみてみたい。本格的な工業化を未だ開始していない1960年代や1970年代には，貿易依存度は国によって開きがあるものの，多くの途上国であまり高い数値を示してはいなかった。しかし，1980年を境にして，多くの途上国で貿易依存度が高まる。この背景には，これらの諸国で本格的な工業化が始まったこと，そして，こうした工業化は輸出向けの生産を担うものであったことがあった。まさに，EOI戦略の成果が輸出の拡大として現れているのであった。

　ところで，日本やアメリカのような先進国の貿易依存度は途上国と比較すると意外に低い。これは何を意味しているのであろうか。もちろん，このことは先進国にとって貿易は重要でないということを意味しないが，むしろ，これらの諸国の経済は輸出という外需よりもむしろ国内消費という内需に主に支えられていることを意味している。一方で，貿易依存度が高い途上国経済は，内需よりも外需によって支えられていることになり，世界経済の変動がそのまま途上国経済の景気にも影響を与えるというきわめて脆弱な構造になっているといえる。

　次に，途上国の輸出品目における変化を表9-3からみてみたい。全般的には途上国の貿易依存度が急上昇するのに併せて，輸出工業化率も上昇するという傾向になっている。本格的な工業化が始まる以前の1965年，1970年では，低所得国，中所得国のいずれも輸出工業化率は高所得よりも低く，低水準にとどまっていた。すなわち，当時の途上国における主要輸出品は農作物や鉱物資源などの一次産品であったということがいえる。もっとも，アジアの途上国の中

表9-2　途上国における貿易依存度の推移　(%)

	1960	1970	1980	1990	2000	2007
低所得国						
フィリピン	19	34	43	48	99	75
インドネシア	-	22	42	42	66	48
バングラデシュ	-	-	19	18	32	46
ケニア	39	47	46	38	38	45
中所得国						
中国	9	5	20	33	40	66
タイ	31	28	49	66	107	120
マレーシア	86	72	95	133	200	179
トルコ	-	8	17	17	31	42
エジプト	30	20	35	37	19	34
メキシコ	15	11	21	32	60	64
ブラジル	18	13	19	12	18	22
高所得国						
日本	-	19	26	17	18	30
韓国	10	32	62	51	65	75
シンガポール	380	212	370	308	294	349
アメリカ	-	8	17	16	21	23

注：貿易依存度はGDPに占める商品貿易の割合
出所：World Bank（各年版）*World Development Indicators* より筆者作成

でも本格的な工業化を1960年代から開始した韓国は1965年にすでに85％の輸出工業化率に到達しており，途上国の中でも工業化の進度に違いがあることが分かる。こうした違いも1980年を境になくなり始め，東南アジアで本格的な工業化が始まる1980年代以降は多くの途上国で輸出工業化率が上昇，すなわち，工業製品輸出の割合が上昇し始めている。

このように，工業化を通じて発展途上国の貿易構造は大きな転換を経験し，

表9-3 途上国における輸出工業化率の推移 (%)

	1965	1970	1980	1990	2000	2006
低所得国	24	24	51	53	53	59
フィリピン	6	9	24	41	92	87
インドネシア	4	2	4	35	57	45
バングラデシュ	-	-	62	77	91	92
ケニア	9	9	14	29	21	26
中所得国	17	17	42	48	59	60
中国	-	-	49	56	88	91
タイ	9	16	35	63	76	76
マレーシア	27	26	28	55	80	74
トルコ	2	2	43	68	81	42
エジプト	20	20	8	42	37	21
メキシコ	17	17	12	43	83	76
ブラジル	9	9	39	52	59	51
高所得国	70	70	73	81	83	77
日本	84	87	91	91	94	91
韓国	85	77	90	94	91	89
シンガポール	22	28	45	72	86	80
アメリカ	66	66	70	74	83	79

注：輸出工業化率は商品輸出額に占める工業製品輸出額の割合
出所：World Bank（各年版）*World Development Indicators*, World Bank（各年版）*World Development Report* より筆者作成

農業や鉱物資源の輸出にもっぱら依存していた一次産品依存型の経済構造から工業製品の輸出も積極的に行う経済構造に変化してきた。まさに，EOI戦略の実施が一部の途上国の貿易構造を大転換させてきた様子がうかがわれるのである。

d．経済発展と分業体制の深化

　戦後日本は急速な経済復興を遂げ，1950年代に日本経済を牽引した繊維産業は衰退し，それにかわって，1960年代にはいると重化学工業が主要産業として台頭したが，それも1970年代後半になると機械産業にとって替わった。すなわち，日本の主要産業は軽工業から重化学工業を経て，技術集約型産業へと転換し，産業構造の高度化が実現したのであった。一方で，日本で衰退した産業はどこへいったのであろうか。それが日本を取り巻く東アジアの諸国における工業化と関係があるのである。

　日本の高度経済成長を支えた繊維産業は1950年代の繁栄をピークに，それ以降衰退をはじめた。その背景には高度経済成長による賃金の高騰と労働力の他産業への流出などのような現象があった。他方で，日本の近隣諸国では戦後の混乱がようやく収拾し，低賃金の労働力が豊富に存在することから，軽工業の立地先として望ましい環境を備えるようになっていた。そこで，日本から韓国や台湾のようなアジアNIESへ繊維製品の生産拠点が移転していくこととなったのであった。しかし，繊維産業が経済発展の牽引役を果たしていたこれらの諸国でも高度経済成長が始まり，日本と同じように，賃金の高騰が起こり，軽工業を存続させる有利な条件が1つずつ崩れていくのであった。その結果として，繊維製品の生産拠点が，アジアNIESより経済発展が遅れている結果として低賃金労働力が豊富に存在しているアセアン（ASEAN）諸国へと移転していくことになった。こうした繊維産業の生産拠点の移転は各国における繊維産業の国際競争力の変化に現れている。図9-2によると，繊維産業の拠点がアジアNIESに移り，生産が軌道に乗ってきた1980年代は国際競争力がピークに達するが，その後急速に競争力が衰え，それと同時に，アセアン4ヵ国（タイ，マレーシア，インドネシア，フィリピン）の競争力が飛躍的に上昇している様子が示されている。

　このように，経済発展が進んでいる国から遅れている国へと産業が移転する現象は，繊維産業のような軽工業のみならず，造船や鉄鋼業などのような重化

図9-2 東アジア諸国における繊維産業の国際競争力の推移

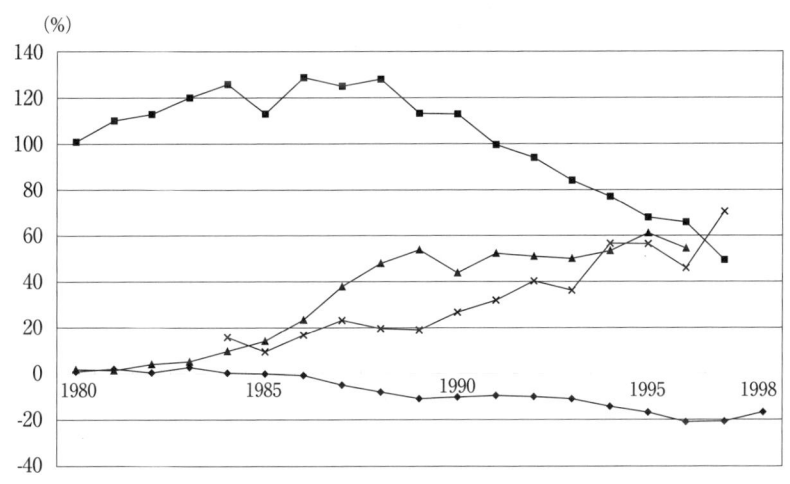

注：◆―日本 ―■―NIES ―▲―ASEAN4 ―×―中国，をそれぞれ示す。
縦軸の値は生産/内需（生産＋輸入－輸出）の比率をとり，（生産/内需－1）×100に置き直したもの。この比率は内需に対しての生産の超過（不足）比率を表すもので，産業の国際競争力を示すものである。
ASEAN4はタイ，マレーシア，インドネシア，フィリピンを指す。
出所：経済産業省『通商白書（2001年版）』より筆者作成

学工業や家電製品，自動車のような機械産業にも時期を相前後して生じた。こうした現象は特に東アジアで顕著で，日本で衰退した産業がアジアNIESに移転し，その後アセアン諸国へ移転，さらに，ベトナムや中国へと移転していくという産業移転の経路が明確に表れた。表9-2，9-3にもみられるように，1980年代に東南アジアの諸国で急速に貿易依存度が高まり，輸出工業化率も高まるのは，まさに産業の移転が起こり，工業化が東南アジアへ波及していたことを示すものであるといえる。

このように貿易構造の変化を通じて一国の経済発展のプロセスないし国際分業体制の変化のプロセスについて説明しようとした試みは雁行形態論と呼ばれている。これは，赤松要が1930年代に提起した考え方で，主要産業が次つぎと変化していく様をグラフに示すと空を飛ぶ雁の姿に似ていることから，それにちなんで命名されたものである。

ただし，近年の中国における目覚ましい経済発展の影響を受けて，東アジアにおける国際分業関係は新たな段階に入っているといわれるようになっている（経済産業省『通商白書2001年版』）。すなわち，従来の雁行形態論によると，日本が先導し，次にアジアNIES，それを負うアセアン諸国，さらにそれにインドシナ半島諸国と中国が続くという国際分業体制が想定されていた。しかし，現実には，中国は繊維産業のような労働集約型産業が盛んである一方で，機械産業のような技術集約型産業も盛んである。こうした状況は1990年代に入って東アジアでますます頻繁に行われるようになってきている生産工程レベルでの国際分業であるフラグメンテーション型分業が顕著になってきている結果ではないかともいわれている（本多光雄・呉逸良・陸亦群・井尻直彦・辻忠博『産業集積と新しい国際分業』文眞堂，2007年）。そうすると，今後の国際的な産業立地の分布はこれまでとは大いに異なるものになってくるのではないだろうか。

e．グローバル化時代における最貧国の工業化

アジアNIESが高度経済成長を遂げていた1960年から70年代，世界経済は相互依存関係を一層深めようとする過渡期の段階にあり，経営の海外展開を実践する多国籍企業は先進国の企業が中心であった。

一方，現在では，一部の途上国の多国籍企業も積極的な海外展開を果たし，諸国間の経済的な相互依存関係はさらに深まり，世界経済はますますグローバル化している。そういうような状況の中で，特に低所得に分類される途上国の工業化は転機を迎えている。

こうした新たな世界経済の動きの中で，たとえば，カンボジアのような低所得国はどのようにして工業化を進めていくのであろうか。同国は世界に50ヵ国ある後発開発途上国であり，1990年代半ばでは同国経済の半分が農業などの第1次産業で支えられており，就労人口も7割近くが第1次産業に従事する典型的な農業国であった。しかし，このような最貧国でも急速な勢いで成長する産業部門がある。繊維縫製業がそれである。1990年代後半，同産業は年率で平均36％の成長を遂げた結果，カンボジアにおける第2次産業の比重が高まり，

2000年にはいると第2次産業は同国経済のGDPの3割弱を担うようになってきている。

　すなわち，カンボジアのような最貧国でも工業化が進んできているということであるが，問題はどのようにして工業化が進んできているのかということである。同国には従業員数十人の小規模工場から1,000人規模の大規模工場まで300近い縫製工場があり，地場資本（すなわちカンボジア資本）との合弁で設立されている。しかし，これらの工場では衣類のデザインや生産数量，輸出先などについて主体的に判断しておらず，それらの決定を下す業者は外国にいるのが普通である。カンボジアの場合であれば，衣類の発注主は欧米の大規模小売業者であり，そこからの発注を香港や台湾に立地する中間業者が受注し，規格や生産数量をカンボジアの工場に割り当て，布やボタン，糸などの原材料をカンボジア以外の別の国（たいていの場合は中国）から調達し，カンボジアの工場で縫い合わせるという国際的な生産ネットワークが構築されているのである。こうした関係は，「生産の三角関係（triangle manufacturing）」と呼ばれている（Gereffi, G. 'International Trade and Industrial Upgrading in the Apparel Commodity Chain,' *Journal of International Economics*, 1999.）。

　こうした委託加工という形態での工業化は，韓国やシンガポールなどにおいてもかつて行われてきたことであるが，今やこれらの諸国では労賃が高騰してきたことにより，軽工業品に国際競争力がなくなってきたことで，他の途上国へ生産拠点が移転している。そのうちの1つがカンボジアということになるが，グローバル化がますます進んでいる結果として諸国間の移動が非常に簡単になってきていることから，低い労賃など企業経営者にとって少しでも有利な条件を提供する途上国へ生産拠点が容易に移転してしまうようになり，産業の移転が以前よりももっと早くなってきているのである。そのため，カンボジアのように近代的な工業部門が縫製業しかないような最貧国では，工業化を通じた経済発展の実現をゆとりをもって行うことは望めなくなってきている。ますますグローバル化する世界経済の中で生産拠点としての恩恵を受ける一方で，経済活動がますますグローバル化しているが故に途上国間での外国投資誘致競争

に打ち勝たなくてはならない。そうした状況の中での経済発展を今日の途上国は余儀なくされているのである。

第10章　グローバル化時代の国際援助政策

① 途上国に開発援助を行う根拠を提示する。
② 開発援助資金の特徴を浮き彫りにする。
③ 途上国に開発援助を行う方法について考える。
④ 主要国による開発援助の実績について説明する。
⑤ 累積債務問題の勃発の原因とその解決策を探る。
⑥ 従来の開発援助に対する限界と国際社会による新たな取り組みについて検討する。
⑦ グローバル化時代における開発援助の新たな潮流について把握する。

10-1　経済発展と開発援助

a．ハロッド＝ドーマー・モデル

　発展途上国には国の規模に応じて金額の大小には違いがあるものの開発援助が供与されており，経済発展を推進するためには必要不可欠な要素となっている。途上国にとって開発援助を受け入れるのはいかなる理由からなのであろうか。それについて説明する1つの理論的根拠がハロッド＝ドーマー・モデルである。このモデルは一国の経済成長がいかなる要素によって決定づけられているのかということを説明する。

　まず，投資を I，資本を K，産出量を Y とする。産出量と資本との関係は資本係数（資本・産出高比率）（$v = K/Y$）であるが，これは生産物を1単位産出するのに必要な資本（K）の投入量を示している。これとは逆に，資本を1単位投入するとどれだけの生産物が産出されるのかを表すと資本係数の逆数（$1/v = Y/K$）になる。資本の投入とは投資を行うことと同義であるため，生産量の増加（ΔY）は $I \times 1/v$ で表すことができる。したがって，生産量の

増加は次のように書き換えることができる。

$$\Delta Y = I/\upsilon \tag{10-1}$$

一方で，所得の中から貯蓄に回される分は以下の式で表すことができる。

$$S = sY \text{（ただし，} s \text{は限界貯蓄性向）} \tag{10-2}$$

産出された生産物はすべて消費されるという財市場の均衡条件（$I = S$）が成立していると理論上想定するので，これに式（10-1）と（10-2）をそれぞれ代入すると，以下の式が得られる。

$$\Delta Y/Y = s/\upsilon$$

これがハロッド＝ドーマー・モデルを表す式である。それによると，経済成長率（$\Delta Y/Y$）は限界貯蓄性向（貯蓄率）と資本係数の逆数の2つの要素に依存することが示される。この2つの要素のうち，資本係数は短期には変化しないと想定されるので（その意味では資本係数の逆数も定数である），そうすると経済成長率はもっぱら貯蓄率の水準に応じて決定されるというきわめて単純な関係が導かれるのである。投資と貯蓄は同じコインの裏表の関係であるので，高い経済成長率を達成するために高い水準の貯蓄率を達成しなければならないということは，高い投資率を達成することと同義ということになる。すなわち，投資率を高めれば，高い経済成長率を実現できるということが理論的に示されているのである。

そこで，経済発展を促進しようとする途上国にとっては，いかに高い貯蓄率を実現するのかを問うことが課題になる。しかし，低開発であるが故に，多くの途上国で高い経済成長率を実現するために必要とされる高い投資率を達成するには貯蓄率が十分ではない。すなわち，貯蓄・投資ギャップが生じているのである。そこで，国内貯蓄率を引き上げることは短期的にはむずかしいため，そのギャップを外国からの資金の受け入れで埋め合わそうというのである。外国から受け入れる資金には公的資金や民間資金があるが，途上国の経済発展に

役に立つタイプの資金が開発援助ということになる。

b．2つのギャップ理論

　これは，途上国が低開発にとどまっている原因を，貯蓄・投資ギャップと輸出入ギャップの2つの要因に求めるものである。輸出入ギャップとは，輸入が輸出を上回ることによって貿易収支赤字が発生し，そのことが外貨の減少あるいは外貨不足を招くということから，必要な物資の輸入が困難になるという経済発展に対する限界のことである。国際貿易は米ドルや円などのような外貨で通常は行われる一方で，多くの途上国が外貨不足という状況にあるため，経済発展のために不足している外貨を補うために開発援助が求められるということになる。このように，2つのギャップ理論によると，途上国における経済発展は貯蓄・投資ギャップによる貯蓄不足に加えて，輸出入ギャップによる外貨不足の2つの要因によって制約を受けているということになる。

　図10-1は，より高い経済成長率を達成するためには貯蓄不足よりも外貨不足が大きな影響を与えている途上国を例にして，貯蓄・投資ギャップと輸出入ギャップと経済成長との関係をみたものである。これによると，外貨不足であ

図10-1　2つのギャップ理論

経済成長率（％）

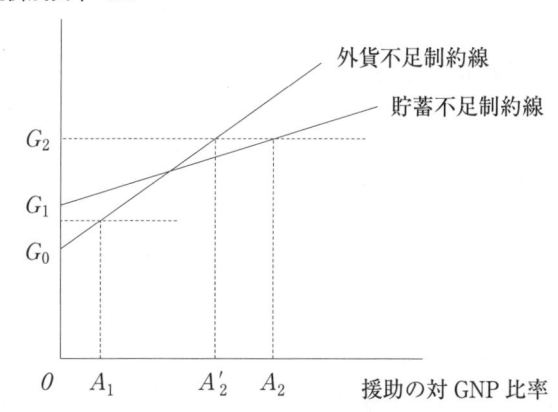

外貨不足制約線
貯蓄不足制約線

G_2
G_1
G_0

0　　A_1　　　A_2'　A_2　　援助の対 GNP 比率

出所：高木保興『開発経済学』有斐閣，1992年，p.173に基づいて筆者作成

れ，貯蓄不足であれ，より高い経済成長率を達成するためにはより多い援助を必要とするため，外貨不足制約線と貯蓄不足制約線のいずれも右上がりになっている。たとえば，この国で比較的低い経済成長率 G_0 を実現しているときは，貯蓄制約および外貨制約の範囲内にあるため，援助を一切必要としていない。しかし，さらに経済成長率を引き上げたい場合には，この2つの制約のどちらかが，あるいは，双方が成長への制約として影響を及ぼすことになる。経済成長率 G_1 を実現したい場合には，貯蓄は十分にあるが，外貨制約を受けることになり，OA_1 に相当する援助を受け入れなければならない。次に，経済成長率 G_2 を実現したい場合には，外貨不足を補うために OA'_2 の援助を受け入れることで解決しようとする。しかし，それでは，貯蓄不足が発生しているため，経済成長率の上昇に悪影響が及ぼされる。そこで，OA_2 に相当するさらに多くの援助を受け入れなければならない。したがって，この途上国では，貿易収支赤字の状況と貯蓄率の水準がかわらない限り，図に示された外貨不足制約線と貯蓄不足制約線の双方の直線の範囲内に経済発展の可能性が限られてしまうことになる。この図では，開発援助がないと経済成長率の水準は G_0 というもっとも低い水準にとどまらざるを得ないことから，開発援助を受け入れることの重要性が示されているが，それに加えて，外貨不足と貯蓄不足を改善することが経済発展の可能性を引き上げることも併せて意味している。

10-2　開発援助の方法

a．商業的資金と非商業的資金

　さまざまな種類の資金が国際間を流れている中で，開発援助に分類される資金とはどのようなものであろうか。国際間を流れる資金は営利目的かどうかという点から商業的資金と非商業的資金とにまず2分することができる。商業的資金には民間企業による直接投資（FDI）や投資家による間接投資（ポートフォリオ投資）にさらに分類される一方で，非商業的資金の代表的なものが開

発援助資金である。

　開発援助資金は，なぜ商業的資金ではないのであろうか。それは，開発援助の性質に由来する。開発援助であるためには，資金提供の目的が営利目的ではないこと，返済期間，金利，据置期間などの融資条件が譲許的であること，すなわち，商業銀行が求めるものよりも緩やかなことが基本的な条件である。しかし，まったく返済を求めない資金の場合でも軍事目的など，途上国の経済や社会の発展のため以外に使用される場合には，開発援助には該当しない。

　開発援助の代表例としてよく知られているが政府開発援助（ODA）である。しかし，開発援助のすべてがODAというわけではない。開発援助がODAであるためにはいくつかの条件が満たされなければならない。その条件とは，①途上国ないし世界銀行などの国際援助機関に対して供与されること，②経済・社会開発のために使用されること，③グラント・エレメントが25％以上であるということである。なお，グラント・エレメントとは，資金の融資条件の譲許性の程度を指数化したものであるが，この値が大きいほど融資条件が緩やかということを意味する。ODAのうち，先進国と途上国との間で供与されるODAは二国間ODAと呼ばれ，国際援助機関と途上国との間で供与されるODAは多国間ODAと呼ばれている。

　ODAの供与方法には大別して贈与と貸付（借款）がある。贈与とは返済を求めない開発資金である一方，貸付（借款）とは返済を求める開発資金である。そのうち，贈与は援助の方法に応じてさらに無償資金協力と技術協力に二分される。無償資金協力と，途上国が貧困緩和政策を進めるにあたって必要となる食糧購入や学校建設に必要な建設資材の購入のために，資金面で支援をしようというものである。一方，技術協力とは，途上国の人材開発を目的として資金面で支援をしようというものである。たとえば，途上国の技術者を先進国へ招いて研修を受けさせたり，あるいは，先進国の専門家を途上国へ派遣して指導をしたりする際の費用を資金面で支援するものである。貸付については，途上国で実施される開発プロジェクトに必要な資金を支援するものである。インフラ整備など途上国ではさまざまなプロジェクトが実施されるが，それにかかる

資金を，返済期間が長期で，しかも，金利が低水準の融資で支援しようというものである。

b．トリックル・ダウン・アプローチ

　開発援助はいかなる方針の下で途上国に対して供与されてきたのであろうか。
　開発援助の歴史の中で初めて登場した援助方針は，トリックル・ダウン・アプローチである。これは，1940年代末から1950年代初めに実施されたマーシャル・プランに基づく大規模な資金援助が被援助国の経済復興に大いに役立った経験に基づくもので，途上国の経済的安定には大規模な資金援助が必要であるとする考え方である。このアプローチによると，大規模な資金投入は工業化を促し，それが雇用機会の増大，所得水準の向上へとつながることによって途上国経済が活性化される。そして，この恩恵が，しずくが少しずつしたたり落ちるように，最終的には工業活動の中心である都市部から農村部へと波及していくことによって途上国の生活水準の改善に結びつくと期待するのである。ところで，マーシャル・プランとは，第2次世界大戦で大きな被害を受けたイギリス，フランス，西ドイツ（当時），ギリシャ，トルコ，ポルトガルなどの戦後復興を目的として行われた。援助総額は102億米ドル余りで，当時のアメリカのGNPの2％を超える大規模なものであった。マーシャル・プランは顕著な成果を収めることになったが，その要因は，援助資金の規模が大きかったことだけではなく，被援助国が元々先進国であったこと，したがって，援助資金を有効に活用する潜在的な能力が備わっていたことも無視できない。しかし，この成功で援助資金の規模に特に注目が集まったこと，さらに，東西冷戦の下で援助競争が繰り広げられたことにより，途上国の経済発展のために大規模資金を投入することが促進された。このような影響は，1960年代に取り組みが始まった「国連開発の10年」にも及び，先進国による対途上国ODAの目標水準が先進国のGNPの0.7％に設定されるなど，援助資金の規模の重要性が強調された。こうした大規模な援助資金は，途上国のインフラ整備，生産設備建設，技術支援等に充当された。

c．ベーシック・ヒューマン・ニーズ・アプローチ

　1970年代にはいると，開発援助の方法に新たなアプローチが登場する。それは，これまでのアプローチに基づいて行われてきた援助によって，経済成長の恩恵を享受することができたのは一部の人びとに限られ，多くの人びとは経済成長の蚊帳の外に追いやられてしまったからであった。すなわち，これまでとられてきた援助資金の大規模投入は経済規模の拡大を主に目指してきた一方で，途上国の人びとの生活の向上については注目してこなかった。したがって，途上国で所得分配の不平等が拡大し，経済発展がかえって貧富の格差を招く結果に陥ってしまった。こうした状況が明らかになると，世界銀行も経済成長を至上命題とする方針から途上国の貧困緩和に重点を置くようにかわってきた。こうした潮流の変化は，これまでのトリックル・ダウン・アプローチに代わり，ベーシック・ヒューマン・ニーズ・アプローチを広く受け入れやすくした。このアプローチは，開発援助の目的を途上国の経済規模の拡大よりもむしろ，人間が生きていくために必要な基本的なサービスを優先的に充足していくことに定めた。この基本的サービスには，医療や保健，教育などが当てはまる。こうして，開発援助は道路や鉄道，橋，港湾施設などの経済インフラの整備から医療，教育，住宅などの社会インフラ支援が優先されるようになった。

　ベーシック・ヒューマン・ニーズ・アプローチが登場した意義はどこにあるのだろうか。開発援助の理想と現実とのギャップが広く問題視されるようになった1970年代，途上国は自らが置かれた従属的な境遇を覆すべく国連の場において新国際経済秩序を宣言し，石油ショックを引き起こして実力行使に出た。そうして，途上国は先進国との従属関係を解消し，対等な経済的関係を築くことによって，これまでの国際的に不平等な経済秩序を一新しようとした。一方で，先進国にも従来の開発援助の在り方に疑問を呈し，経済開発の真の意味を探る動きが出てきた。その結果として出てきたのがベーシック・ヒューマン・ニーズ・アプローチである。したがって，新国際経済秩序とベーシック・ヒューマン・ニーズ・アプローチは1970年代の南北問題の主要テーマであった

ともいわれる（西垣昭・下村恭民・辻一人『開発援助の経済学（第3版）』有斐閣，2003年）。そういう意味で，新国際経済秩序もベーシック・ヒューマン・ニーズ・アプローチも，従来の南北関係に抜本的な疑問を呈し，これまでの開発援助の矛盾を克服する方法として，新たな開発援助の在り方を模索する1つの試みとして登場してきた点で大きな意義があったといえる。

d．構造調整アプローチ

1980年代前後になると，途上国で新たな問題が表面化することになる。それが累積債務問題である。この問題は，中南米諸国を中心とする途上国が採用した輸入代替工業化戦略が失敗したことに加えて，結果として生じた財政収支赤字と経常収支赤字を主に外国の民間短期資金で埋め合わせたことによって債務が返済不能になるまで累積したことで発生した。そこで，こうした累積債務問題に陥った途上国に対して新たな資金援助を行う必要性が出てきたことから，経済構造を改善することを条件に開発援助を行うようになった。これが構造調整アプローチである。新規援助資金に付帯される条件とは，① 緊縮政策（財政および金融の引き締め）を実行すること，② 規制緩和（市場開放，価格統制の撤廃，為替管理の撤廃，貿易自由化など）を実現すること，③ 国営企業の民営化および民活を促進すること，④ 分権化（権限の中央から地方への移譲）を進めることなどが含まれる。これらの条件は総称してコンディショナリティと呼ばれるもので，市場メカニズムに基づく経済運営を実現することを目的とするものであった。

構造調整アプローチがこれまでの開発援助のアプローチと異なる点は，これまでのアプローチが経済ないし社会インフラ整備などの個々の開発プロジェクトを開発援助を通じて支援することを目的としていたのに対して，構造調整アプローチは途上国のマクロ経済の調整を通じた経済構造の転換を支援の対象としていることである。こうした援助はノン・プロジェクト援助（プログラム援助ともいう）とも呼ばれている。したがって，構造調整アプローチにとって途上国の経済発展に必要不可欠な要素はマクロ経済の安定であり，途上国におけ

る貧困や所得分配，教育，医療などに関する問題には十分な配慮が払われなかった。

このように開発援助はそれぞれの時期に途上国が置かれた経済環境の違いから異なるアプローチによって行われてきたが，基本的には上記で紹介されたアプローチは互いに排他的であるというわけではない。後述のように，世界各国の政府開発援助には途上国の開発に資するため，経済インフラや社会インフラ，プログラム援助などさまざまな分野に対して援助資金が支出されている。

10-3 開発援助の実績と課題

a．ODA 供与の実績と特徴

(1) 世界の ODA

先進国による ODA は1970年代後半以降急激に増大し始めた。世界の ODA の実績を規模，地域別配分先，援助内容，譲許の程度の観点から検討し，世界の ODA の特徴を量的，質的に浮き彫りにしたい。

世界主要国による ODA 供与の動向を示しているのが図10-2である。これは世界の ODA 供与国の中でも特に援助の規模が大きい DAC（OECD 開発援助委員会）主要国の ODA 供与額の動向に注目したものである。それによると，当初からアメリカによる貢献度が大きかったが，1989年に日本の ODA 総額がアメリカを抜いて世界トップに躍り出た（ただし市場価格表示において）。その後再びアメリカがトップに返り咲いているが，日本は引き続き ODA について世界でもきわめて大きな貢献をしている国の1つである。

DAC 主要国による ODA の供与先は各国の歴史的事情や地理的近接性，国際政治上の立場などによって違いがある（図10-3を参照）。アジアでは地理的近接性から日本の ODA が3割以上を占めている一方で，中東では戦略上の点（対イスラエル・エジプト支援）から，中南米では地理的な近接性からアメリカが大きなシェアを占めている。特に，中東では，自由と民主主義という価値

図10-2　主要 DAC 諸国による開発援助実績

(百万ドル，2006年価格)

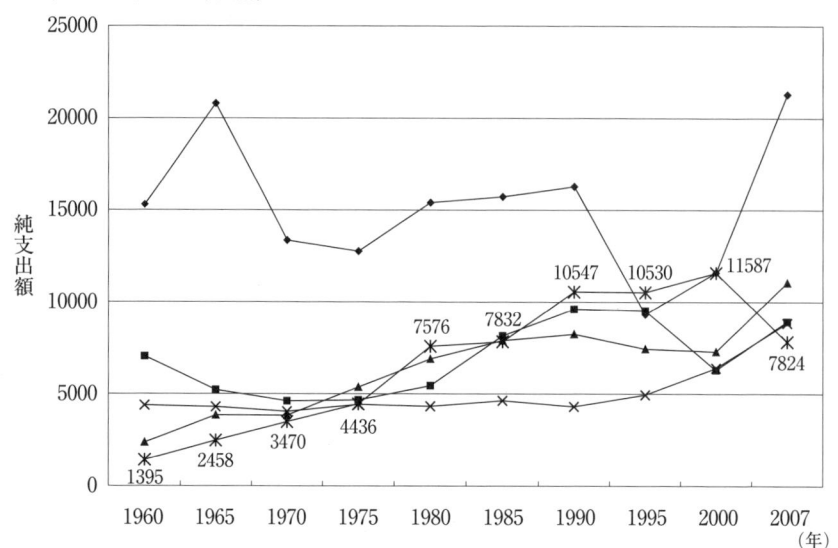

注：——◆—— アメリカ ——■—— フランス ——▲—— ドイツ ——×—— イギリス ——＊—— 日本，をそれぞれ示す。
出所：外務省『政府開発援助白書（2007年版）』，DAC 資料より筆者作成

　を守ること，および，テロとの戦いを進めることという2つの点で，アメリカがイスラエルとエジプト支援を積極的に行っている。アフリカではフランスとイギリスのシェアが高い。これは，フランスが旧仏植民地・海外領土に対して責任をもって支援をするという強い使命感を抱いていること，イギリスも旧英国植民地である英連邦に対する援助を積極的に行っていることを反映した結果であるといえる。
　DAC 主要国が供与する ODA の分野別の特徴を比較しているのが図10-4である。日本については，経済インフラの割合が3割強を占める一方，フランスについては社会インフラの割合が高い。フランスはフランス語とフランス文化の普及を援助理念として掲げていることから，特に教育分野での援助に力を入れていることが，社会インフラ（特に教育）の割合を高める結果になっている。イギリスとドイツについては，特に1990年において，プログラム援助に対する

第10章　グローバル化時代の国際援助政策　209

図10-3　DAC諸国による開発援助の地域別実績（2005年）

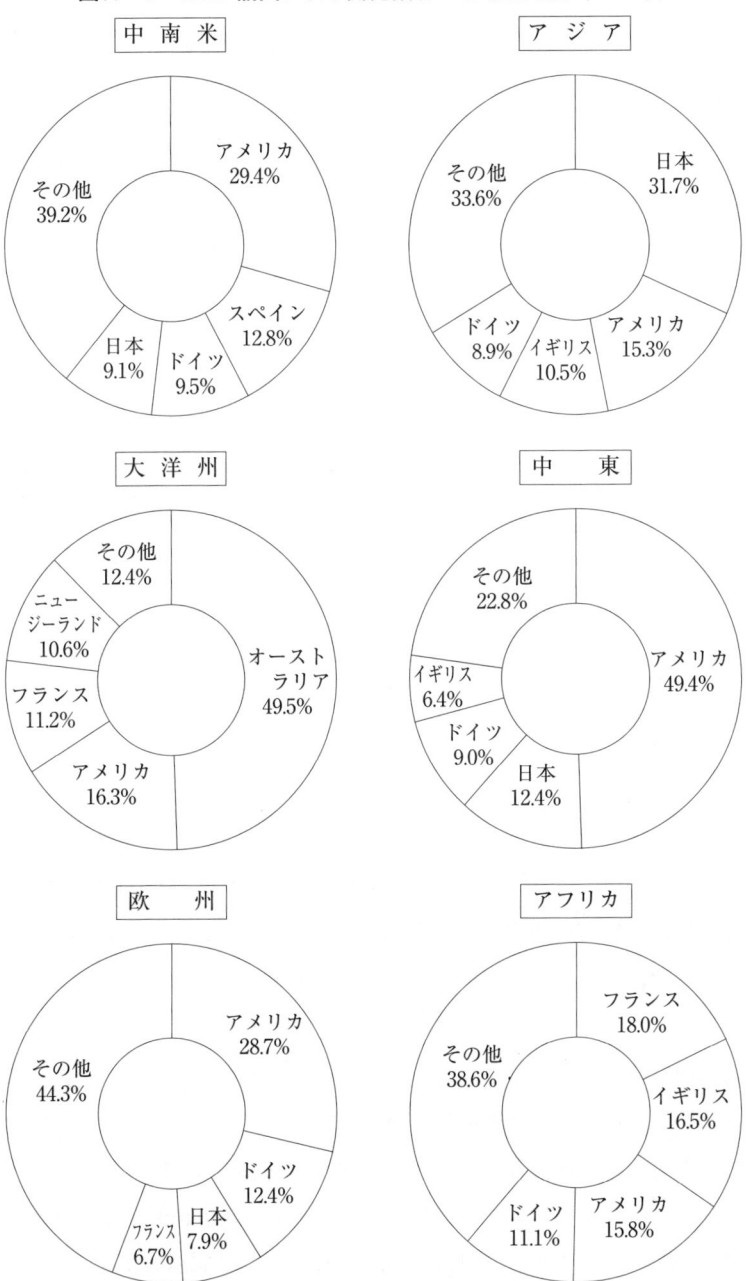

中南米
- アメリカ 29.4%
- スペイン 12.8%
- ドイツ 9.5%
- 日本 9.1%
- その他 39.2%

アジア
- 日本 31.7%
- アメリカ 15.3%
- イギリス 10.5%
- ドイツ 8.9%
- その他 33.6%

大洋州
- オーストラリア 49.5%
- アメリカ 16.3%
- フランス 11.2%
- ニュージーランド 10.6%
- その他 12.4%

中東
- アメリカ 49.4%
- 日本 12.4%
- ドイツ 9.0%
- イギリス 6.4%
- その他 22.8%

欧州
- アメリカ 28.7%
- ドイツ 12.4%
- 日本 7.9%
- フランス 6.7%
- その他 44.3%

アフリカ
- フランス 18.0%
- イギリス 16.5%
- アメリカ 15.8%
- ドイツ 11.1%
- その他 38.6%

出所：外務省『政府開発援助白書（2007年版）』より作成

図10-4　DAC主要国による二国間ODAの分野別特徴

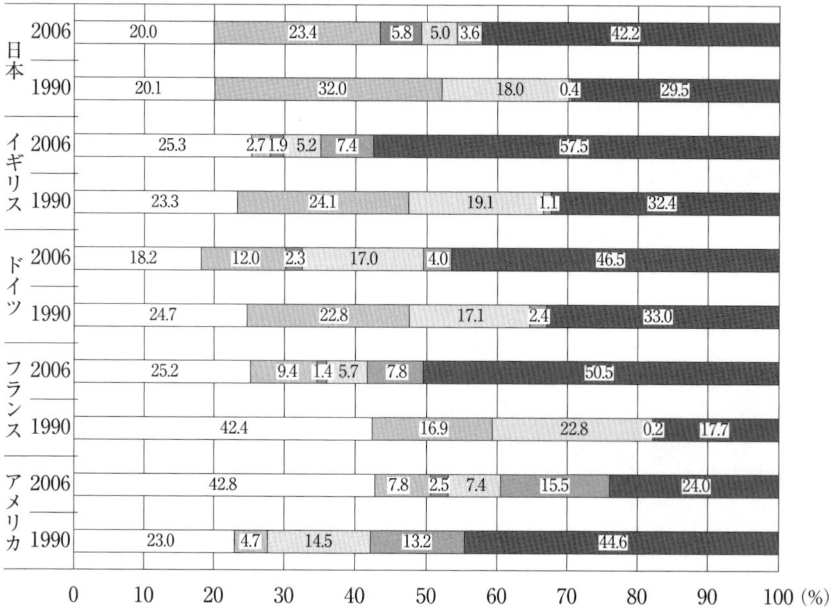

国	年	社会インフラ	経済インフラ	農業	工業等	緊急援助	プログラム援助等
日本	2006	20.0	23.4	5.8	5.0	3.6	42.2
日本	1990	20.1	32.0		18.0	0.4	29.5
イギリス	2006	25.3	2.7	1.9	5.2	7.4	57.5
イギリス	1990	23.3	24.1		19.1	1.1	32.4
ドイツ	2006	18.2	12.0	2.3	17.0	4.0	46.5
ドイツ	1990	24.7	22.8		17.1	2.4	33.0
フランス	2006	25.2	9.4	1.4	5.7	7.8	50.5
フランス	1990	42.4	16.9		22.8	0.2	17.7
アメリカ	2006	42.8	7.8	2.5	7.4	15.5	24.0
アメリカ	1990	23.0	4.7	14.5	13.2		44.6

注：□ 社会インフラのシェア　■ 経済インフラのシェア
　　■ 農業分野のシェア（食糧援助を除く）　□ 工業等その他生産分野のシェア
　　■ 緊急援助（食糧援助を含む）のシェア　■ プログラム援助等のシェア

出所：外務省『政府開発援助白書（2007年版）』より筆者作成

支出が他国と比較して突出していた。しかし，2006年にはいずれの国も（ただしアメリカは除く）プログラム援助等のシェアが高まってきている。プログラム援助等には，債務救済が含まれる。たとえば，日本でもプログラム援助等の比重が飛躍的に高まってきているが，その内訳をみると，ほとんどが債務救済による支出となっている。債務救済については，重債務最貧国の債務帳消しに積極的に取り組んでいるイギリスにおいて比重が高く，同国では一貫してプログラム援助等重視型の分野別配分となっている。ドイツについても，2001年に援助理念が明確化されたことによって，貧困削減を援助の柱にすることが決定されている。これまでプログラム援助などに対する支出が大きな比重を占めていたアメリカは，ミレニアム開発目標（MDGs）（詳細については後述）の実現

表10-1　DAC主要国によるODAの質の程度（％）

	贈与比率	グラント・エレメント	アンタイド率
アメリカ	99.9	100.0	-
フランス	86.3	95.2	94.7
ドイツ	82.6	95.8	93.0
イギリス	95.7	100.0	100.0
日本	54.1	88.1	89.6

注：数値は2004/05年の平均値。約束額ベース。
　　アンタイド率については2005年の数値。
出所：外務省『政府開発援助白書（2007年版）』より筆者作成

に積極的に乗り出すことになり，保健，教育，農業支援など社会インフラへの支援の比重が近年高まってきている。

　DAC主要国が供与するODAの質はいかなるものであろうか（表10-1を参照）。まず，贈与比率およびグラント・エレメントについていえることは，日本の水準はDAC加盟国の平均値より低い一方で，欧米主要国の水準は常に高い。このことは，欧米主要国は贈与など返済を伴わないタイプのODAを供与する傾向があるのに対して，日本は借款のような返済を求めるタイプのODAのウェイトが高いことを意味している。一方，アンタイド率，すなわち，途上国がODAを利用して物資を調達する際に購入先が限定されていない程度に関しては，日本は他の供与国よりもはるかに高い水準を維持してきた。しかし，最近は全体的にアンタイド率が上昇してきており，全体的に調達面における途上国の自由度が増している。このように，ODAとひとことでいっても，その内容については供与国によってさまざまであり，歴史的経緯，地理的近接性，戦略的重要性などの要因に大きく影響を受けていることがわかっている。

(2)　日本のODA

　日本は今では援助大国の1つとして確固たる地位を築いているが，もともとは開発援助の被援助国であった。敗戦後の経済復興を開始するために，日本政

府はアメリカ政府をはじめ，同国の政府系あるいは市中銀行より援助資金を受け入れたのに加えて，世界銀行からも援助資金を積極的に受け入れた。日本が世界銀行から資金を受け入れたのは1953年から66年までの期間で，その間約8.6億ドルの資金を借り入れることになった（西垣昭・下村恭民・辻一人『開発援助の経済学（第3版）』有斐閣，2003年）。世界銀行の融資はだいたい6対4の割合でインフラ建設と基幹産業の能力増強にあてられた。世銀融資の6割が充当されたインフラ建設については，高度経済成長の下で工業化，都市化が進むにつれて，道路整備の立ち後れが顕著になってきたことから，高速道路の整備などが中心であった。たとえば，名神高速道路および東名高速道路の一部に世界銀行融資が使用された。その他にも，鉄道（東海道新幹線），発電（黒部第4ダム），用水（愛知用水）などインフラ整備が世銀融資で進められた。一方，残りの4割は基幹産業に対して融資された。対象となった産業は，電力，鉄鋼，造船，自動車であり，融資はこれらの産業の設備投資および生産能力の増強に活用された。こうして戦後復興を順調に遂げたことによって，日本は1964年に経済協力開発機構（OECD）に加盟し，先進国の仲間入りを果たすことになったのであるが，長期・低利融資が特徴である世銀融資を完済したのは1990年7月であった。

　日本が援助供与国として登場するのは，1954年にコロンボ・プランに加盟することになってからである。したがって，この年が日本の援助元年とされている。ただし，当時の日本による援助は技術協力とされているものの，実際には戦後賠償を中心とするものであり，ODAの要素はほとんどなかった。日本がODAの供与拡大で顕著な実績を示し始めるのは1970年代後半以降である。

　規模については既述の通り1970年代後半以降，目覚ましい拡大があったが，その結果として1989年には日本のODAはDAC加盟国中最大になり，世界トップのODA供与国となり，その後も常に高い水準を維持している。日本による開発援助の実施の基本方針の中でもっとも重要な要素は途上国の自助努力を支えるということである。それは，途上国自体が自国の経済開発に責任をもって主体的に関わるのを促すと共に，日本による援助の終了後も途上国が持

続的な経済発展を遂げることができるようにするためである。自助努力に加えて，日本が戦後復興および高度経済成長を成し遂げた経験から，日本の知見や技術を途上国に伝えること（たとえば，参加型農村開発の取り組み，産業基盤整備と一体化した工業化の取り組み，高度成長に伴う公害問題に対する取り組みなど），途上国の民主化・市場経済化を支援すること（法の支配・行政能力の向上のための人づくり支援，法・制度構築を通じた良い統治の実現など）も日本の開発援助のための重要な理念である。

日本の開発援助の地域別配分については，これまでアジア向けが高いウェイトを占めてきた。しかし，MDGsの達成が世界的な取り組みとなったことによって，世界の開発援助の重点が貧困削減を中心に据えることになったことに加えて，それを実現するために援助資金の供与分野や地域配分に関する議論が援助供与国側で活発に行われるようになったことによって，国際的にアフリカ重視で開発資金を供与する傾向が出てきた（外務省『政府開発援助白書（2007年版）』）。これを受けて，日本の開発援助資金の配分先がアジア重視からアフリカ重視へとシフトしてきている（図10-5を参照）。日本の開発援助の分野別配分については，日本の援助の基本方針である途上国の自助努力を支えるために人づくり，経済基盤（道路，港湾，通信等）および社会基盤（教育，保健，衛生等）づくりが重視されてきている。しかし，他の援助供与国との対比でみると，日本の援助は経済インフラの分野に相対的に重点的に供与されていることが特徴としてあげられる。

2006年における地域別および援助形態別の日本のODAをみると（図10-6を参照），日本のODAの4分の1強が集中しているアジアでは贈与も政府貸付も規模が大きいが，割合では貸付の方が贈与を上回っている。これに対して，アフリカ，中近東，中南米では贈与が圧倒的である。また，贈与の中で技術協力が3割強を占めていることは，日本のODAが人づくり支援を積極的に進めている現れである。日本政府は「国づくりの基礎は人づくり」という基本的な方針に基づいて，途上国の人材育成に注力してきている。それは，既述のように，自助努力が途上国の持続的な経済発展を保証するもっとも重要な要素の1

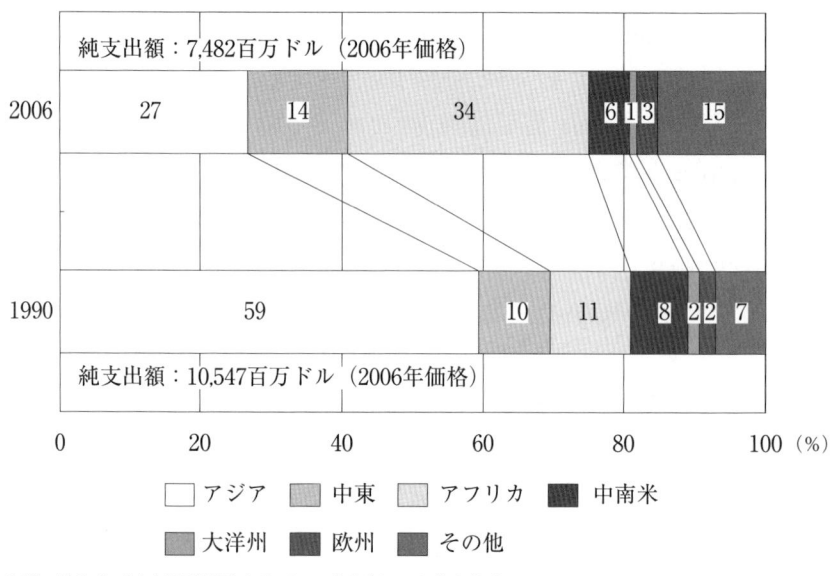

図10-5 日本による二国間ODAの地域別分布

年	アジア	中東	アフリカ	中南米	大洋州	欧州	その他
2006	27	14	34	6	1	3	15
1990	59		10	11	8	2	2	7

2006年 純支出額：7,482百万ドル（2006年価格）
1990年 純支出額：10,547百万ドル（2006年価格）

出所：外務省『政府開発援助白書（2007年版）』より筆者作成

図10-6 日本の二国間ODAの地域別・形態別状況（2006年）

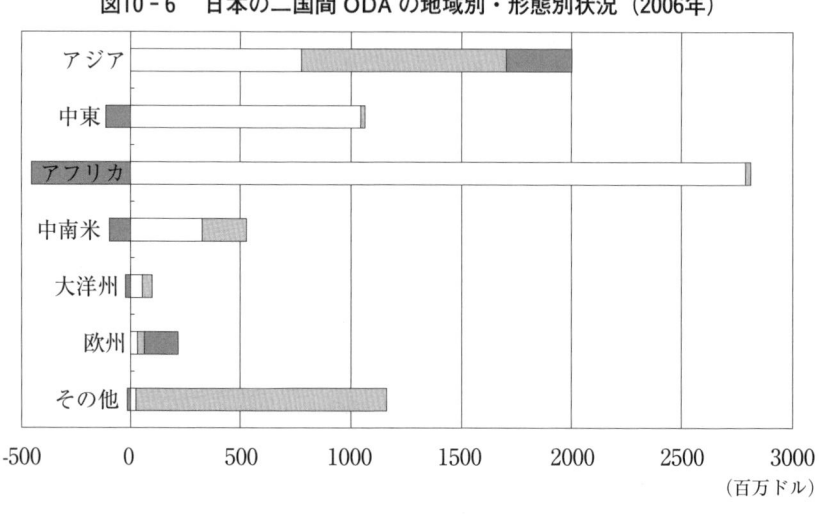

（百万ドル）

凡例：贈与 無償資金協力／贈与 技術協力／政府貸付

出所：外務省『政府開発援助白書（2007年版）』より筆者作成

つであるという日本の開発援助の基本方針に合致するからであると共に，海外協力隊などの形態で日本の専門家が途上国において人材育成に関わることは日本の「顔のみえる援助」を展開していく上でも望ましいことであるといえるからである（外務省『政府開発援助白書（2007年版）』）。

次に，2006年における日本のODAの分野別配分を援助形態別にみると（図10-7を参照），社会インフラ（教育，保健，人口計画など）については贈与（無償資金協力および技術協力）によってまかなわれていることが示されている一方，経済インフラ（運輸，通信，エネルギーなど）については政府貸付（借款）によって大部分がまかなわれており，支出される分野に応じてODAの援助形態に明確な差がつけられていることがわかる。日本政府としては，贈与よりも借款の方を重視している。それは，やはり日本による開発援助の基本方針である

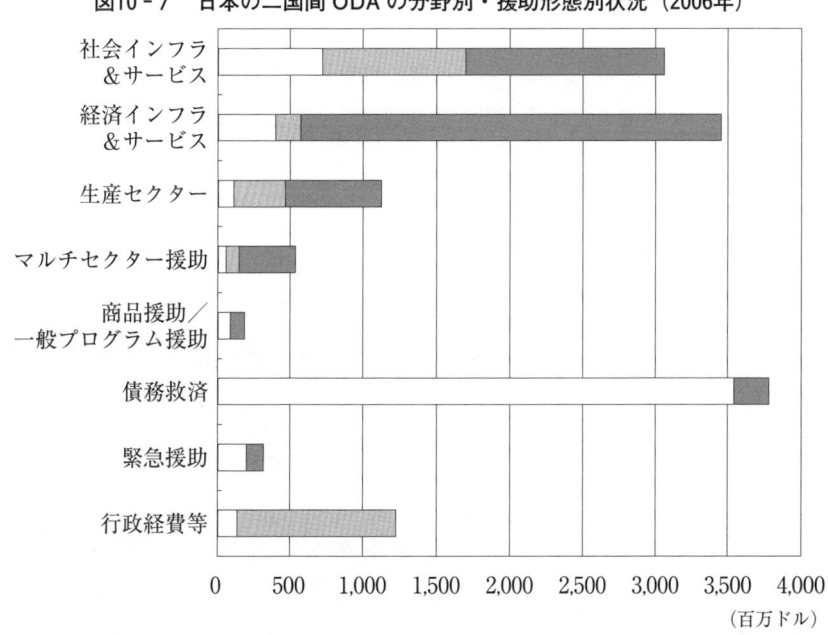

図10-7 日本の二国間ODAの分野別・援助形態別状況（2006年）

□ 無償資金協力　▨ 技術協力　■ 政府貸付

出所：外務省『政府開発援助白書（2007年版）』より筆者作成

途上国の自助努力を促すためには，返済義務を伴うほうが開発計画に対する途上国の主体的な関与を引き出すことができるのではないかという期待があるからである（外務省『政府開発援助白書（2007年版）』）。

b．開発援助と累積債務問題

累積債務問題は中南米諸国を中心に1980年代にはいって勃発した問題である。既述のように，1960年代まで開発援助を供与するにあたって広く受け入れられていた方針はトリックル・ダウン・アプローチであり，大規模な開発資金を投入することで途上国の経済水準の底上げを図ろうとするものであった。一方で，開発援助を受ける側の中南米諸国は，ポピュリズム運動が台頭してきた中で，外資への対抗と工業化を推進する母体として政府の役割が重要視された。そのため，これらの諸国では輸入代替工業化戦略が採用され，輸入工業製品を国産化しようとして工業化が推進された。しかし，国内産業の効率的な運営を実現することができず，赤字体質の国内産業の財政補填を余儀なくされたことから財政収支赤字が継続，そして，輸入工業製品の国産化計画が輸入部品の思わぬ急増という結果を招き，経常収支赤字も招いた。そのため，これらの赤字を政府は民間資金の借入でファイナンスしようとしたが，そうなるとこれらの諸国が破たんするのはもはや時間の問題であった（表10-2を参照）。もっとも，こうした理由が当てはまるのはある程度工業化が進んでいる中所得国の中南米諸国である。一方で，アフリカなどの経済力がきわめて弱い低所得国が累積債務問題に陥った理由は，譲許的性格が強い公的債務が，これらの諸国が返済不能になるほど膨れあがったからであることが明らかにされている（高木保興『開発経済学』有斐閣，1992年）。

累積債務問題の勃発後，国際社会は国際金融システムの崩壊を食い止めると同時に，問題を発生させた諸国の累積債務の処理に乗り出した。これらの諸国に新規融資を行うことが1つの解決方法であったため，構造調整アプローチに基づいて新規融資が行われた。また，公的債務については債務の削減も解決策の1つとして選択肢に入れられた。特にアフリカ諸国については，公的債務が

表10-2 ラテンアメリカおよびアフリカ諸国の債務返済比率 (%)

	1975	1980	1985	1990	1995
ブラジル	43.5	63.3	39.1	22.1	36.6
アルゼンチン	−	37.3	60.1	37.0	30.1
チリ	34.6	43.1	48.4	25.9	24.5
メキシコ	−	44.4	43.7	20.7	27.0
ボリビア	−	35.0	49.5	38.6	29.4
コスタリカ	−	29.1	41.5	23.9	13.8
エクアドル	−	33.9	33.0	32.5	24.9
ジャマイカ	−	19.0	37.6	26.9	16.2
ニカラグア	−	22.3	18.5	3.9	38.7
セネガル	5.8	28.7	20.8	19.9	16.8
ニジェール	4.6	21.7	33.7	17.4	16.7
マリ	4.0	5.1	17.4	12.3	13.4
マラウィ	−	27.8	39.8	29.3	24.9
マダガスカル	16.6	19.3	41.7	45.5	7.6

注:債務返済比率=債務支払額/輸出総額
出所:World Bank(各年版)*World Development Indicators* より筆者作成

債務全体の大きな部分を占めていたので,債務削減が効果的な処理方法であった。一方で,民間債務の割合が高かった中南米では債務の削減は容易ではなく,債務の証券化等の方法で債務の完済が目指された。このように,開発援助はたとえ譲許性が高いといっても,借りた以上は返済が求められるわけであり,国の経済力に見合わない巨額な開発援助を受け入れてしまうと大きなツケを途上国は支払わなければならないのであった。

c. 援助疲れとミレニアム開発目標(MDGs)

1980年代は,開発援助にとって1つの試練の時期であった。このことは,先進国による援助資金の供与額の伸び悩みにつながり,そのため対途上国援助は

転機を迎えた。先進国による援助資金の供与額が伸び悩んだのにはいくつかの理由がある。まず，これまで途上国に対して援助資金が投入されてきたが，1980年代に累積債務問題が勃発し，途上国の経済発展の実績は必ずしもあがっていないことが浮き彫りになり，開発援助の意義について先進国の国民の中から疑問の声があがったからである。次に，財政事情が良くないのは途上国のみならず，先進国も同様であり，先進国も財政再建の必要性が高まってきた。そういう状況下にあって，先進国の予算の中で開発援助に割くことができる割合が低下してきたことがあげられる。さらに，1989年のベルリンの壁崩壊が象徴した東西冷戦の終結によって，東西両陣営でこれまで繰り広げられてきた援助競争の必要性がなくなったこともある。

このように，途上国における貯蓄・投資ギャップや外貨ギャップを埋め合わせるために継続して開発援助を行う必要性は今後も十分にあるものの，先進国は開発援助を行う意欲を失ってきたと同時に，自国の置かれた状況から途上国よりも先進国の国民を優先しなければならなくなったのであった。こうして援助供与国は対途上国援助にこれまでのような熱意を継続することができなくなり，援助疲れの様相を呈するようになったのであった。

しかし，2001年9月，国連事務総長報告書においてミレニアム開発目標（MDGs）が発表された。ミレニアム開発目標は貧困削減というあらゆる人びとが共有できるテーマに対して具体的かつ測定可能な開発目標を設定して，その目標の達成に対して国際社会が一致して取り組むというものであった。こうして，それまで援助疲れという状況に陥っていた援助供与国において，MDGsは援助に対する意義を新たにし，動機付けを与えるきっかけとなったのであった（外務省『政府開発援助白書（2007年版）』）。MDGsでは，表10-3に示されているように，貧困削減に関わる8つの目標が設定され，2015年までに各目標に関連して設定されたターゲットを達成するという目標がたてられている。

MDGsが始まってすでに数年が経過しているが，2007年7月に公表された経過報告書によると，進捗状況については一様ではなく，地域差が発生している。特に，サハラ以南のアフリカ諸国では顕著な遅れが発生している。同諸国

表10-3　ミレニアム開発目標の8つの目標

目標1	極度の貧困と飢餓の撲滅
目標2	初等教育の完全普及の達成
目標3	ジェンダー平等の推進と女性の地位向上
目標4	乳幼児死亡率の削減
目標5	妊産婦の健康の改善
目標6	エイズ，マラリア，その他の疫病の蔓延の防止
目標7	環境の持続可能性確保
目標8	開発のためのグローバルなパートナーシップの推進

については，2015年までにMDGsの8つの開発目標のすべてで達成不可能とされている。特に，乳幼児死亡率，妊産婦の健康の改善，エイズ・マラリア等の疾病の蔓延防止，環境の持続可能性の確保，開発のためのグローバルなパートナーシップの推進の5つの目標についてはMDGs開始当初よりもむしろ事態が悪化している。その背景にはさまざまな理由があるが，1つにはサハラ以南のアフリカ諸国において開発自体が遅れているという根本的な問題がまず指摘できるが，それに加えて，気候変動が開発実績の遅れを助長している面もあるとされている（外務省『政府開発援助白書（2007年版）』）。

このように，MDGsの実績には地域的な格差が発生しており，目標達成には困難が伴ってはいるが，MDGsは従来にはなかった成果主義という民間経済活動では当然の行動基準を開発援助の世界にももち込み，しかも，それを定着させることになったという点で開発援助政策に1つの大きな貢献をしたとされている（外務省『政府開発援助白書（2007年版）』）。途上国に対する援助は今後も継続して必要な一方で，そうした援助が供与国の国民の税金で主にまかなわれている事実がある。税金が何に使われ，それがどのような成果をあげているのか，援助に対して成果主義が適用されるようになった背景には，援助供与国の政府が自国民に対して説明責任を果たすことが問われるようになってきたこともあるといえる。

d．新自由主義と ODA

　開発援助は経済活動のグローバル化と新自由主義的思想を途上国の経済運営にも浸透させる手段として使われるようになってきている。

　国際通貨基金（IMF）と世界銀行は，1999年の年次総会において特に貧困が深刻な途上国（すなわち重債務国および国際開発協会による融資対象国）に対して開発援助の条件として貧困削減戦略文書（PRSP）を作成することを決定した。PRSP とは，貧困削減のために3～5年程度の間に実施すべき政策についてまとめたものであり，貧困状況の実態把握，原因の特定，目標の設定，政策の監視と評価の方法などについて具体的に提示することが求められている。構造調整プログラムが援助する側の押しつけになってしまったという反省から，PRSP では被援助国である途上国政府が文書作成の責任を負うという途上国のオーナーシップの下で進められている。しかし，PRSP は IMF と世界銀行の同意があってはじめて最終的に採択されるので，これら2つの国際援助機関の基本的な活動原則である経済自由化と自由民主主義の推進が文書に反映されたものでなければならなくなっている（Janet Hunt 'Aid and Development,' *in* Kingsbury, D., Remenyi, J., McKay, J. and Hunt, J., *Key Issues in Development*, Palgrave Macmillan, 2004.）。

　新自由主義を開発援助に関連させて，開発援助政策を政治的色彩の強いものにしているのがアメリカである。アメリカは，対テロ戦争の同盟国であるかどうかを基準にして，同盟国として合意した途上国に対しては開発援助を注ぎ続ける一方で，そうではない途上国からは援助を引き上げるという行動に出て，開発援助を国際政治の手段と変化させている。したがって，開発援助を継続して受け取るためには，経済的な開放のみならず，開放的社会の実現と民主主義実現のための基盤構築という政治的な開放も強く求められるようになってきている。

e．NGOとの連携

これまで開発援助というと二国間ないし多国間援助という公的部門が担い手であったが，1980年代に生じた先進国の援助疲れをきっかけにして，開発援助の担い手としての民間部門である非政府組織（NGO）の重要性がますます高まってきている。

なぜ開発援助とNGOとの連携が注目を集めるようになってきたのだろうか。まず，既述のように，財政再建を実現しなければならない中で国際貢献も求められる先進国にとって，いかにして先進国の国民の理解を得て開発援助政策を継続していくのかが課題であった。つまり，先進国の援助が現実に活用されている様子がわかる，顔のみえる援助を行うことが求められた。そのためには，途上国における援助の現場に入り込んでいるNGOと連携することが望ましかった。次に，ODAが効果的，効率的に活用されるためには，途上国の援助対象地域のニーズに十分応える必要があるが，ガバナンスに問題を抱える多くの途上国では，民主的に物事を決めることがむずかしい。そこで，途上国政府と事業対象者との間を取りもつ役割としてNGOの存在が求められたのである。

では，いかにして公的部門とNGOが連携を実現するのか。第1の方法は，双方が開発プロジェクトの事業目標の達成のために共同で活動するが，その活動に関わる資金はそれぞれの独自の予算から捻出するというものである。第2の方法は，ODA予算を活用して，NGOが行う事業の一部に補助を与えるものである。日本政府による草の根無償援助，NGO支援無償援助などがこれにあたる。第3の方法は，ODA供与が認められた事業を開始するにあたってその準備や審査，評価などに対してNGOを雇用して，そのノウ・ハウを活用するものである。これは，個々の開発に関する案件に尽力してきたNGOのコンサルタント能力を高く評価するものである。こうした連携はすでに先進各国で実践されている。表10-4によると，各国政府のNGOに対する資金面での支援の規模や程度については大小があるが，カナダやオランダではODAの規模に比してNGOに対する補助金の割合が比較的高く，政府がNGOとの連携を

表10-4　DAC諸国のNGOによる援助実績（2005年）

	NGO 自己資金 （百万ドル）	政府開発 援助実績 （百万ドル）	対NGO 政府補助金 （百万ドル）	政府開発 援助に占める NGO補助金 (%)	NGO援助 実績に占める 政府補助金 (%)
アメリカ	8,629	27,622	−	−	−
フランス	−	10,026	40	0.4	−
ドイツ	1,523	10,082	−	−	−
イギリス	726	10,767	394	3.7	35.2
日本	255	13,147	129	1.0	33.5
カナダ	973	3,756	31	0.8	3.1
デンマーク	81	2,109	56	2.6	40.7
オランダ	422	5,115	674	13.2	61.5
スウェーデン	29	3,362	134	4.0	82.3
DAC計	14,712	106,777	1,780	1.7	10.8

注：NGO援助実績＝NGO自己資金＋政府補助金
出所：外務省『政府開発援助白書（2007年版）』より筆者作成

他国よりも重視していることがわかる。一方，NGOにとって，政府からの補助金はきわめて大きな存在になっており，事業資金の半分前後が補助金で賄われていることが示されている。

　これまでは，NGOが公的部門と手を結んで共通の事業を行うことはあまりなかったが，今や双方の存在は相反するものというよりはむしろ補完的なものとみるべきであろう。NGOによる援助は機動性に富んだ現地密着型の草の根援助である。それに対して，ODAによる援助は国家間の協力による大規模かつ総力的な援助である。NGOも公的部門も，互いが連携して共通の開発援助を行うことには大いに意義があるといえよう。

第11章　グローバル化時代の地域経済統合

① 地域経済統合を行う根拠を提示する。
② 地域経済統合のタイプを説明する。
③ 地域経済統合を行う方法について考える。
④ 戦後における自由貿易の取り組みについて検討する。
⑤ 世界の地域経済統合の現状について把握する。
⑥ 地域経済統合と世界大での自由貿易との整合性について検討する。
⑦ アジアをめぐる地域経済統合の展望について考える。

11-1　経済発展と地域経済統合

a．経済統合の静態的効果

　なぜ経済統合を進めるメリットがあるのか。それについて経済統合を行う域内諸国間で貿易障壁の撤廃をする前後で貿易量や経済厚生がいかに変化するのかという観点から説明するのが静態的効果である。

　図11-1は，経済統合の中の1つの形態である関税同盟を結成することから生じる貿易創出効果と貿易転換効果を示したものである。横軸にはA国の工業製品輸入量，縦軸には工業製品の価格が示されている。右下がりの直線はA国における工業製品の需要曲線で，供給曲線は横軸に平行な直線で示されている。この工業製品をもっとも安価に製造している国はC国であり，A国が自由貿易をしているならば，A国はC国から工業製品をOM_2の量を輸入することになる。しかし，A国は現在1,000ドルの関税を賦課しているとする。そうすると，A国はC国から輸入する工業製品を4,000ドルで国内で販売していることになり，その場合の工業製品の輸入量はOM_0となる。さらに，A国には輸入量（OM_0）

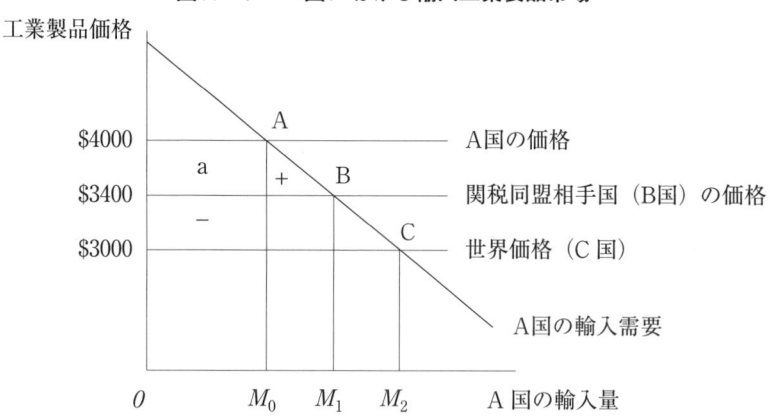

図11-1　A国における輸入工業製品市場

工業製品価格

- $4000 ── A国の価格
- $3400 ── 関税同盟相手国（B国）の価格
- $3000 ── 世界価格（C国）

A国の輸入需要

0　　M_0　M_1　M_2　　A国の輸入量

出所：Lindert, P.H., *International Economics*, Homewood, Irwin, 1986, p.176に基づいて筆者作成

に関税分（1,000ドル）をかけた金額の関税収入を得ることになる。こういう状況下にあって，A国がB国との間で関税同盟を結ぶことになったとする。B国はA国ほど安価に工業製品を生産することはできないが，A国へ輸出するにあたって関税が賦課されないため，3,400ドルでB国で生産された工業製品が輸出され，A国で販売されることになる。A国の消費者にとっては関税同盟結成前よりも価格が安くなるため，工業製品の消費量が増え，輸入量は$0M_1$へ拡大する。

　さて，こうして関税同盟の前後で工業製品価格が低下し，工業製品の輸入先がかわったのであるが，問題はA国にとっていかなる結果になったのかということである。A国の消費者にとってみると，工業製品価格が4,000ドルから3,400ドルへ低下したことで，消費者余剰が拡大し，関税同盟の結成前に獲得していた関税収入の一部と相殺して，図中のプラス（＋）の部分が利益となる。すなわち，M_0からM_1への貿易量の拡大が貿易創造効果となる。しかし，一方で，関税収入で相殺できなかった部分である図中のマイナス（－）の部分が損失，すなわち貿易転換効果となる。

　図11-1では，関税同盟によって生み出される貿易創出効果と貿易転換効果のいずれが他方に勝るのかということはマイナス部分の面積がプラスよりも大

きいことから明らかであるが，現実には理論分析ほど明確にはいえない。というのも，これらの2つの効果は国内経済を支えるさまざまな産業によって異なるし，それぞれの産業は間接的に別の産業にも影響を及ぼすからである。また，世界の多くの諸国は別の国とも関税同盟に代表される自由貿易協定（FTA）を締結している。したがって，1つの経済統合の効果を評価するにあたっては別の経済統合との比較の上で慎重に判断されなければならない。

b．経済統合の動態的効果

経済統合を進めるメリットは，経済統合がそれを締結した国の経済成長にいかなる影響を及ぼすのかという観点からも説明できる。それが経済統合の動態的効果である。経済統合の動態的効果は，第1に締結国における生産性の上昇と，第2に資本蓄積の促進という形で現れるとされている。まず，経済統合がなぜ生産性の上昇につながるのであろうか。それは一国の経済活動が他の域内諸国に開放されることによって，①市場拡大，②競争促進，③技術拡散，④制度革新が促されるからである。市場拡大については，域内各国間で貿易障壁が撤廃されることによって，市場規模が拡大することから規模の経済によって生産性が向上することが見込まれるのである。競争促進については，域内諸国間で貿易障壁が撤廃されることによって，域内の他国で生産された商品が流入することや域内の他国の企業が参入することによって競争が促されることである。技術拡散については，域内企業の参入や域内における人材の交流によって技術や経営ノウハウの拡散が期待できるのである。制度革新については，経済統合の締結やその運営をめぐり関係国で協議や交渉を行うことから効率的な政策や規制の在り方などについて共有できることである。このような個々の改善が生産性の改善に結びつくと期待されているのである。

次に，経済統合はなぜ資本蓄積の促進につながるのであろうか。これは経済統合によって生産性が向上することと密接な関係がある。すなわち，経済統合の締結国において生産性向上が見込まれると，そのことはその国における期待収益率の向上，あるいは，不確実性の低下につながる。そうすると，国内外の

企業はその国で事業を拡大すること，あるいは，新規事業を始めることに対する関心を高めるため，国内企業による投資の拡大や外国の企業による直接投資の拡大につながって，資本蓄積が促されることになるのである。2000年に入って世界各地で積極的に進められている地域経済統合は，締結国間で関税撤廃のみ推進する伝統的なFTAとは異なり，投資や人の移動などを含む経済連携協定（EPA）である。このことは地域経済統合が生産性の向上と資本蓄積という動態的効果につながるという点で大いに期待できるものといえるのである。

11-2　地域経済統合の方法

a．バラッサの5段階モデル

　いかにして地域経済統合を実現していくのか。それに対する1つの解答がバラッサ（B. Balassa）の5段階モデルである。バラッサは地域経済統合が緒についたばかりの1961年に地域経済統合の形態と展開について示した。それによると，地域経済統合には，①自由貿易地域，②関税同盟，③共同市場，④経済同盟，⑤完全な経済統合の5つの段階があるとした。自由貿易地域とは，地域経済統合を志向する複数の諸国が互いに貿易を行う際に関税や数量制限などの貿易障壁を撤廃して経済交流を深めようとするものである。しかし，一方で，これらの諸国が協力関係にない諸国と貿易を行う際には各国が独自の貿易障壁を設けることが認められた。次に，関税同盟とは，地域経済統合の枠組み内で自由貿易を推進するという点では自由貿易地域と同じであるが，これに加えて，域外国との貿易についても締結国は共通の貿易障壁を設けた。共同市場とは，域内における自由貿易の推進と域外における共通の貿易障壁の設定，さらに，域内における労働力などの生産要素の自由な移動を含むものである。経済同盟になると，これまでの自由化の要素に加えて，締結国間で経済政策が調整されるようになり，域内各国間の経済協力関係は緊密なものになる。完全な経済統合という最後の段階にはいると，域内各国の経済政策は完全に統合され，

さらに，超国家的な機関も設置されることになり，経済統合のメリットが最大限に生かされることになる。

このように，地域経済統合の展開は，まずは締結国間でのモノの比較的自由な動きを実現するというきわめて簡単な段階から始まり，締結国間での経済協力関係の進捗および信頼の醸成を通じて機が熟すと，さらに域内での経済協力関係を高度な水準へ進展させていくという順に進んでいくものと考えられた。たとえば，北米自由貿易協定（NAFTA），アセアン自由貿易地域（AFTA），南米南部共同市場（MERCOSUR）は名称に違いはあれバラッサの5段階モデルにあてはめると第1段階の自由貿易地域という地域経済統合の初期段階にあるとされている。これに対して，欧州連合（EU）は1958年の欧州共同体（EC）の発足以来域内関税の撤廃および域外共通関税の設定を行い，その後順次，域内経済の交流を妨げていたさまざまな障壁を撤廃し，1992年には単一市場を実現した。その後，さらに経済統合の度合いを深化させていき，1999年には欧州中央銀行を設立し通貨統合を実現した（ユーロの流通は2002年から）。したがって，EUは世界でもっとも高度に域内諸国の経済協力が進んでいる地域経済統合であるといえる。

もっとも，こうした地域経済統合の段階的な進展論は理論的には明確になっているが，世界ですでに進められている現実のケースにあてはめてみると，各地域経済統合がどの進展段階にあるのかということについてはバラッサが考えるほど明確ではない。たとえば，EUの前身である1951年成立の欧州石炭鉄鋼共同体は関税同盟が発足する前に締結国間での経済政策の調整の実現を目指すものであった。また，1967年の共通農業政策もEU（当時はEC）が経済同盟の段階に入る前に行われていたものである。したがって，域内諸国で高度な経済協力を即座に実現することは明らかにむずかしいが，そうではあるものの，地域経済統合の進展は必ずしも公式通りに進むものではないこともまた事実なのである。

b．静態的・動態的効果に基づく地域経済統合の進め方

　もう1つは，既述の経済統合の静態的・動態的効果の考え方に基づく地域経済統合の進め方である。経済統合を域外諸国に対して差別的な性格の強いものにしないためには，静態的効果の中でも貿易創造効果が貿易転換効果を上回るように配慮しなければならない。そのためには，地域経済統合の相手国をナチュラル・トレーディング・パートナー（NTP）の中から選ぶのが望ましいという考えがある（経済産業省『通商白書（2001年版）』）。NTPに相当する国は，地域経済統合を締結する前にすでに貿易量が大きかった貿易相手国であるか，あるいは，地理的に近い近隣諸国であるとされる。まず，前者の場合には，すでに二国間で貿易が頻繁に行われているため，FTAのような地域経済統合が締結されても，そのことがこれまでの二国間をめぐる貿易の流れに意図的な変更を迫る可能性は低いといえる。むしろ二国間の貿易を一層促進させることから，域内の経済厚生の向上に結びつくことが期待できるというものである。次に，後者の場合は，あまり活発な経済交流がなかった近隣諸国同士がFTAを通じて自由貿易を始めることは，双方が地理的に近接しているということから低い輸送コストという利点を活かすことができるため，経済厚生の向上につながるというものである。いずれの場合にせよ，地域経済統合を締結すると大きな貿易創造効果を生じることが期待できることが静態的効果の観点から示されなければならないことが重要である。

　一方，動態的効果を十分に引き出すためには，地域経済統合をいかに進めるのがよいのであろうか。それには，地域経済統合の締結相手国の特性や市場規模，技術水準等について十分に検討しなければならない。たとえば，先進国との間で地域経済統合を進める場合，先進国は関税水準がすでに相当低く（特に工業製品については），高い技術水準をもっており，投資余力もある。このような場合，地域経済統合を締結したことによって引き越される動態的効果は，締結相手国である先進国の企業の自国市場への参入に伴う競争促進とそうした企業が自国にもち込む技術拡散の効果であることが見込まれる。これに対して，

途上国との間で地域経済統合を進める場合，途上国の強みは市場の規模以外にはないと思われる。そのような場合には，自国としては，市場拡大による規模の経済を目指すことができるため，大きな貿易創造効果を得ることができる。いずれに場合にせよ，動態的効果は自国の努力だけではなく，締結相手国の自由貿易に対する姿勢にも影響を受ける。すなわち，市場拡大による効果が生産性の向上に結びつくためには，相手国が締結国に対して合意されたとおりに市場開放の努力をしなければならない。したがって，地域経済統合の実現にあたって，貿易創造効果を高めると共に，生産性の向上と資本蓄積の促進を実現できるような努力が払われなければならないのである。

11-3 地域経済統合の現状と課題

a．WTO体制

　世界経済がいくつかの排他的な経済ブロックに分断されてしまったことが第2次世界大戦を引き起こした原因の1つであったことの反省に立って，そういう状況を回避するために，自由貿易を促進する取り組みが戦後行われてきた。当初は国際貿易機構（ITO）の設立が模索されたが，米国議会の支持を得ることができなかったことから，自由貿易を担う協定である「関税と貿易に関する一般協定（GATT）」のみが1947年に成立，発効した。GATTは最恵国待遇と内国民待遇という基本原則を掲げて自由貿易の推進に取り組んだ。表11-1に示されているように，国際社会はこの協定の下で1947年から始まった数次にわたるラウンドで包括的な関税引き下げ交渉を行った。初めはラウンドに参加する国は少なかったが，1960年代半ばに入り，本格的な国際協力の気運が高まるにつれて参加国は増加し始め，1980年代前後になると，参加国数は100ヵ国を超えた。各ラウンドでの交渉分野は当初は関税に限定されたが，その後，交渉分野は多岐に拡大してきている。ラウンド交渉を通じて関税削減の成果は着実にあがり，各ラウンドでの関税削減率は平均35％前後に達した。

表11-1 ラウンド交渉の経緯

交渉期間	ラウンド名称	交渉分野	対象となった貿易額（10億ドル）	関税削減率（平均値, %）	参加国数
1947年	第1回交渉	関税	10	35	23ヵ国
1949年	第2回交渉	関税	-	35	13ヵ国
1951年	第3回交渉	関税	-	35	38ヵ国
1956年	第4回交渉	関税	2.5	35	26ヵ国
1960-61年	ディロン・ラウンド	関税	4.9	35	26ヵ国
1964-67年	ケネディ・ラウンド	関税, アンチダンピング措置	40	35	62ヵ国
1973-79年	東京ラウンド	関税, 非課税措置等	155	34	102ヵ国
1986-94年	ウルグアイ・ラウンド	関税, 非課税措置, サービス, 知的所有権, 紛争処理, 繊維, 農業, WTO設立等	3,700	38	123ヵ国
2001-08年	ドーハ開発アジェンダ	農業, 非農産品市場アクセス, サービス, アンチダンピング, 貿易円滑化, 投資, 競争等	-	-	151ヵ国

出所：経済産業省，世界貿易機関，アジア開発銀行資料より筆者作成

　しかし，世界経済の相互依存性が飛躍的に高まり，諸国間の経済交流がモノだけにとどまらず，サービスや投資などにも拡大し，しかも，経済交流の過程でさまざまな紛争も起きてきたので，GATTではこれらの諸問題の処理は手に負えなくなってきた。そこで，世界貿易機関（WTO）を設立するマラケシュ協定（WTO協定）が調印され，1995年1月にGATTを発展的に解消して

WTOが設立された。WTOはこれまでと同様に，世界経済の自由な交流を推進していくことが主要目的である点では従来の枠組みとかわらないが，次の点で，その役割がさらに強化されたといえる。まず，組織の設立に法的根拠が与えられたことである。GATT体制の下では本来設立されるはずであったITOが設立されず，中途半端な形態での運営が余儀なくされた。しかし，今回，組織の設立に法的根拠が与えられたことで強力に自由貿易を推進することができるようになった。次に，交渉対象分野が農業，サービス，知的所有権，貿易関連投資措置（TRIM）にも拡大され，一層包括的な自由化に向けて取り組むことができるようになったことである。すでに，サービス貿易についても，モノの貿易と同様に，最恵国待遇および内国民待遇の原則を適用することが決定されているし，TRIMについては，ローカル・コンテント要求，為替規制，国内販売要求等というような規制が禁止された。GATTの下では交渉の対象分野外であった繊維も例外扱いしないことになり，多国間繊維取り決め（MFA）という特別セーフガードが段階的に廃止されることになった。これまでは，GATTの下で鉱工業品が交渉の中心であったが，1980年代に入る頃には世界の経済交流に対して十分な対応をとることがむずかしくなったため，WTOの下で交渉対象範囲が拡大されたのは飛躍的な進展であった。

　WTOの役割が強化されたといえる第3の点は，紛争解決機能が大幅に強化されたことである。GATTは基本的には紛争処理機能をもたなかったので，二国間の貿易に関する紛争を解決する仕組みをもたなかった。その結果，強国の圧力に屈して問題の白黒をつけない輸出自主規制という灰色措置で解決を図るケースがよくみられ，自由貿易の原則にはそぐわない解決策がみいだされることがよくあった。しかし，WTOの下では，アンチ・ダンピング税，セーフガードなどの運用手続きについて明確なルール化が図られ，輸出自主規制という灰色措置の廃止が明記された。また，紛争処理の枠組みが設けられたことは特に弱小国にとっては有利であった。その結果として，GATTの下では48年の歴史の中で紛争解決手続きに基づく協議要請件数は年平均6.7件でしかなかったが，WTO発足後の1995年から2007年3月までにすでに361件がもち込

まれており，その間の協議要請件数は年平均27.8件に達している（経済産業省『通商白書（2007年版）』）。

b．多国間主義と二国間主義

国際社会は戦後，多国間主義の下で自由貿易を推進してきたが，その取り組みは二国間主義の動きと平行して行われてきたことも事実である。ただし，特に2000年以降，二国間主義の動きが加速化している。2008年3月の時点で，WTOに報告されているFTAの数は151件に達している（経済産業省『通商白書（2008年版）』）。こうしたFTAに代表される地域経済統合の締結の動きは，すでに1950年代後半にヨーロッパにおいて始まった。それは1958年のEC，そして，1960年の欧州自由貿易連合（EFTA）の発足である。その他この時期には，南米，アジアでも地域経済統合の動きがあった。1980年代後半にはいると，再びヨーロッパにおいて地域経済統合に新たな動きが始まった。それはECの周辺諸国への拡大である。1981年にはギリシャ，1986年にはスペインとポルトガル，1995年にはオーストリア，スウェーデン，フィンランドがそれぞれECに加盟した。さらに，2000年にはいると東西冷戦の終結によって東欧諸国（チェコ，ポーランド，ブルガリア，ルーマニアなど）がEUに加盟することになった。また，EUはWTOドーハ・ラウンドの交渉が難航していることから，交渉の妥結を待たずに貿易相手国との間で投資，政府調達，知的財産権保護など貿易や投資の条件をEUにとって有利なものにするためにFTAを積極的に推進する戦略もとりだした（経済産業省『通商白書（2008年版）』）。その結果，EUは，欧州諸国（たとえば，マケドニア（2001年発効），クロアチア（2002年発効））はもとより，中近東（イスラエル（2000年発効），ヨルダン（2002年発効），レバノン（2003年発効）など），アフリカ（南アフリカおよびモロッコ（2000年発効），エジプト（2004年発効）など），米州（メキシコ（2000年発効），チリ（2003年発効）など）の諸国とFTAを締結しており，韓国やアセアン，南米南部共同市場，湾岸協力理事会（GCC）などと交渉中である。

一方，北米では，アメリカ，カナダ，メキシコとの間でNAFTAが結成さ

れた（1992年署名，1994年発効）。アメリカによる地域経済統合の動きは，EUが拡大したことによる経済ブロック化への懸念に端を発するものであった。その後，アメリカによるFTA締結の動きは活発ではなかったが，2001年にブッシュ政権が成立してからFTAに対する方針が転換した（経済産業省『通商白書（2008年版）』）。2002年8月には2002年通商法が成立し，アメリカのFTA戦略が明確にされ，積極的なFTA交渉が開始された。この動きは2003年9月のWTOカンクン会合が合意に至らなかったことでさらに加速されることになった。結果として，アメリカが関わるFTAはアジア（シンガポール（2004年発効）），大洋州（オーストラリア（2005年発効）），中東（イスラエル（1985年発効），ヨルダン（2001年発効），バーレーン（2006年発効）），アフリカ（モロッコ（2006年発効）），中南米（チリ（2004年発効），パナマ（2007年発効），中米6ヵ国，ペルーおよびコロンビアと署名済み）に及んでいる。

　アジアの諸国も積極的にFTAの締結に乗り出している。中国は2003年に香港およびマカオと経済緊密化協定を締結したのを皮切りに，アセアン（2005年），パキスタン（2006年），チリ（2005年）との間で協定を発効させている。また，欧州，中東，アジア，南米のいくつかの諸国と現在交渉を行っている。韓国も2003年2月に盧武鉉政権が発足して以降，FTA戦略を積極的に展開し始めた。現在，チリ（2004年），シンガポール（2004年），EFTA（2005年）との間でFTAが発効しており，アメリカとは2007年に署名済みである。その他，アセアンなどのアジア，大洋州，米州との間で交渉を展開している。アセアンについては，1997年の第2回アセアン非公式首脳会議においてアセアン共同体の構築を目指すことが合意され，それを明記した「ASEANビジョン2020」が採択された（経済産業省『通商白書（2008年版）』）。経済分野では，アセアン域内の経済統合を進めるために，12の優先統合分野（農産物加工，漁業，ゴム製品，自動車，電子，繊維，航空業など）を設定し，単一市場や生産拠点の形成へ向けた統合を加速させ，また，投資の自由化も推進しようとしている。

　こうしたアジアの諸国のFTA締結の動きに対して，日本では，まず2002年にシンガポールとの間でEPAを発効させて以来，メキシコ（2005年発効），マ

レーシア（2006年発効），チリ（2007年発効），タイ（同），インドネシア（2008年発効），ブルネイ（同）との間でFTAが締結されている。また，フィリピン，アセアンとの間では相手国の国会での承認待ちとなっている。その他，他のアジア（ベトナムなど），中東（GCC），大洋州（オーストラリア）との間で交渉が行われている。日本政府の方針としては，①EPAの締結国を2009年までに12ヵ国以上とすること，②2010年までに締結国との貿易額を日本の貿易額全体の25%以上にすることを目指すことが，2008年6月に閣議決定された「経済財政改革の基本方針2008」において示されている（経済産業省『通商白書（2008年版）』）。なお，現在のところ，日本が関わるFTA締結国との貿易額のシェアは12%程度であり，アメリカ（34%），EU（74%）などと比較すると低水準にとどまっている（表11-2を参照）。

世界の地域経済統合の枠組みは成立した時期によってその特徴に違いがみられる（経済産業省『通商白書（2008年版）』）。1970年代までに成立したFTAの4割程度が先進国同士で行われたものであった。しかし，最近成立した協定は発展途上国同士や先進国と途上国との間で経済的連携を深めるものが急増してお

表11-2　主要国が関わるFTA締結国との貿易シェア（%）

	発行済み	署名済み・未発効	交渉中	合計
アメリカ	34.4	4.0	3.6	42.1
EU（域内貿易含まず）	23.2	-	20.0	43.3
EU（域内貿易含む）	74.0	-	6.8	80.8
中国	19.5	0.2	5.6	25.3
韓国	10.4	11.3	28.9	50.6
日本	12.3	2.5	19.9	34.7
メキシコ	84.5	-	2.2	86.7
オーストラリア	21.5	-	37.1	58.6

注：メキシコ，オーストラリアの数値は2006年のもの。それ以外は2007年。
出所：経済産業省『通商白書（2008年版）』より筆者作成

り，FTA の 9 割に途上国が関わっているとされる。また，FTA の対象国についても変化がみられる。すなわち，以前であれば FTA を結ぶ諸国は地理的に同一地域にあるのが当然のことであったが，特に2000年以降成立した協定の 4 割以上が地域横断的なものであるという特徴を示している。

では，なぜ多国間主義の理想を掲げる中で二国間主義の動きが加速しているのであろうか。それには主に 2 つの理由が指摘されている（馬田啓一「WTO 体制と地域主義」青木健・馬田啓一編『WTO とアジアの経済発展』東洋経済新報社，1998年）。第 1 に，ウルグアイ・ラウンド交渉の結果を待たずに，一部の諸国が先行して貿易自由化の恩恵を受けようとしたことである。GATT の下で1986年からウルグアイ・ラウンドが始まったが，結局交渉がまとまったのは1994年で，8 年にわたってむずかしい交渉が繰り広げられた。そのため，自由貿易からの利益を確信する一部の諸国は交渉の終結を待つよりも暫定的であれ一部の諸国と自由貿易を進めて，域内貿易の拡大と国内経済活動の活性化から利益を確保したいという思惑があった。

第 2 は，これまで外向き政策をとってきた途上国の方針転換である。東アジアなどの途上国は従来，輸出指向工業化政策をとり，加工貿易を通じて工業製品の積極的な輸出をテコにして自国の経済発展につなげてきた。しかし，1990年代にはいると，こうした諸国が貿易および投資の自由化を進めて地域経済統合を志向するようになってきた。その背景には，世界経済における競争力がますます激しくなってきている中で，各国は効率的な経済運営を実現して国際競争力を高めていかなければならなかった。そのためには，国内経済の自由化と規制緩和を推し進めておかなければならなかったが，その方針に反して国内の既得権益をもつ層からは強い反発があった。そこで，同様の事情を抱える隣国同士が国内の経済構造の改革を推進するために地域経済統合を推し進めるという錦の御旗を上げて国内の反発勢力を押さえ込んで，改革を推進しようとしたのであった（山澤逸平『アジア太平洋経済入門』東洋経済新報社，2001年）。その結果が AFTA であり，国際間の合意事項は守らなければならないということを盾にアセアン諸国内での経済構造改革を推し進めようとしているのである。

c．地域経済統合は WTO 体制下で推進される自由貿易と代替的か補完的か

　最恵国待遇と内国民待遇を大原則とする WTO の貿易体制に対する基本的な姿勢に対して，ますます活発化している地域経済統合は両立していくことができるのであろうか。GATT 第1条には，無差別・最恵国待遇原則が謳われており，一部の諸国で限定的な自由貿易を行うことは GATT 条文の大原則に抵触する恐れがある。しかし，同じ GATT の条文の中の第24条には，世界大での貿易自由化に至る前に地域的な自由貿易協定を締結することを，最終的な目標へ至るまでの1つの段階として例外的に認めてもいる。したがって，FTA の締結国同士が関税や非関税障壁の撤廃を進めて，限定的な自由貿易から利益を得ること自体は WTO 体制下での多角的自由化に背信する行為とはいえないことになる。しかし，FTA を締結すると第三国に対しては差別的な待遇をとることになるため，FTA を締結する際には WTO に通告しなければならないという決まりがある。

　このような取り決めからすると，地域経済統合は WTO の原則と整合性があるとみなされるべきであろうか。これについては，地域経済統合と WTO 体制下で推進される自由貿易とが補完的であるという見解と代替的であるという見解の相反する意見が併存している。補完的であるという見解によると，FTA は WTO 協定に則って締結されるのが原則であることから，域外国に対して排他的になることは排除されると共に，WTO 協定で定められていない分野についても締結国間で自由化を進めることができるわけであり，柔軟かつ機動的な取り組みが可能であるとされている（経済産業省『通商白書（2007年版）』）。したがって，地域主義が進むことはむしろ世界大での貿易自由化を実現するのに大いに寄与するというきわめて積極的な立場にあり，WTO の大原則とは相いれないものではけっしてなく，むしろ補完的であるといっている。そういう意見が出る背景には，やはり153ヵ国（2008年8月時点）が加盟する WTO の中で即座に自由貿易が実現するのは容易ではないという考えがあり，可能な国から始めていくのが現実的な選択ということのようである。1996年に

シンガポールにて開催された閣僚会議でも，① WTO は地域経済統合に優る存在であること，② 地域経済統合は WTO 体制にとって補完的存在であることが，閣僚宣言に盛り込まれている。

これに対して，代替的であるという見解によると，地域経済統合は WTO の「自由」と「互恵」という一部の原則しか満たすことができず，WTO の他の重要な原則である「無差別」と「多角」がないがしろにされているというものである（馬田啓一「WTO 体制と地域主義」青木健・馬田啓一編『WTO とアジアの経済発展』東洋経済新報社，1998年）。確かに，地域経済統合を実現する上で原産地証明やダンピング防止措置等について運用規定などを取り決めるが，はたしてそれらが恣意的な意向無しに運用できるかどうかという懸念を完全に払拭することができるであろうか。あるいは，仮に FTA を締結した結果，締結国との貿易額のシェアがその国の全貿易額に対して相当高い水準になり，しかも，大きな自由貿易のメリットを享受したとしたならば，これらの諸国はあえて他の諸国と貿易交渉をするであろうか。むしろ，そうした諸国は貿易交渉を行う誘因を失い，域外諸国との貿易に対して関税を引き下げる努力を怠ってしまう可能性がある。これは，「我々の市場は十分に大きいシンドローム」，あるいは，「ここは我々の市場だシンドローム」と呼ばれる状態であり，FTA の域内市場をこれ以上拡大させようとせず，締結国の利益団体が新たな競争を回避しようと政府に対してロビー活動を行うようになるリスクがある（経済産業省『通商白書（2007年版）』）。地域経済統合に対するこうした危惧は，EU との関わりの中ですでに現れている。たとえば，アメリカの財界は，締結国を拡大することに加えて，経済統合の度合いを一層高めてきている EU に対して驚異を抱き，アメリカ抜きでの地域主義の進行に危惧を抱いている。そうした声にアメリカ政府は応えざるを得なくなり，2001年には米国通商代表部 (USTR) 代表のゼーリック (R. B. Zoellick) がアメリカ主導の地域経済統合を実現していくことを明らかにしている。

しかし，アメリカでは上述のような強い懸念が財界にある一方で，アメリカが深く関わっている NAFTA については，厳しい原産地規制のため特定の域

外企業が排他的に扱われていることが明らかになっている（山澤逸平『アジア太平洋経済入門』東洋経済新報社，2001年）。このため，伝統的な多角的自由化に執着してきた日本政府に対して，日本企業はメキシコとの地域経済統合を進めるように強く働きかけた。その結果，日本政府は結局メキシコとの間で日本メキシコ経済連携協定を結び，この協定は2005年に発効した。

では，地域経済統合はWTO体制下で推進される自由貿易と代替的なのであろうか，あるいは，補完的なのであろうか。それに対する解答をみつける1つの方法は，FTAを締結したことによって，締結国が域外からの輸入品に対して課す関税が維持されるのか，あるいは，引き下げられるのかということを観察することである（経済産業省『通商白書（2007年版）』）。これについてアセアンを例にとってみてみると，AFTAの域内関税率はAFTA税率が1993年から2003年にかけて引き下げられているのに対応して，MFN（最恵国待遇）税率も引き下げられている（図11-2を参照）。さらに，2003年のMFN税率は

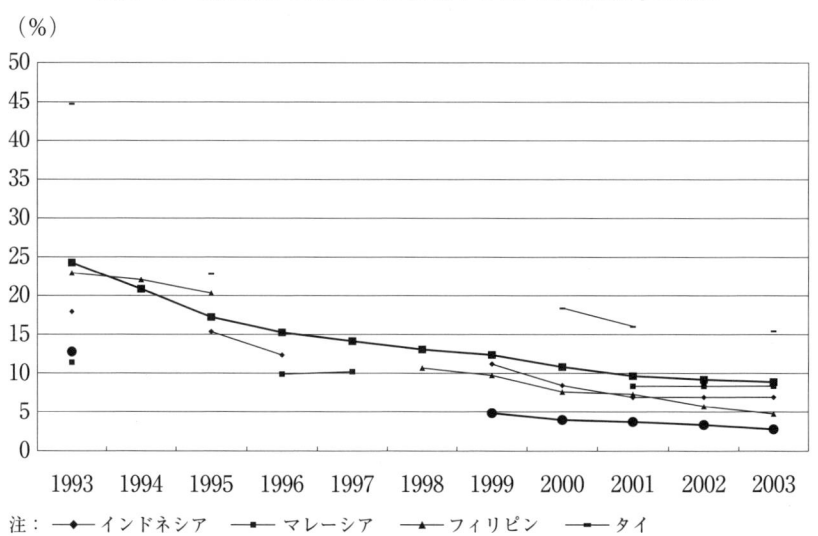

図11-2 ASEAN 4ヵ国のMFN税率とAFTA特恵税率の推移

注：──◆── インドネシア ──■── マレーシア ──▲── フィリピン ──●── タイ
　　──■── MFN税率（各国平均）　──●── AFTA税率（各国平均），をそれぞれ示す。
出所：経済産業省『通商白書（2007年版）』より筆者作成

同年のWTO譲許税率よりも低水準に設定されており，アセアン諸国は関税率を自主的に削減している。こうした傾向はラテンアメリカのケースでもみられることからして，FTAを締結している多くの諸国で自由貿易のメリットが認識されており，WTOの下での多角的貿易自由化を進展させることが自国のメリットにもつながることが認識されているようである。そういう意味では，地域経済統合はWTO体制下で推進される多角的貿易自由化と補完的といえるのかもしれないが，地域経済統合の効果には，静態的なものや動態的なものなどさまざまな効果を考慮に入れなければならないため，最終的な判断を下すのはそれほどたやすいものではないともいわれている。

d．地域経済統合の展望——開かれた地域主義

ヨーロッパでは東欧諸国の加盟によりEUが拡大しているが，こうした大規模な地域経済統合（EUは単なる貿易協定ではなく，高度な経済統合を実現しているが）はアジアにはまだ存在しない。しかし，それに向けた構想は盛んに出されている。その中で注目を集めているのが，東アジア包括的経済連携（CEPEA）構想である。これはアセアン＋6（日本，中国，韓国，インド，オーストラリア，ニュージーランド）の10ヵ国で貿易・投資の自由化，サービス，知的財産権などを含むEPAを締結しようという構想である。アジアをめぐる民間経済活動はきわめて盛んであるが，その一方で，EUのような地域全体をカバーする地域経済統合はまだ実現していない。しかし，もしこの構想が実現し，東アジアの諸国が同一の原産地規則に基づいた特恵税率の適用を受けることができるようになれば，東アジア経済が一体化し，原材料の調達，生産，販売のネットワークの形成が一層容易になり，東アジアにおける産業立地の最適化を通じた国際分業体制の再構築が促されることになる。そうすると，東アジア全体における経済効率が上がり，国際競争力が増強されることが期待されるのである。その効果はある試算によると（経済産業省『通商白書（2008年版）』），東アジア経済全体のGDPを2％強引き上げると見積もられている。現在，この構想を前進させるために，民間専門家による研究が進められている。

CEPEAはEUやNAFTA，AFTAなどのように協定を締結して実現しようとする地域経済統合であるが，これに対して，別のタイプの地域経済統合も進んでいる。それがアジア太平洋経済協力（APEC）である。これは1989年に設立され，太平洋を取り巻く21ヵ国・地域（香港，台湾を含む）が加盟している。加盟国の総人口は世界人口の約4割を占め，加盟国のGDPは世界のGDPの約6割を占めるという，影響力が及ぶ範囲が他の地域経済統合とはまったく異なる。このAPECが制度的に他の地域経済統合と異なる点は，他の地域経済統合が協定に基づいて組織されているのに対して，APECは協定に基づくものではないことである。したがって，APEC内で合意された事項について加盟国は法的に拘束されることはなく，あくまでもその実現のためには自主的な行動を求めるというものである。その意味では，APECはEUやNAFTAとは根本的に異なり，自由貿易地域や関税同盟ではなく，むしろ協議体というべき存在である。もともと，APECの設立当初の目的は，アジア太平洋地域の持続的な発展というものであったが，1993年にシアトルで開催された第5回閣僚会議以降，APECは域内の貿易・投資自由化に重点を置くようになり，翌年に採択されたボゴール宣言では，先進国は2010年，途上国は2020年までに貿易・投資自由化を実現することが決定された。こうして，APECは一般的なFTAと同じような目的をもって機能するようになってきている。

　APECは「開かれた地域主義」を標榜している点で，他の地域経済統合とは大きく異なる。これが意味することは，APECは加盟国間での貿易や投資の自由化や地域経済統合を進めていくわけであるが，域内で推進される自由化の恩恵は域外国にも等しく適用されるということである。すなわち，通常，地域経済統合を通じた貿易自由化の結果としてもたらされる恩恵を受け取るのは域内国に限られているのに対して，APECでは「開かれた地域主義」の旗印の下で非加盟国も加盟国と同じ恩恵に浴することができることを基本原則としたのである。1980年代後半にECが「ヨーロッパの要塞」と呼ばれて非難されたことを十分に意識して，APECはあくまでも開かれた組織であることがその原則に表されているのである。

こうした「開かれた地域主義」を原則とするAPECは，WTOが進める多角的貿易自由化を促すことになるのか，また，今後新たに締結される地域経済統合のモデルとなり得るのだろうか。それは，APEC内で進められる自由化が域外国に対して適用される方法に関わっているといえる。というのも，APECが「開かれた地域主義」を実現するには2つの方法が考えられるからである。1つは，域内自由化を域外諸国に対しても無条件に適用するという方法である。もう1つは，協定に基づいてAPECとFTAを締結して域内自由化の恩恵を共有しようという方法である。これらの方法に対して，APEC加盟国の中でもアメリカは後者を志向し，無条件自由化を適用することから被るフリーライダー問題を回避しようとしている。一方で，アジアの諸国は各国ができる分野から徐々に域外諸国と自由化を進めていくのが望ましいとしている。このように，域内の自由化を進めるのか，あるいは，グローバルな自由化を進めるのか，どちらを志向していくのかということによって，APECの行く先は大いにかわってくるものといえる。

索　引

【事　項】

あ　行

IS 曲線　57
IT 革命　107,133
IT 偏向型労働者　22,93
アセアン自由貿易地域（AFTA）　227,238,240
アンタイド率　211
安定成長　31,45
育児休業法　100
e-Japan 戦略　93,108
イデオロギー／性役割説　148
イノベーション　128
インフレ期待　80
インフレーション　49,72,136,137,138
ウルグアイ・ラウンド　25,141,235
SCP パラダイム　117
LM 曲線　57
円高不況　35
オークンの法則　54

か　行

ガーシェンクロン仮説　178,179
外国為替レート　59
開発独裁　183,184,186,187
外部性　123
価格上限制度（プライス・キャップ制度）　15
家事・育児　98,100
過剰流動性　31
仮想水（バーチャル・ウォーター）　144
貨幣乗数　75
為替の自由　19
雁行形態論　195,196
関税同盟　223,224,226,240

間接規制　122
間接投資　202
完全競争市場　12
完全雇用 GDP　54
機会費用　159,160,161,162
既婚女性／母親差別仮説　152
技術革新　68,128
技術集約型産業　196
技術進歩　69
　　―率　63,69
規制緩和　124,126
供給インフレーション　85
競合性　13
競争維持政策　121
競争規制政策　121
協働リスク分析　146
均衡成長論　180
近視眼的消費者　96
均斉成長　65
金融政策　75
クズネッツの逆 U 字仮説　188
クラウディングアウト　58,78
クラブ財　14
グラント・エレメント　203,211
景気循環　46
景気動向指数　47
経済安定化政策　49
経済成長　50,61
　　―率　50,66
　　―理論　64
経済的自立仮説　157,159
経済のストック化　35
経済変動　46
経済連携協定（EPA）　20,226,233,234
ケインズ型消費関数　52
結婚の経済学　155,156,158

244

結婚プレミアム 152,153
結婚ペナルティ 152,153,154
権威主義開発体制 182,183
研究開発（R&D）活動 69,128
建設投資循環 49
後期高齢者医療制度（長寿医療制度） 164,165
公共財 13,14,123
合計特殊出生率 155
構造改革 43
構造調整政策 20
公定歩合 76
公的規制 121
高度経済成長 26,194,196
後発医薬品（ジェネリック医薬品） 168,169
後発性の利益説 179
合理的消費者 96
国際収支 59
　――の天井 28,30
国際政策協調 8,9
国際通貨基金（IMF） 19,220

さ　行

最高税率 97
在庫循環 48
財政赤字 33,34
財政政策 74
財政の非ケインズ効果 78
サブプライム・ローン 9,16,134
差別係数 103
差別的嗜好 102,103,104
産業構造 69,112
　――政策 115
産業組織 114
　――政策 115,116
産業の空洞化 42,91
時間制約説 148
市場の失敗 13,123

自然失業率 50,81
　――仮説 78
自然独占 14,123
ジニ係数 88,89,90,188,189
資本移動の自由化 19
資本係数 200
社会的入院 167
社会保障 163,171
修正積立方式 164
自由貿易協定（FTA） 20,172,225, 226,228,232,233,234,236,237,239, 241
出産プレミアム 152
出産ペナルティ 152,153,154
出生の経済学 159,160,162
循環的失業 71
純粋公共財 14
シュンペーター仮説 129
情報の不完全性 124
食育 169,170
　――基本法 170
食料安全委員会 146
食料安全基本法 146
食料安全保障 25,139,140,142,143,145
食料自給率 139,141,143,144,145
所得再分配政策 87,90
所得政策 86
新興工業経済群（NIES） 182
新自由主義 220
新発医薬品 169
数量割当 175
スタグフレーション 32
政策金利 76
生産性上昇仮説 152
生産性低下仮説 152
政府支出乗数 55
政府の失敗 125
性別役割分業意識 101,147,148,149, 153,154,158,161,170

索　引　245

世界貿易機関（WTO）　8,18,21,22,
　25,140,229,230,231,232,236,237,
　238,239,241
石油危機　136,137
設備投資循環　49
ゼロ金利政策　42
前期高齢者医療制度　167
総需要拡大政策　55
総需要抑制政策　56
相対的資源説　148
租税乗数　55

た 行

第1次石油ショック　32
対外不均衡　33,34
代替的マンパワー説　148
第2次石油ショック　33
男女共同参画社会　99,105
男女雇用機会均等法　100,157
地域経済統合　19,172,226,227,228,
　229,232,234,235,236,237,238,239,
　240
地球環境問題　45
直接規制　122
直接投資　17,202
積立方式　164
デジタル・インクルージョン　108,110
デジタル・デバイド　106,108,109,110,
　111
デフレギャップ　54
同一価値労働同一賃金原則　98,99,105,
　162
投資が投資を呼ぶ　28,29
投資乗数　54
投資の利子率非弾力性　77
東南アジア諸国連合自由貿易地域
　（AFTA）　19
特需　27
独身者差別仮説　152

特許制度　69,130
ドッジ=ライン　27
トリックル・ダウン・アプローチ　204,
　205,216
トレイサビリティ　146

な 行

内外価格差　142,143
ナチュラル・トレーディング・パートナー　228
南米南部共同市場（MERCOSUR）　19,
　227
ニクソン=ショック　31
日本的経済システム　42
年齢階級別労働力率のM字曲線　101,
　150
乗り換えモデル　158,159,162

は 行

排除可能性　13
バブル経済　36
パレート効率性　12
ハロッド=ドーマーモデル　29,62
晩婚化　156,158,159
比較優位　141,157,182
非合理的差別　104
非婚化　156,157,158,161
非自発的失業　51,71
非循環的失業　71,83
非正規雇用　171
費用逓減産業　14
開かれた地域主義　240,241
ビルトイン・スタビライザー　56
ファミリー・フレンドリー企業　106,
　154,161
ファミリー・フレンドリー施策　106
賦課方式　164
不均衡成長論　180
双子の赤字　132

物価フィリップス曲線　73,79
フード・システム　144,169
フードマイレージ　145
プライス・キャップ制度　15
フリー・ライダー　14,241
不良債権問題　39
プレビッシュ＝シンガー命題　181
ベーシック・ヒューマン・ニーズ・アプローチ　205,206
ペティ＝クラークの法則　113,177,178
ポイント制　175
北米自由貿易協定（NAFTA）　19,92,227,237,240
ポジティブ・アクション　105,106,170
補償賃金仮説　152
ホフマン法則　189,190

ま 行

ミニマム・アクセス方式　25
ミレニアム開発目標　210,218
無保険者　166,167,170,171
モノカルチャー経済　176,177

や 行

薬価差益　168
有効競争　119
有効需要　51
u-Japan　10
輸出志向工業化　181,182
輸入代替工業化　181
ユビキタス・ネットワーク社会　108
45度線分析　52

ら 行

リスク分析　146

流動性のわな　77
累進課税制度　97
レーガノミックス　91
労働市場テスト　174
労働集約型産業　196
労働力率　101
ローレンツ曲線　89

わ 行

ワーク・シェアリング　98,99,162
ワーク・ファミリー・コンフリクト（仕事と家庭の葛藤）　22
ワークライフ・バランス　106,161,170

【アルファベット】

AFTA（アセアン自由貿易地域）　227,238,240
APEC（アジア太平洋経済協力）　240,241
EPA（経済連携協定）　20,226,233,234
EPA（経済協力協定）　172
FTA（自由貿易協定）　20,172,225,226,228,232,233,234,236,237,239,241
GATT（関税および貿易に関する協定）　8,18,24,25,141,229,230,231,236
IMF（国際通貨基金）　9,220
NAFTA（北米自由貿易協定）　19,92,227,237,240
WTO（世界貿易機関）　8,18,21,22,25,140,229,230,231,232,236,237,238,239,241

執筆者

*長谷川啓之　日本大学名誉教授（序章）
　安藤　　潤　新潟国際情報大学情報文化学部准教授（第1, 5, 7, 8章）
　馬場　正弘　敬愛大学経済学部准教授（第2, 3, 4, 6章）
　辻　　忠博　日本大学経済学部教授（第9, 10, 11章）

(執筆順，*は編者)

経済政策の理論と現実

2009年2月25日　第一版第一刷発行
2012年9月30日　第一版第二刷発行

編者　長谷川啓之
発行所　㈱学文社
発行者　田中千津子

〒153-0064　東京都目黒区下目黒3-6-1
電話(03)3715-1501(代表)　振替00130-9-98842
http://www.gakubunsha.com

落丁，乱丁本は，本社にてお取り替え致します。
定価は，売上カード，カバーに表示してあります。

印刷／東光整版印刷㈱
＜検印省略＞

ISBN 978-4-7620-1940-1
© 2009 HASEGAWA Hiroyuki　Printed in Japan